中日韩贫困现象与反贫困政策比较研究

理论、历史、制度分析

主　　编　王春光　鲁大明　五石敬路
执行主编　张文博

经济管理出版社
ECONOMY & MANAGEMENT PUBLISHING HOUSE

图书在版编目（CIP）数据

中日韩贫困现象与反贫困政策比较研究：理论、历史、制度分析／
王春光，鲁大明，五石敬路主编. —北京：经济管理出版社，2023.8
ISBN 978-7-5096-9174-8

Ⅰ. ①中…　Ⅱ. ①王…　Ⅲ. ①贫困问题—研究—中、日、韩
Ⅳ. ①F126②F131. 36③F131. 266

中国国家版本馆 CIP 数据核字（2023）第 148114 号

组稿编辑：高　娅
责任编辑：高　娅　王玉林
责任印制：黄章平
责任校对：蔡晓臻

出版发行：经济管理出版社
　　　　　（北京市海淀区北蜂窝 8 号中雅大厦 A 座 11 层　100038）
网　　　址：www. E-mp. com. cn
电　　　话：（010）51915602
印　　　刷：唐山玺诚印务有限公司
经　　　销：新华书店
开　　　本：710mm×1000mm /16
印　　　张：20. 25
字　　　数：353 千字
版　　　次：2023 年 8 月第 1 版　　2023 年 8 月第 1 次印刷
书　　　号：ISBN 978-7-5096-9174-8
定　　　价：98. 00 元

中日韩三国社会保障体系的
不同发展路径[*]

鲁大明 (韩国保健社会研究院)

王春光 (中国社会科学院)

五石敬路 (日本大阪公立大学)

一、序言

  本书是中国、日本和韩国三国社会保障领域的学者在 2016 年至 2020 年这五年期间就东亚的贫困问题所进行合作研究的部分成果。该项合作研究始于 2006 年，当时中日韩三国的贫困问题研究人员一致认为，有必要了解其他国家的贫困状况和贫困政策，为此提出了这一合作研究课题。而之所以是中日韩三国的合作研究网络，原因可能在于这三个国家在地缘上非常邻近，但社会政策方面的学术交流却并不活跃，故而要理解他国社会政策的引入背景和发展情况并不容易。

  在此中日韩合作研究网络中，三国的贫困问题研究人员首先一致确认，相互间需要了解各个国家的贫困问题究竟有些什么特点。事实上，自 21 世纪初以来，中日韩三国就一直在关注各自社会的贫困问题。日本曾借助长期的经济增长成功地解决了贫困问题，但自 2000 年代中期以来，工作贫困者面临的问题越来越多，日本便开始检视各项政策措施以解决这一问题。中国也通过经济的高速增长实现了绝对贫困率的大幅下降，但由于地区之间的发展不均衡，城乡之间开始出现各种不同形式的贫困，中国也开

---

  * 本文由鲁大明（NO Dae-Myung）撰写英文初稿；由王春光和五石敬路（Goishi Norimichi）修改补充，并最终完成；张文博译。

始关注这个问题。韩国在 1997 年金融危机的影响下，劳动贫困率不断上升，同时还面临极高的老年人贫困率问题。在这一背景下，中日韩三国的贫困问题研究人员深感有必要关注各个国家的贫困问题及与之相关的政策措施。

其次，中日韩三国的贫困问题研究人员形成了一个共识，即相互间需要更准确地把握各个国家贫困政策改革的最新动向和趋势。中日韩三国地理上相互毗邻，历史上曾有过许多交流，在社会保障方面也有很多共同点。例如，三国在生活保障制度中的抚养义务标准相同。另外，韩国的贫困政策也曾深受日本生活保障制度的影响。然而，自 2000 年以来，韩国和中国的社会保障制度变化，尤其是贫困政策变化非常迅速。中国的贫困政策在区域发展、最低工资和贫困人口收入保障等方面都发生了重大变化，韩国的贫困人口收入保障制度也发生了重大变化。基于上述原因，中日韩三国的贫困问题研究人员认为有必要更准确地把握中日韩三国贫困政策的现状。

最后，中日韩三国的贫困问题研究人员一致认为有必要就三国的贫困问题和贫困政策发表一些更为客观的比较研究成果。目前，中日韩三国围绕东亚福利制度、社会保障制度和贫困问题的大部分相关研究成果都是基于相对陈旧的数据和信息做的分析。因此，有必要基于新近的数据客观地介绍三国的贫困状况和贫困政策。事实上，直到 2000 年代中期，中日韩三国的研究人员才有机会聚集一堂，开始这样的比较研究。在此之前要想做这样的比较研究并不容易，一方面是因为相关的数据和政策信息不易获得，另一方面是因为社会保障领域的学术交流并不活跃。不过，近年来，关于中日韩三国贫困问题的国际比较研究相较于以往开始变得更加容易了，这可能是由于各国在发展扩大社会保障制度的过程中逐渐积累了较多的定量和质性数据。

对中日韩的贫困问题和贫困政策进行比较研究，大大有助于我们理解三国之间相似性之外的一些差异。当然，与欧洲等西方福利国家相比，东亚三国的贫困问题和贫困政策可能具有更多的相似之处。据此，既往的相关研究对于此三国在历史和地理邻近性方面的一些文化特征，特别是此三国所共享的儒家传统和政治制度方面的强烈影响，可能会加以特别强调。显然，这种认识和做法低估了三国之间的经济和社会差异。事实上，中日韩三国在 20 世纪后期经历了不同的政治、经济和社会发展，各自在贫困问题和贫困政策方面也发展出了许多不同之处。

因此，在进行这项合作研究时，研究者们对将中日韩三国的贫困问题和贫困政策捆绑在一起或草率地限定在同一范畴内，并简单加以类型化的对比研究持谨慎态度。这是因为，研究者开始去有意识地了解各国的经济和社会环境差异，而这些差异会影响三国在贫困问题和贫困政策上的相似性。可以说，这项研究是在尝试对三个国家的贫困现状和贫困政策本身进行比较研究。

二、新型冠状病毒的冲击与东亚社会

在本项研究的推进过程中，发生了一个对贫困问题造成严重冲击的重要事件，这就是新型冠状病毒的大流行。2020 年，新冠病毒对全球经济和社会都产生了巨大的影响；到 2021 年 3 月，即本部书稿行将定稿付梓之际，大流行还在继续，中国、日本和韩国均尚未能摆脱其冲击。当然，新冠病毒的影响因国而异。中国是新冠病毒疫情开始至定稿时世界上唯一一个还能保持经济高增长的国家，韩国和日本所遭受的冲击也稍弱于其他国家。这说明，新冠病毒之所以会造成不同的影响，很大程度上取决于初期检疫、隔离防控的成败以及产业结构的不同。

然而，在大多数国家，更为普遍的现象则是，新冠病毒大流行给相对脆弱的阶层带来了更大的就业冲击和收入冲击。他们主要集中在老年人、残疾人、儿童、青年人、外来务工人员等群体中。特别是，在保持社交距离的行动中，需要面对面接触的服务部门和行业受到了最强烈的冲击，服务部门的低工资劳动者的收入减少影响非常显著且在持续蔓延。同时，2020 年、2021 年的大学毕业生的失业问题也是一个非常严重的问题。从以往来看，韩国在 2008 年雷曼危机时，相比于其他年龄组的大学毕业生，当年大学毕业的年轻人转向正式工的过渡率明显更低。

当然，新冠病毒的感染率越高，需要保持社会距离的时间就越长，低工资劳动者收入降低的可能性就越大。就韩国而言，从 2020 年第四季度的收入分配情况来看，低收入者的市场收入出现了大幅下降，而高收入者的市场收入则略有增长。当然，可以预测的是，在那些通过早期防控新冠病毒而得以缩短需要保持社会距离时间的国家，正常的经济活动已经恢复，故而失业率增长相对较小，也没有出现贫困的显著增加。事实上，在中国，2020 年 2 月、3 月和 7 月的全国城镇调查失业率显示，农民工失业率和大学毕业生失业率均升至历史新高；但随着经济的快速恢复，加上政府出台的一系列减税降费政策，以及"稳增长、保就业"等就业保护政策护航，失业率大幅下降，到2020年底即已降至上一年同期水平。与此同时，农民工的数量和增速也出现显著下降。全年居民人均可支配收入、农民工月均收入均有所增加，但农民工的月均收入增速下降幅度也较明显。

不过，反过来看，新冠病毒的影响却也确认了各个国家社会保障制度的重要性。这是因为，即便由于新冠病毒而出现了失业率的上升和市场收入的减少，公共转移收入也会根据社会保障制度的覆盖范围和支付水平来进行补充。因此，新冠病毒的影响取决于一国的社会保障政策，特别是收入保障政策的普遍程度和给力程度，继而表现为不同的结果。事实上，在新冠病毒大流行的早期阶段，欧洲主要国家就通过失业保险、工资支持、个体户收入支持和贷款支持等方式，部分地消解了疫情所带来的冲击。这表明，在面临经济危机时，社会保障体系自动担当了稳定器的角色，从而抵消了就业冲击所导致的收入下降。

另外，如果既有的社会保障体系无法化解新冠病毒的影响，各国就将采取一些别的政策，如通过临时性的收入支持来消解收入减少的影响（比如贫困率的上升）。许多国家都采取了这种收入支持方案，日本和韩国也在新冠病毒疫情开始蔓延的早期阶段向全体国民提供了收入支持方案。这些项目的支出金额巨大，占到了GDP的3%～10%。然而，在那些没有这种财政能力的国家，贫困阶层和弱势群体的处境则非常之艰难。有意思的是，在韩国，随着如此大规模收入支持计划的实施，目前已正式开始展开有关引入基本收入的讨论。相较于仅仅一年前，引入基本收入还被认为是不可行的，这可谓是已经发生了非常大的变化。新冠病毒疫情留下的教训是深刻的。面对未来潜在的经济危机，为了更好地消解可能的就业冲击和贫困冲击，必须建立一个更加普遍、更加强有力的社会保障制度体系。

三、中国、日本和韩国的经济增长与挑战

中国、日本和韩国在历史上和地缘上都有着非常复杂的关系，今后也将共同面临建立一种和平合作关系的挑战。从历史来看，中日韩三国有着相似的文化特征，但在政治上曾卷入战争和殖民的历史冲突，在意识形态上也有着社会主义和自由主义的不同历史经验，而且仍然存在以领土问题

为代表的各种冲突。不过，在其他方面，三国不光在旅游和文化交流方面的互动最为活跃，而且在经济合作与竞争方面的互动也很活跃。

另外需要提请注意的是，中国、日本和韩国这三个国家在东亚居于核心地位。日本在很早之前就已经超过了西方国家的经济增长，韩国在20世纪90年代之前实现了快速增长，中国自21世纪初以来也已经发展到了一个能代表非西方国家的进步水平。当然，这三个国家在经济规模、人均GDP和社会支出方面仍然存在差异（见图1、图2）。

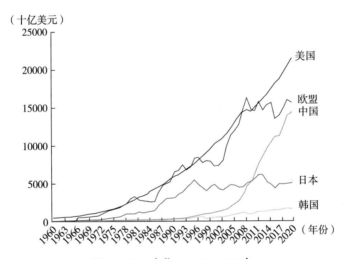

图1　GDP变化：1960~2020年

资料来源：世界银行国民账户数据和经济合作与发展组织（OECD）国民账户数据，https://data.worldbank.org/indicator/NY. GDP. PCAP. KD? year_high_desc=true，导出日期：2021年1月21日。

此外，中日韩三国在经济增长和福利扩展上也有所不同。其中，日本不仅是最早实现经济增长并完善本国社会保障制度体系的国家，也是在社会支出和综合社会保障体系方面最接近西方福利国家的国家。相比之下，中国和韩国则在21世纪初才开始引入社会保险等主要社会保障制度，不过，两国的社会保障制度在过去的20年得到了迅速发展。特别是在贫困问题上，中日韩三国都借助经济的快速增长，在提高国民生活水平和大幅降低绝对贫困率方面均取得了成功。当然，需要强调的是，在经济增长过程中，三国政府也都在教育和健康卫生方面采取了战略性的投资策略。

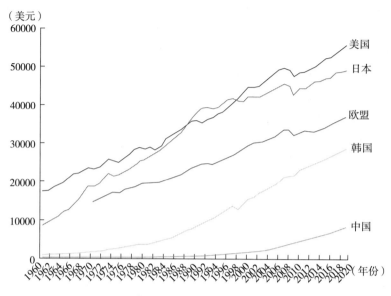

图2 人均 GDP 变化 (购买力平价)

资料来源：世界银行国民账户数据和 OECD 国民账户数据，https：//data. worldbank. org/indicator/
NY. GDP. PCAP. KD? year_high_desc＝true，导出日期：2021 年 1 月 21 日。

（一）工业化、去工业化和第四次工业革命

中日韩三国在经济发展上很难说走过了同样的工业发展道路。在工业
化和去工业化的经济发展方面，韩国和日本是通过全部就业人口最大比例
去工业化转型的，而以中国为代表的其他亚洲国家则没有走类似的去工业
化道路。这意味着，在经济发展过程中，工业化、工资工人增加以及非正
规经济萎缩的经典路径不再有效。值得注意的是，这种发展路径的差异将
会深化劳动力市场的二元结构，并对就业和社会保障政策，尤其是贫困政
策产生重大影响。此外，工业自动化和就业多样化也是影响失业和就业不
稳，以及贫困的重要因素。在中日韩三国中，日本相对较早地实现了去工
业化。韩国的去工业化虽然开始得比较晚，但发展速度非常快是其特点。
中国则有别于日本和韩国，通过不同的路径实现了去工业化。在中国，第
三产业的就业岗位规模于 2011 年超过了第一产业的就业岗位规模，第二产
业的就业岗位规模于 2014 年超过了第一产业的就业岗位规模，但第二产业
的就业份额已于 2012 年达到了峰值。

还有一点很明确，那就是：在数字经济下，不同于传统就业形式的新型工作越来越多，而面临就业不稳定和收入不稳定的新脆弱群体也越来越多。在 21 世纪头十年，这个群体被称为"穷忙族"（Working Poor）；但自 2010 年以来，他们则被称为"朝不保夕的人"（Precariat）。当然，这个概念也有很多局限性，因为它很难客观地提出一个能够识别群体规模与特征的可操作化的定义。然而，研究人员确实也才开始关注导致各个国家工人脆弱性的各种问题，这是不争的事实。这些群体包括护理人员、递送人员和货运司机等。他们的一个共同点在于，虽然他们都承担了社会的某些基本职能，却得不到相应的工资待遇和就业条件保障。

（二）人口老龄化的冲击

中日韩三国都面临着人口老龄化这一问题。当然，截至 2020 年，三国在人口的老龄化问题上存在着较大的差异（见图 3）。如果说日本在 2006 年进入超老龄化社会，那么可以预计，韩国和中国也将分别在 2025 年和 2030 年进入超老龄化社会。不过，中韩两国的老龄化速度非常快，预计到 2040 年将超过 OECD 国家的平均水平。这就意味着，中韩两国将在就业政策和社会保障政策等方面无充分准备的情况下迎接超老龄化社会的到来。一般而言，人口的老龄化会导致劳动力供给的减少和社会保障支出的增加。特别是，它往往会使退休收入保障和健康保障等领域的支出增多。

自 20 世纪 70 年代以来，日本就一直在为人口老龄化做准备。这就意味着，日本没有必要大幅扩大社会支出来保障老年人收入。而且，鉴于日本老年人的就业率非常高，他们无需太担心老年人口劳动力供给的减少。但近年来越发明显的一个问题是，日本 75 岁及以上老年人口的照护等医护费用正在急剧增加。韩国对老龄化的抵抗力较弱，预计其受到的冲击将会非常大。由于韩国老年人的贫困率很高，所以这方面的社会支出负担较重，目前已能看到韩国保障存量老年照护需求相应的人力和资源问题，同时韩国还出现了劳动力供给结构局地崩解的问题。可以预见，人口老龄化对中国的影响也将迅速显现。要解决老年人的贫困问题，就意味着需要完善老年收入保障、老年健康保障和老年照护等各方面的社会保障政策。

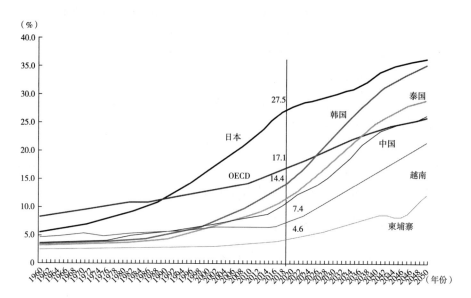

图 3 亚洲主要国家及 OECD 65 岁以上老年人占比的发展趋势及预测

资料来源：NO Dae-Myung 等（2019）；世界银行数据库中的世界发展指数，https://databank. worldbank. org/source/population-estimates-andprojections，导出日期：2021 年 8 月 12 日。

四、东亚三国社会保障体系的不同发展路径

进入 21 世纪，各个国家几乎无一例外都负有如下使命：一方面，要建立一个更加透明、更加高效的经济体系，让国家和企业能够在全球化进程中保持竞争力；另一方面，要建立社会保障制度，让公民能够避开各种经济和社会风险，日常生活更有保障。这两个目标有时会被视为是相互矛盾的，既要提高经济体系的效率，又要改善收入分配的结构，兼顾两者并不容易。

实现这两个目标的方式可能因国家而异。此外，每个国家的政治、经济和社会体系都是经由不同的历史发展道路而形成的，当前的经济、社会问题，以及围绕这些问题的政治权力关系也不尽相同，因此解决这些问题的方式自然也不尽相同。事实上，中日韩三国的经济规模同其在全球分工体系中的作用、工业化和去工业化的模式，以及劳动力市场和收入分配的结构都是不同的。特别是，这三个国家的社会保障制度体系不仅在形式上

不同，而且在发展程度上也有所不同。这些都意味着，基于不同的国情，中日韩三国在解决问题的方式上可能会存有差异。

（一）超越东亚福利体制的话语

要比较中日韩三国的社会保障制度，特别是贫困问题和贫困政策，需要注意以下两点：第一，同一空间中会凝聚不同的时间。如果把一个国家视作一个空间，那它就是不同时代的政治、经济和社会的混合体，就像威权主义和民主主义、社会主义和资本主义、普遍性福利和选择性福利。也就是说，需要将三个国家的社会保障制度体系理解为其政治、经济和社会制度体系的独特结合。因此，正如市场经济不一定会带来民主一样，民主也不一定会带来福利的增加。第二，时间不会重来。迄今为止的经济发展理论乃至民主主义理论，都是以发展中国家走发达国家长期以来走过的道路为前提的，并认为长此以往就会对发展中国家的经济和社会政策产生巨大影响，也即认为接受西方的发展模式就能够达到与福利国家同样的经济增长。但从结果来看，这一理论的可信度并没有持续太久。许多发展中国家都很难原封不动地复制这样的发展战略，结果也就未能取得多大的成就。

东亚国家在经济增长方面取得了令人瞩目的成就，但在社会政策方面未能取得预期的效果。20 世纪工业化时代的福利国家模式，特别是以社会保险为导向的模式，在 21 世纪的东亚国家并没有稳妥地着陆。与较早建成社会保险制度的日本相比，韩国没有解决社会保险二元结构的问题，中国正在尝试超越社会保险中心制度的替代模式。这里，问题的关键是，在变化的经济环境和不同的政治体制下，不同的人口动态和社会结构中的经济政策、就业政策和社会保障政策如何形成最优组合。以此察之，中国、日本和韩国的贫困问题与贫困政策方面的差异尤为明显。

因此，本书在研究东亚三国的贫困问题时，不会过分拘泥于东亚福利体系或发展型福利模式等诸多概念化问题。这是因为，过度的普泛化可能会导致一种非常草率的福利模式。相反，我们只想看看中国、日本和韩国的社会保障制度是如何建立、如何构成的，贫困问题又是如何发生的，以及各国在解决贫困问题上正在采用哪些政策。我们也去努力辨识每个国家最贫穷的群体究竟是哪些人，他们是因何陷入贫困的，目前的反贫困政策还存在什么问题，以及政府和社会又是如何努力解决这些问题的。

（二）中日韩社会保障制度对比

在对中日韩三国的社会保障制度进行比较研究时，限于信息不足等原因，我们需要避免基于对部分方案或事例的分析进行比较进而得出结论的方法，而应该从一个更全面的角度进行对比分析，这就需要超越社会保障制度的构成、支出数额、覆盖范围、覆盖水平等简单事实。当然，制度构成的完整性、保障对象的包容性、社会支出的规模大小是比较和研究三国社会保障制度的基本事项，但同时，保障水平的适当性、公平性，保障体系的准入资格与可及性，以及现金支付的判定与支付体系的整合性等也都是非常重要的评估事项。此外，诸如领土大小等地理特征也是一些重要考虑因素。另外，收入分配的改善程度也是一个重要的评价事项。这样一来，我们或可期待对三国的比较将能有所发现，甚至能推翻现有的一些论点和争议。

从社会保障制度体系的构成与其完善程度、社会支出的规模与其保障水平等方面可以看出，日本的社会保障体系远远领先于其他两个国家。此外，在反贫困政策方面，日本的各种收入制度和社会保障制度的综合保护效果也可以说是相对较好的。但是，从消除收入两极分化、制度间公平性及制度的可持续性等方面来看，其评价又有所不同。与其他两个国家相比，日本的社会保障制度可谓成熟，但社会保险制度仍面临解决地区保险和职域保险（雇员保险）双重结构的问题。这是因为，社会保险有加深收入两极分化问题的倾向，所以在去工业化的过程中，收入两极分化问题愈演愈烈。问题是，这样的改革并不容易。虽然韩国的社会保障制度体系在结构上包括社会保险、社会福利和社会救助三部分，但其在覆盖范围和覆盖水平等方面还存在许多局限性。特别是在收入保障制度方面，韩国的公共养老年金未解决企业年金与国民年金、职工参保者与地区参保者之间的保障水平差距问题。除此之外，韩国还存在社会保险未参保者人口规模大、覆盖水平低的问题。因此，韩国的老年收入保障问题严峻，2018 年有 42% 的老年人处于贫困境地。这也表明，韩国在解决收入两极分化和贫困问题上的体制改革并不及时。由此可以说，中国的社会保障制度虽然起步较晚，但利用后发优势很好地完善了社会保障制度体系。例如，在护理保险制度（试点）上，中国通过对公办和民办体系二元化进行相关的制度改革，不断缩小了城乡之间的差距。

五、本书结构与主要内容

(一) 理论反思

研究中日韩三国的贫困问题可以有不同的视角和方法，本书主要从三个角度来理解三国的贫困问题。一是对贫困概念的形成和发展进行历时性的考察。对于这一问题，王春光博士敏锐地指出了贫困概念是如何在中国特别是中国农村形成和发展起来的，包括如何超越基于货币标准的收入贫困，理解贫困的构建及对其概念化。这将有助于我们理解中国的反贫困政策是在什么样的政治、经济环境和社会价值观念体系下设置并发展起来的。

二是从工业发展的角度对三国的贫困问题进行分析。在这个方面，五石敬路 (Goishi Norimichi) 博士对如何从过早去工业化的角度来看待东亚国家近年来所面临的收入两极分化和贫困问题做了深入分析，进而提出了理解各国贫困的背景和路径、现有就业政策和反贫困政策的局限性，以及替代性政策面临的挑战等。

三是结合客观收入数据，以可操作的方式对贫困做出界定，并对贫困问题进行展示和分析。就此，李贤珠 (Lee Hyon-Joo) 博士根据各种家庭收入数据对韩国社会的贫困状况进行了诊断。该项分析的特点在于，以现有的收入信息为基础对可支配收入进行了调整，并以此分析贫困率和减贫效果。此外，在公共转移收入的基础上，将实物支付转化为现金支付，并计入现有的公共转移收入中，以此计算减贫效果。文章分析结果表明，各种实物支付方案的减贫效果非常显著。

(二) 制度与政策分析

有关中日韩三国的反贫困政策和制度的研究历史已久，本书重点关注自 2000 年以来各国反贫困政策的相关发展趋势。这是因为，中日韩三国的贫困问题自那时起都开始有所变化，所以对贫困人口的帮扶制度也发生了重大变化。本部分主要包括三项相关研究。

在中国，目前的反贫困政策更多的是关注社会政策与经济政策的结合 (Liu et al., 2017)。方倩博士和李秉勤博士对中国农村贫困问题进行了分析。文章重点关注在农村减贫政策方面，社会政策与经济政策相结合所产生的政策协同效应；而不同历史阶段各种政策的组合也相应地验证了协同效应。她们的研究发现，政策协同可以产生更强的减贫效果，无需依靠财政政策扩大社会支出；同时指出，为此应该注意哪些利益协调机制，以及中央政府应该如何支持地方政府。

汤山笃（Yuyama Atsushi）博士分析了日本的生活保障制度和贫困对策。文章也特别对日本的生活保障制度与韩国的相关制度进行了比较，报告了两者之间的相似之处与差异之处。过去，韩国的公共扶助制度与日本的生活保障制度形式相近，我们可以看到其中一些共同点，但更多的还是其中的不同之处，尤其是进入 21 世纪以来，韩国和日本的公共扶助制度改革明显出现了内容上的差异。韩国的改革已进入修改法律的层面，这一点很是引人注目；而日本的改革则更倾向于通告的层面。

金贤京（Kim Hyeon-kyeong）博士介绍了韩国在反贫困政策和基础生活保障方面的几种主要保障制度。韩国自 2000 年开始实行国民基本生活保障制度以来，针对贫困人口的重要保障制度有所增加，并且一直延续至今。因此，文章重点分析了 2015 年韩国国民基础生活保障制度改革的成效及其局限性，并总结 EITC 后增加（劳动所得税抵免制度）和国民就业保障制度等新保障制度的最新动向。

（三）焦点议题讨论

本部分概述了各国贫困问题的主要群体或领域，这些也是参加本合作研究项目的三国研究人员在比较研究中共同关注的一些关键议题，包括老年人贫困、儿童贫困、住房贫困、农民工工作贫困等。

关于老年人贫困问题，鲁大明博士分析了韩国的老年人贫困问题和生活保障制度。韩国社会老年人的高贫困率源于私人赡养制度的迅速解体和公共养老年金制度的不完善。此外，研究还指出，在采取各种保障措施下，老年人贫困率依旧没有显著下降的原因在于民间援助体系的弱化。这一点在四方理人对日本老年人贫困问题和张文博对中国农村老年人口收入脆弱性的相关分析中也有提及。

四方理人（Masato Shikata）博士分析了日本的现状。日本的老年人贫困问题总体上与欧美福利国家的老年人贫困问题相似。与工作年龄组相比，老年人的贫困率相对较低。此外，那些无法通过公共养老金制度得到适当收入保障的老年人，则会受到生活保障制度的保护。

张文博博士基于全国人口普查数据对中国农村老年人口现状和老年贫困问题进行研究，指出了农村老年人收入脆弱性上升面临的几方面挑战，并对两种主要的普惠型农村老年居民收入保障政策和保障制度进行梳理。

关于儿童贫困问题，柳政熹（Ryu Jeong-Hee）博士基于韩国最近的数据对其规模和情况进行了诊断。在韩国，随着儿童贫困和虐待儿童成为严重的社会问题，韩国出现了重新估算儿童贫困率并加强儿童贫困应对措施的趋势。

五石敬路博士从贫困与教育之间的关系入手，分析了日本的儿童贫困问题。研究表明，决定孩子学习成绩的因素不仅有父母的收入，还有学生的生活规律度和兴趣、目标等。从政策角度来看，就提高儿童学业表现而言，采取措施保证学生日常生活的规律性、帮助他们发掘兴趣目标、维持健康状况等，与提高父母收入同等重要。

关于住房贫困问题，王晶博士分析了中国城市住房贫困问题和相关政策。20 世纪 90 年代以来，中央政府调整了原来的计划住房制度，转而采用以市场为导向的规划，中国的住房流通效率得到了很大的改善。但在市场机制下，房价水平问题和住房不平等问题日渐凸显。研究指出，相关政策的失败主要在于政策性廉价住房供应的市场失灵、政府缺乏公共责任、社会住房建设的财政分权制度的遗留。

佐藤和宏（Sato Kazuhiro）博士分析了日本的住房政策与住房贫困。研究指出，日本住房贫困问题日益严重，而在解决这一问题时发现，日本存在福利住房政策薄弱、低收入者住房问题覆盖面狭窄等遗留问题。因此，研究强调，需要衡量不同群体的需求，继而同时从住房政策和社会保障政策上进行分担。

中国的贫困问题需要虑及地域的广阔和地区的差异。一方面，对于农村贫困和城市贫困的理解和分析需要采取不同的办法。众所周知，中国城市贫困问题受到各种人口和社会因素的影响，其中包括户籍制度的影响，主要涉及进城务工人员（农民工）及其子女的相关问题（Qi and Wu，2016）。另一方面，还必须指出，农村贫困在空间上主要集中在某些特定地区，其中医疗问题的影响尤为显著。李振刚博士及其合作者张建宝博士就中国农民工相关问题展开分析，重点关注农民工就业形式与工作贫困之间的关系，具体分析了不同就业形式的规模及落入工作贫困的风险、机制和影响因素。研究显示，与正规受雇的农民工相比，非正规受雇的农民工的贫困发生率高出 25.6%，自雇就业的农民工则没有显著差异；而造成不同就业模式下农民工工作贫困风险差异的主要劳动力市场机制是较低的小时工资。

六、结语

基于经济环境和社会结构的差异，中日韩三国的贫困问题具有不同的特点和规模，因而解决这一问题的政策工具，必须适应各国的经济和社会条件，以此形成了各异的政策组合。当然，每个国家的贫困问题、贫困人口规模和贫困深度等都不一样。因此，综合考虑客观数据及反贫困政策的包容性和保障水平，可以说，日本相对优于其他两国。此外，就中国和韩国而言，目前能够通过各种政策的组合取得怎样的减贫成效，可谓是一个未知数。在这方面，今后中国应对农村和城市贫困的政策将如何发展，尤其值得关注。而韩国将如何通过公共养老金制度、基础养老金制度和国民基本生活保障制度来解决严重的老年人贫困问题，也同样值得关注。

不过，未来中日韩三国的反贫困政策将面临如下两个共同课题：解决人口老龄化的影响，以及解决在去工业化和数字经济下迅速两极分化的劳动年龄人口工作贫困和相对剥夺的问题。针对这两个问题，一方面，需要重点改革退休收入保障制度，以应对家庭形态的变化和私人赡养制度的弱化；另一方面，要在产业结构迅速变化和劳动力市场就业不稳定蔓延之际，更多地注意劳动年龄群体收入保障制度的脆弱性。鉴于目前很难在短时间内大幅扩大社会支出，要如何解决这一问题，中日韩三国是时候在合作研究和政策制定等方面建立更加密切的关系了。

参考文献

［1］ Aspalter C. Ideal Types in Comparative Social Policy ［M］. London：Routledge，2020.

［2］ Dalen K. Welfare and Social Policy in China：Building a New Welfare State ［M］// Hansen A，Bekkevold J，Nordhaug K. The Socialist Market Economy in Asia. New York：Palgrave Macmillan，2020.

［3］ D'Ambrosio C，Kamesaka A，Tamura T. Multidimensional Poverty in Japan ［J］. Journal of Behavioral Economics and Finance，2014，7：75-78.

［4］ Ge Y，Yue Y，Hu S，et al. Space-time Variability Analysis of Poverty Alleviation Performance in China's Poverty-stricken Areas ［J］. Spatial Statistics，2017，21：460-474.

［5］Inaba M. Increasing Poverty in Japan： Social Policy and Public Assistance Program ［J］. Asian Social Work and Policy Review, 2011, 5： 79-91.

［6］Inoue K, Fujita Y, Takeshita H. A Long-term Study of the Association between the Relative Poverty Rate and Suicide Rate in Japan ［J］. Journal of Forensic Sciences, 2016, 61 (Suppl 1)： 140-143.

［7］Liu M Y, Feng X L, Wang S G, et al. China's Poverty Alleviation over the Last 40 Years： Successes and Challenges ［J］. The Australian Journal of Agricultural and Resource Economics, 2019, 64 (1)： 209-228.

［8］Liu Y S, Liu J L, Zhou Y. Spatio-temporal Patterns of Rural Poverty in China and Targeted Poverty Alleviation Strategies ［J］. Journal of Rural Studies, 2017, 52： 66-75.

［9］Nara D. Radical Inequalities： China's Revolutionary Welfare State in Comparative Perspective ［M］. Leiden： BRILL, 2020.

［10］Pascall G, Sung S. Gender and East Asian Welfare States： From Confucianism to Gender Equality? ［R］. East Asia, Fourth Annual East Asian Social Policy Research Network (EASP) International Conference, 2007.

［11］Qi D, Wu Y C. The Extent and Risk Factors of Child Poverty in Urban China — What Can be Done for Realising the Chinese Government Goal of Eradicating Poverty Before 2020 ［J］. Children and Youth Services Review, 2016, 63： 74-82.

［12］Raymo J M, Hao D. Parental Resources and Child Well-being in East Asia： An Overview ［J］. Chinese Journal of Sociology, 2020, 6 (2)： 197-218.

［13］Shizume M, Kato M, Matsuda R. A Corporate-centred Conservative Welfare Regime： Three-layered Protection in Japan ［J］. Journal of Asian Public Policy, 2020, 14 (1)： 110-133.

［14］Seeleib - kaiser M, Sowula J. Ideal Types in Comparative Social Policy ［M］. London： Routledge, 2020.

［15］Singh J N, Jesse S O. Developmental States beyond East Asia ［M］. London： Routledge, 2020.

［16］Wu J X, He L Y. Urban-Rural Gap and Poverty Traps in China： A Prefecture Level Analysis ［J］. Applied Economics, 2018, 50 (30)： 3300-3314.

［17］Yang J J. Parochial Welfare Politics and the Small： Welfare State in South Korea ［J］. Comparative Politics, 2013, 45 (4)： 457-475.

［18］Yang J J. The Small Welfare State： Rethinking Welfare in the US, Japan, and South Korea ［M］. London： Edward Elgar, 2020.

［19］Yeh C Y, Cheng H, Shi S J. Public-Private Pension Mixes in East Asia： Institutional Diversity and Policy Implications for Old-age Security ［J］. Ageing and Society, 2020, 40： 604-625.

目　录

第一部分

理论反思

过早去工业化：
收入分化与社会政策影响

五石敬路（日本大阪公立大学）

一、前言

在 19 世纪末的欧洲，福利制度是以工业化为契机而发展起来的。进入 20 世纪下半叶，随着经济全球化、发达国家的出生率下降和老龄化、女性进入社会，以及以 ICT（信息通信技术）为中心的技术创新发展，工业在经济中所占的比重下降，传统的福利制度需要适应这些变化（Esping - Andersen，1999）。因此，产业结构与福利制度的诞生和转型有着很大的关系。

东亚的福利制度是否会转变为与欧美发达国家一样的福利制度？它适用于艾斯平-安德森（Esping-Andersen，1999）提出的自由主义、社会民主主义和保守主义三种类型中的哪一类？或者，是否应该单独归于一类？要回答这个疑问，有必要着眼于产业结构。根据本文的分析，至少到目前为止，东亚还没有出现向欧美发达国家那样的福利制度转型的迹象。而且，不仅东亚如此，目前所有的发展中国家都如此。

近年来，以 Dasgupta 和 Singh（2006）、Rodrik（2016）等的观点为代表，发展中国家"过早去工业化"（Premature Deindustrialization）的现象备受关注（Castillo，2016；Diao et al.，2017；McMillan and Rodrik，2014；Sumner，2019；Tregenna，2016）。也就是说，与率先实现了工业化的发达国家相比，现在的发展中国家即使制造业实现了正增长，其附加价值和就业份额也很小，而且提前达到了峰值，出现了去工业化的趋势。根据发达国家的经验，制造业在工业中占有较大份额，并能持续下去，可以为社会保障和福利等社会政策的充实完善提供重要的经济和社会背景。在服务业中，金融保险业的生产率与制造业一样高（Amirapu and Subramanian，2015；Meglio et al.，2018），但零售和酒店等传统服务业的规模较小，生产率较低，就业也不稳定。既然如此，我们就有这样的疑问：过早去工业化会不会抑制社会政策的发展？

本文旨在分析这种过早去工业化对东亚三国社会政策的影响。

首先，需要论证是否真的发生了过早去工业化。根据现有研究，在发展中国家，制造业的生产率呈现绝对收敛的趋势（Rodrik，2016；McMillan and Rodrik，2014），因此，虽然制造业的产值占比可能较高，但由于其吸纳就业的能力较低，所以就业份额有下降的趋势。我们认为对低收入群体生活有直接影响的正是就业，因此本文主要关注制造业的就业份额。

其次，需要分析过早去工业化会对社会政策产生怎样的影响。本文使用社会支出在 GDP 中的占比及税收和社会保障带来的收入再分配效应，作为衡量社会政策水平的指标。社会支出在 GDP 中的占比与实际人均收入有关，当然，福利制度的发展水平不能仅用实际人均收入来表示。这里重要的实则是无法单靠实际人均收入来解释的那部分。可能与自由主义、社会民主主义、保守主义范畴不同，这里我们要考虑制造业就业份额达到峰值的时期。也就是说，要验证这样一个假设：如果过早地去工业化，社会支出会不会受到抑制？

最后，如果提前下结论的话，实际上过早的去工业化是可以确认的，由此，社会支出会受到抑制，再分配的效应会明显变小。那么，过早的去工业化会以什么机制对社会政策产生消极影响呢？这是本文试图研讨的第三个问题。关于东亚福利制度的现有研究，虽然已经讨论了其后续发展（金成垣，2008；李莲花，2011），但并未阐明产业结构的转型是如何决定社会政策的理想状态的。引入过早工业化的概念作为分析方法会使解释更加清晰。作为东亚社会政策的特征，本文关注的是其双重结构。

正如刘易斯（Lewis，1954）等经济学家讨论过的发展经济学那样，经济发展伴随着劳动力人口从农村转移到城市这一巨大的产业结构转型。在城市地区，被称为非正式部门的小微企业正在增加，并形成贫民窟、非法占区（Squatters）等贫困人群和低收入人群的集聚地。一般来说，社会保险最初是从以公务员、军人和雇员为对象的制度开始，逐渐完善为以全体国民为对象的普遍保障制度。然而，东亚地区的社会保险在尚未充分实现制度普遍化、一体化的情况下就迎来了去工业化，其结果就是，经济增长阶段中劳动力市场的双重结构反映了社会保险的双重结构。

本文将社会政策视为处理社会保障、福利、劳动等与居民生活相关的社会问题的政策体系。福利国家论和福利制度论是包括以权力资源理论为基础的社会政策在内的更广泛的概念。本文旨在从国际和时间序列上对中日韩三国的贫困问题和贫富差距对策进行比较，以社会政策为主要分析对象。

本文的结构如下：第二节通过数据分析验证是否真的发生了过早的去工业化。第三节分析过早去工业化对社会政策的影响。第四节以中日韩三个东亚国家为例，研究过早去工业化影响社会政策的机制。最后，通过上述分析，进一步思考对于既往研究的启示。

二、是否真的存在过早的去工业化

（一）出口导向型经济增长的含义

第二次世界大战之后，曾经受殖民统治的国家纷纷独立。然而，许多国家却难以取得持续的经济增长，A. G. Frank 等依附理论派学者指出，其原因在于发展中国家对发达国家或跨国企业的"依附性"（Dependency）。巴西和阿根廷等部分国家直到 20 世纪 70 年代才实现经济增长，与东亚国家一起被称为新兴工业化国家（Newly Industrializing Countries，NICs）和新兴工业化经济体（Newly Industrializing Economies，NIEs），但在 20 世纪 80 年代巴西、阿根廷、印度等国陷入了债务危机，韩国、中国台湾、中国香港和新加坡等国家和地区却实现了经济持续增长，其驱动力被认为是以出口为导向的经济增长（Export Led Economic Growth）。可以说，印度和巴西试图通过进口替代工业化（Import Substitution Industrialization）来保护其国内产业，而东亚则是借助了全球市场的经济力量。

1978 年以后，中国实行改革开放，经济持续增长。20 世纪 80 年代后期，泰国、马来西亚、印度尼西亚等东南亚国家紧随其后。世界银行于 1993 年出版了《东亚奇迹》（*East Asian Miracle*）的报告书（日文版 1994 年出版）。这份报告给相关方面带来了巨大的冲击，不仅仅因其使用了"奇迹"这一极具冲击力的词汇。Bela Balassa 等经济学家、国际货币基金组织

（IMF）和世界银行等国际组织都把自由的市场政策视为东亚经济可持续增长的主要原因；而 Frederic Deyo 等则通过研究东亚国家"二战"后的历史明确提出，东亚国家干预市场的现象频繁发生，由此引发了争论。世界银行的报告书显然是部分地接受了后一种观点。这是发展中国家发展政策的重大变化。国家对市场的干预不仅与经济政策有关，也与社会政策有关。

Deyo（1987）认为，东亚的特点在于国家独立于社会，行政管理官员可以在不受任何来自社会的要求和压力的情况下制定和实施经济政策。具有代表性的方面之一就是劳资关系，东亚地区的工会受到严格管制，无法产生社会影响力。正如 Esping-Andersen（1999）所指出的，欧洲国家福利制度的形成与工会以及工会授权的自由派政党的力量密切相关。后来，东亚的福利国家或福利制度类型被命名为生产型福利资本主义（Productivist Welfare Capitalism）（Holliday，2000）或发展型福利国家（Developmental Welfare State）（Kwon and Holliday，2007），都是基于这样的历史背景。

1997~1998 年，就在《东亚奇迹》发行后不久，经济危机席卷了东亚。经济危机是东亚社会政策迅速改变的重要契机。东亚制造业受到亚洲经济危机的重创，但其实在危机之前就已经出现了异常。

图 1 显示了东亚国家和地区制造业就业份额的变化。在此期间，只有中国大陆的就业份额总体在持续增长（如下文所述，中国大陆的就业份额在此之后也很快就达到了峰值）。日本和中国香港的就业份额早在 20 世纪 70 年代就达到了峰值，特别是在中国香港，服务业产业化发展迅速。韩国、中国台湾和新加坡的就业份额在 20 世纪 80 年代也达到了峰值。以韩国为例，20 世纪 70 年代中期的制造业就业份额还在 20% 以下，之后便迅速上升，1988 年达到了 28.1% 的峰值。当时，韩国经济因为低利率、低油价、低韩币而实现了经济腾飞，即所谓的"三低景气"；在政治上，1987 年韩国民主化运动掀起高潮，当年 6 月 29 日，卢泰愚发表了民主化宣言。但此后，制造业就业份额迅速下降，到 2010 年下降了 10 个百分点，降至 18.2%。

这种就业份额的急剧变化是欧美发达国家未曾出现过的现象。根据 Lebergott（1966）的研究，在美国，制造业的就业份额在 1900 年已经超过了 20%，此后直到 20 世纪 70 年代末才下降到 20% 以下[1]。在欧洲，根据相关研究，制造业的就业份额在 1900 年左右平均已超过 30%，在 20 世纪 60 年

---

① 资料来源：The GGDC 10-Sector Database。

代达到峰值，直到 20 世纪 90 年代才下降到 30% 以下（Rosé and Wolf，2018）。

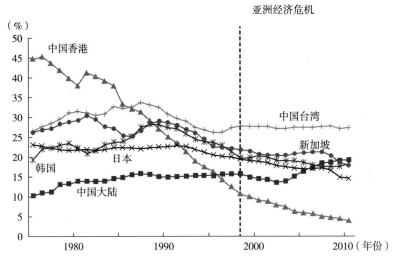

图 1 东亚国家和地区的制造业就业份额

资料来源：ILOSTAT data。

（二）对过早去工业化的验证

过早去工业化是发展中国家普遍存在的现象吗？图 2 呈现了各国制造业就业份额达到最高点的情况，以其最高值为纵轴、以实现最高值的年份为横轴。制造业就业份额使用了格罗宁根大学增长与发展中心（Groningen Growth and Development Centre）于 1960~1990 年公布的 GGDC 10-Sector Database 数据和国际劳工组织（ILO）1991 年以来的相关数据。表 1 显示了对图 2 进行回归分析的结果，系数在 1% 水平上是显著的，符号为负。也就是说，制造业就业份额达到峰值的年份越晚，其最高值越低。图 2 的样本来自 79 个国家，可以清楚地看到，随着达到峰值年份的推移，制造业的就业份额整体上在逐年下降。

从中日韩三国可以看到，制造业就业份额最早达到峰值的是日本，1973 年为 24.6%。如前文所述，韩国在 1988 年达到峰值，为 28.1%，略高于日本。2012 年，中国的制造业就业份额达到峰值，为 22.7%。从图 2 可以看到，那些与中国同期达到最高值的国家，其就业份额都不到 20%，与它们相比，中国的就业份额可以说是比较高的。但是，对照发达国家的经验，这个数值并不算高。从就业份额的角度来看,可以发现过早去工业化是在真实发生的。

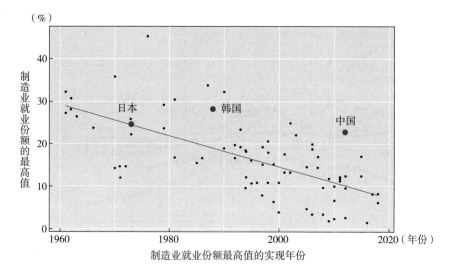

图 2　79 个国家制造业就业份额的最高值及其实现年份

资料来源:图中所使用的制造业就业份额数据基于 1960~1990 年的 The GGDC 10-Sector Database 和 1991~2019 年的 ILOSTAT data。

表 1　对制造业就业份额的最高值及其实现年份的回归分析

【因变量】　制造业就业份额的最高值	
【自变量】	
常数	751.68 *** (94.62)
实现年份	-0.369 *** (0.05)
样本数	79
决定系数	0.439

注:"实现年份"是指该国制造业就业份额达到峰值的年份; *** 表示在 1% 水平上具有显著性;括号内是标准误差。

资料来源:The GGDC 10-Sector Database, ILOSTAT data。

三、过早去工业化对社会政策的影响

发展中国家制造业就业份额逐年下降的趋势会对社会政策产生怎样的影响?这里分别分析其对社会支出和收入再分配的影响。

针对社会支出的假设认为，在实际人均收入保持不变时，国家制造业的就业份额达到峰值的时间越晚（越早），社会支出越少（越多）。分析分为两个阶段。首先，以社会支出在 GDP 中的占比为自变量，以实际人均收入和老龄化率为因变量进行面板数据分析。在这里，我们对两个自变量所无法解释的各国特有的残差进行了计算，如果过早去工业化对社会支出产生了影响，那么我们可以预测，制造业就业份额达到峰值的时间越晚，各国特有的残差就越小。

针对收入再分配的假设认为，国家制造业就业份额达到峰值的时间越晚（越早），公共转移（税收、社会保障）带来的收入再分配效应越小（越大）。社会支出在 GDP 中的占比小并不一定意味着收入再分配的效应小。此处的收入再分配效应是用市场收入和可支配收入计算的基尼系数的变化率来衡量的。可支配收入是市场收入加上净公共转移（社会保障给付-社会保险费-税收支出）。

（一）对社会支出的影响

被认为最早研究福利国家的一批学者，如韦伦斯基、卡莱特认为，福利国家的发展与社会支出密切相关（Wilensky，1975；Cutright，1965）；而艾斯平·安德森则认为，社会支出的实际使用才是重要的，他批评称，使用这种单线的指标会产生误导（Esping Andersen，1999）。但 Esping-Andersen（1999）的讨论仅限于发达国家。的确，不能仅用社会支出来解释发达国家之间的社会政策差异。但是，包括发展中国家在内的分析表明，发达国家和发展中国家的社会支出差异明显。这里拟澄清的问题是，随着经济的增长，发展中国家能否实现与目前发达国家同等水平的社会支出及同等水平的收入再分配？

首先分析制造业就业份额逐年下降的趋势对社会支出的影响。表 2 显示了以社会支出在 GDP 中的占比为自变量的面板分析结果。豪斯曼检验的结果选择了固定效应，在表中用固定效应（1）与变动效应的公式表示。实际人均收入（常用对数）和老龄化率的系数在 1% 水平上具有显著性，符号为正。在固定效应（2）中加入了年度虚拟变量，同样系数在 1% 水平上有显著性。从固定效应（2）的公式中提取了各国的固定效应，通过回归分析验证了这种固定效应是否与过早的去工业化有关，即制造业就业份额达到峰值的时间越晚（早），各国特有的残差是否越小（大），其结果如表 3 所示，即达到峰值的年份系数在1%水平上具有显著性，符号为负。事实证明，由于过早地去工业化，社会支出有下降的趋势。

图3以箱线图的形式展示了各国制造业就业份额达到峰值时的固定效应的分布，横轴为制造业就业份额达到峰值的时间，纵轴为根据表2的结果得到的固定效应。制造业就业份额在1980年以前达到峰值的国家，其固定效应中位数是 -7.8；1981~2000年达到峰值的国家，其固定效应中位数是 -11.6；2001年以后达到峰值的国家，其固定效应中位数是 -12.9。可见，总体趋势是国家制造业就业份额达到峰值的时间越晚，固定效应值就越小。

表2　关于社会支出的面板分析结果（1980~2015年）

【因变量】社会支出在 GDP 中的占比			
【自变量】	固定效应（1）	变动效应	固定效应（2）
实际人均收入	1.38 *** （0.26）	0.59 *** （0.19）	-1.45 *** （0.48）
老龄化率	0.91 *** （0.06）	1.07 *** （0.05）	0.550 *** （0.08）
年度虚拟变量			有
样本数	636	636	636
个体数	64	64	64
决定系数	0.480	0.457	0.570
豪斯曼检验	25.818 ***		

注：*** 表示在1%水平上具有显著性；括号内是标准误差。

资料来源：OECD Social Expenditure Database, The GGDC 10 - Sector Database, ILOSTAT data, World Bank Health Nutrition and Population Statistics, Penn World Table Version 9.1。

表3　制造业就业份额达到峰值的年份及固定效应的回归分析

【因变量】固定效应	
【自变量】	
达到峰值的年份	-0.32 *** （0.05）
样本数	64
决定系数	0.388

注：达到峰值的年份=该国制造业就业份额达到峰值的年份-最早达到峰值国家的到达峰值年份（英国，1961年）；*** 表示在1%水平上具有显著性；括号内是标准误差。

资料来源：OECD Social Expenditure Database, The GGDC 10 - Sector Database, ILOSTAT data, World Bank Health Nutrition and Population Statistics, Penn World Table Version 9.1。

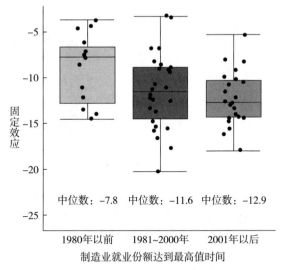

图3 制造业就业份额达到最高值时的固定效应（64 个国家）

注：制造业就业份额数据基于 1960~1990 年的 The GGDC 10-Sector Database 和 1991~2019 年的 ILOSTAT data。

资料来源：The GGDC 10-Sector Database，ILOSTAT data，World Bank Health Nutrition and Population Statistics，Penn World Table Version 9.1。

（二）对收入再分配效应的影响

本部分将验证制造业就业份额达到峰值的时间与收入再分配效应的大小是否相关。发达国家制造业就业份额基本上都在 20 世纪 70 年代前到峰值，发展中国家则在此之后。因此，在这里，我们将分别验证发达国家和发展中国家的收入再分配效应在时间序列上的变化。作为计算再分配效应所需的基尼系数数据，我们使用了 The Standardized World Income Inequality Database（SWIID）Version 8（Solt，2020）。在图 4 中，横轴为实际人均收入（2011US $）对数（常用对数），纵轴为收入再分配效应（改善率）。显然，发达国家的改善率始终较高，发展中国家的改善率始终较低，没有发现两者交叉的迹象。

但是，图 4 中使用的 SWIID 让人对发展中国家的数据准确性产生怀疑。例如，据 Sicular 等（2020）的研究，中国国家统计局公布的基于可支配收入的基尼系数从 2007 年的 0.484 下降到 2013 年的 0.473；近年的研究中常

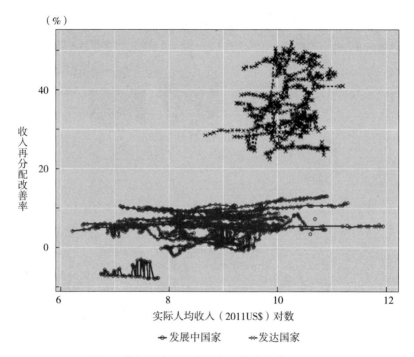

（％）

图 4　收入再分配改善率与实际人均收入 （1）

注：图中用线形图表示各国的时间序列数据。发达国家包括 15 国（加拿大、丹麦、西班牙、芬兰、法国、英国、爱尔兰、冰岛、意大利、日本、荷兰、挪威、新西兰、瑞典、美国），发展中国家包括中国等共 47 国。

资料来源：The Standardized World Income Inequality Database Version 8, Penn World Table Version 9.1。

用的基于中国家庭收入调查（Chinese Household Income Project，CHIP）的基尼系数从 2007 年的 0.486 下降到 2013 年的 0.433。而在 SWIID 中，中国基于可支配收入的基尼系数从 2007 年的 0.427 下降到 2013 年的 0.408，虽然趋势相同，但是数值相当低。

因此，在图 5 中，发达国家的数据使用了 OECD Income Distribution Database，中国的数据使用了 CHIP 独立计算出的基尼系数①。图 5 的整体结构与图 4 非常相似。也就是说，发达国家的改善率均在 20% 以上，韩国和中国的改善率则在 20% 以下，未发现两者有交叉的迹象。中国在 2008~2013 年改

————————

①　Sicular 等（2020）、Luo 等（2020）将家庭收入除以家庭成员人数，以获得家庭成员人数调整后的家庭收入。这里，按照 OECD 的常规方法，将家庭收入除以家庭成员人数的平方根。

善率上升了很多，但与发达国家的差距还是很大。韩国从 2005~2009 年开始到 2010~2013 年略有上升，但与其他发达国家的差距似乎并没有缩小。日本在发达国家中和美国一样，改善率很低，但是，所获取数据期间的改善率大幅上升，这被认为是由于伴随老龄化的养老金支付增加所致。

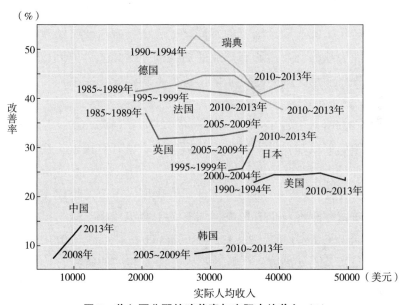

图 5　收入再分配的改善率与实际人均收入（2）

注：本图中，中国以外的国家数据为 1985~1989 年、1990~1994 年、1995~1999 年、2000~2004 年、2005~2009 年和 2010~2013 年的平均值；中国的数据使用 Yue 和 Terry（2019）中表 9.1 的 Weights 1 进行了加权。

资料来源：OECD Income Distribution Database，Penn World Table Version 9.1，Chinese Household Income Project Dataset。

四、过早去工业化影响社会政策的机制

（一）产业结构转型与社会政策

福利国家、福利制度的形成与产业结构的转型有很大的关系。主要产业从第一产业转向制造业，在城市化进程中完善了社会政策。而且，传统型福利制度以去工业化为契机，发生了很大的变化。

发达国家和发展中国家一样，产业结构的转型都是以社会政策的完善和调整为背景的。在去工业化的同时，还出现了少子老龄化、女性进入社会、单身家庭增加等社会变化，这一点也是共通的。因此，过早去工业化的国家，在社会政策还未充分完善的阶段，就需要应对这些社会变化。此外，过早去工业化是以制造业和金融业为中心的产业全球化为背景的，同时伴随着由此而来的竞争加剧，这也会导致就业不稳定的状况。

后发工业化国家与发达国家的不同之处在于，制造业吸纳就业的能力较低，制造业吸纳的就业占所有产业的20%或30%以上的时间也较短。因此，此处拟探讨的是，这样的产业结构转型方式的变化会给社会政策带来怎样的影响。

第一，一方面，正如 Esping-Andersen（1999）所指出的，工会在欧洲国家社会政策的形成和发展上有很大的影响力。也有直接由工会管理运营的情况，比如丹麦失业保险中的"根特系统"。而且，彼时的工会是以制造业为基础的。此外，近年来有很多实证研究表明，工会的组建率和集体合同适用率对贫富差距本身也有影响，如有关工会组建率下降与贫富差距扩大相关的研究（Card et al.，2003；Western and Rosenfeld，2011）、工会组建率下降与贫富差距（高收入人群的收入份额）相关的研究（Jaumotte and Buitron，2015），以及关于工会对中产阶层的形成和代际间阶层流动积极影响的研究（Freeman et al.，2015）等。

另一方面，东亚地区的工会组建率和集体合同适用率低于欧洲国家（Kuruvilla et al.，2002）。正如 Deyo（1987）所论述的那样，在韩国和中国台湾，工会受到独裁政权的强烈限制，其社会话语权很弱，这一点在民主化运动后也没有发生太大的变化。表4比较了欧美国家和东亚国家的工会组建率和集体合同适用率。欧洲国家的特点是工会组建率和集体合同适用率不同，后者的数值比前者高很多。在发达国家中，美国的数值相当低，但东亚各国的数值总体较低。

表4　不同国家工会组建率与集体合同适用率比较　　　　单位：%

国家	工会组建率	集体合同适用率
瑞典	67.0	90.0
德国	17.6	56.8
法国	7.9	98.5[a]

续表

国家	工会组建率	集体合同适用率
美国	10.6	11.8
英国	24.7	27.9
日本	17.4	16.8
韩国	10.1	11.8
中国	44.9	40.6[b]

注：a 为 2014 年数据；b 为 2013 年数据。

资料来源：ILOSTAT data。

此外，在欧洲，受工会支持的自由派政党成为扩大福利的驱动者，但在东亚，工会支持的自由派政党却很弱（Wong，2004）。在东亚经济危机期间，韩国自由派政党拥有工会的支持基础，推动了社会政策的发展（Fleckenstein and Lee，2017），日本也出现了一些变化，但工会的影响力并没有增强。

第二，产业结构转型方式的变化对社会政策的影响在于，一方面，社会保险的普遍化所需的时间受到制约。欧洲社会保险的诞生和普及是以制造业为基础的，其最初的适用对象仅限于公务员、军人和部分雇员，但经过 19 世纪末至 20 世纪六七十年代的漫长时间，该制度得以发展为普遍性的保障，覆盖率超过 90%（Tomka，2013；Flora and Heidenheimer，1981）。随着经济日渐成熟，各国对养老金进行了私有化，养老金的给付额反映了其工作时的收入，这可能是贫富差距扩大的一个重要原因（Ebbinghaus and Neugschwender，2011）。

另一方面，在过早去工业化的情况下，社会保险的覆盖率趋于受限。这可能是因为，制造业作为发展社会保险的基础，在其就业份额较低且普及时间有限的情况下，社会保险的覆盖面会受到影响。图 6 和图 7 显示了不同国家和地区失业保险和公共养老金的覆盖率，箭头表示了中日韩三国的走势。

从图 6 中的失业保险覆盖率来看，尤其是日韩两国，尽管它们的实际收入与其他发达国家水平相当，但其失业保险覆盖率很低。另一事实是中国正在扩大公共养老金的覆盖率，韩国也在扩大失业保险和公共养老金的覆盖率。但是，韩国公共养老金的覆盖率之所以上升，是因为引进了以税收为资金来源的基础老年年金，而不是以年金保险费为资金来源的国民年金。

中国失业保险的覆盖率并没有太大的增长。日本失业保险和公共养老金的覆盖率都不增反降。

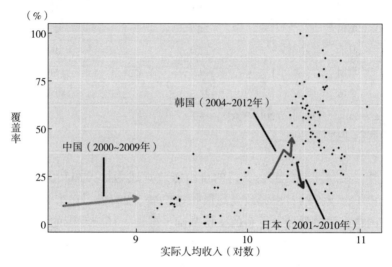

图 6 27 个国家和地区的失业保险覆盖率（2000～2013 年）

注：本图纵轴表示领取定期社会保障失业救济金（Regular Periodic Social Security Unemployment Benefits）的失业者比例。

资料来源：ILOSTAT data，Penn World Table Version 9. 1。

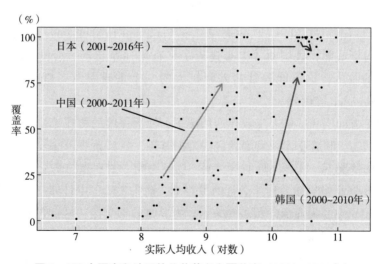

图 7 135 个国家和地区的公共养老金覆盖率（2000～2016 年）

注：本图纵轴表示达到养老金法定领取年龄以上人口中养老金实际领取人口的比例。

资料来源：ILOSTAT data，Penn World Table Version 9. 1。

从韩国推出基础养老金一事也可以看出，东亚的社会保险问题不能只看整体覆盖率，还需要考虑各国制度的全貌。这样便可以发现三国在社会保险制度内都存在很大差距。这一点也正是三国民众对本国社会保险持续性产生怀疑和对未来心怀焦虑的最大因素。

（二）劳动力市场与社会保险的双重结构

中日韩三国的劳动力市场都存在双重结构，在日本和韩国表现为正规就业与非正规就业的区别，在中国则表现为城镇就业与农村就业的区别。与此相对应的是，三国的社会保险也存在双重结构。问题是，分别与日韩的正规就业人口和中国的城镇户籍人口相比，非正规就业人口和农村户籍人口在劳动力市场上的地位较低，同时社会保险的保障也较差。也就是说，社会保险进一步加剧了劳动力市场的差距。

图8显示了日本雇员加入各类保险的参保率，区分了正规雇员和非正规雇员。2003~2014年，正规雇员的相关保险参保率几乎为100%；而非正规雇员的参保情况则有明显不同，就业保险参保率不到70%，健康保险和厚生年金的参保率不足60%。在此期间，日本政府一直试图扩大雇员保险的适用范围，虽然参保率略有上升，但进展缓慢。如果参加了雇员保险，雇主缴纳一半的保险费，那么对参保人来说负担较轻。特别是，由于国民健康保险属于地方政府的管辖范围，各个地方政府的保险费各不相同；而在财政状况较差的一些地方，参保缴费大幅上涨现象严重，加大了当地居民参保的负担。

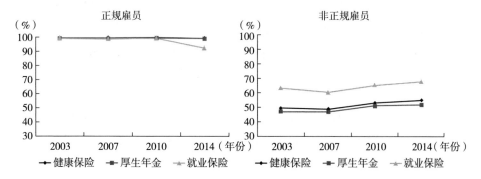

图8 日本雇员的保险参保率

资料来源：厚生劳动省《关于就业结构的现状调查》（关于就业形式多样化的综合现状调查）。

在韩国，社会保险覆盖率低也是一个重大政策问题（이병희외，

2012)。图 9 显示了韩国公共保险的参保率，同样区分了正规雇员和非正规雇员。可以看到，2004～2019 年，正规雇员的健康保险和国民年金参保率上升了近 20 个百分点，就业保险参保率上升了近 30 个百分点；而非正规雇员的健康保险和就业保险参保率只上升了近 10 个百分点，国民年金的参保情况则几乎没有变化。很明显，韩国正规雇员的参保率很高，而且增幅也很大。2000 年，韩国对医疗保险实行了职业保险和地区保险的合并。但从 Peng 和 Wong（2010）将中国台湾 1995 年推出的全民健康保险作为"全面社会保险"的案例之一所进行的评估来看，如果保险费的征收体系未能统一的话，不利于地区保险参保人的体制也不会有改变（郑在哲，2017）。

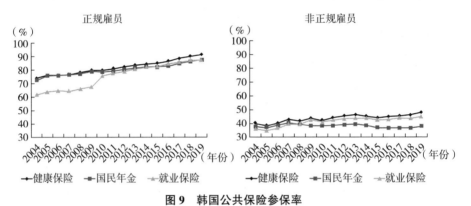

图 9 韩国公共保险参保率

资料来源：韩国统计局《经济活动人口调查》，本图由笔者根据相关资料绘制。

表 5 显示了中国城乡老年人基本养老保险的覆盖率。中国在 20 世纪 50 年代为公务员建立了公务员养老保险（1955 年），为城镇职工和个体工商户建立了城镇职工基本养老保险（1951 年），而农村建立农村社会养老保险则是在 1992 年以后。如表中所示，农村地区的覆盖率极低，直至 2009 年推出新型农村社会养老保险，并通过引入包括国家财政补贴等在内的相关改革加以制度化实施，农村地区的覆盖率才有了明显上升（Li et al.，2020）。尽管如此，对比保障较好的公务员养老保险，不同制度之间的割裂带来的不公平感很大（Wang et al.，2014）。而且，由于就业期间的缴费金额与养老金的给付水平挂钩，这种割裂的养老金制度导致新的社会分层（Zhu and Walker，2018）。值得一提的是，中国于 2011 年建立了针对城镇户籍非就业人员的城镇居民社会养老保险，并于 2014 年进一步将其与新型农村社会养老保险合并为城乡居民基本养老保险。

表5　中国基本养老保险覆盖率　　　　　　　　　　单位:%

年份	1988	1995	2012	2013
全体老年人	24.8	37.6	34.9	75.8
城镇	58.2	74.3	76.2	87.0
农村	1.9	2.0	2.7	69.3

注:老年人为60岁及以上人口。

资料来源:本表根据Li等(2020)对CHIP的加权计算。

因此,本文认为,东亚社会保险的这种双重结构仍然是一个挑战很大的课题,且与过早的去工业化有关。

说到底,社会保险的双重结构起源于经济从以第一产业为主的阶段向以制造业为主的阶段过渡的时期。在经济发展的初期阶段,从事第一产业的劳动者从农村转移到城市,以寻求制造业中更高工资水平的机会(Lewis,1954;Ranis and Fei,1961)。

但是,并不是所有的劳动者都能顺利地进入制造业并实现就业,因此,城市地区形成了贫民窟等贫困人群和低收入人群的聚居区。另外,由于许多劳动者在非正式部门工作,如私人企业和小微企业,劳动力市场形成了双重结构(Harris and Todaro,1970)。在日本,隅谷三喜男将其称为"城市杂业阶层"(隅谷三喜男,1955);在韩国,自20世纪80年代以来就有人开始讨论这种劳动力市场的双重结构(전병유외,2018;윤진호,1994)。

根据托达罗模型,由于城乡之间存在工资差距,所以在人口流动开始的初期阶段,收入差距会扩大(Kuznets,1955)。日本到20世纪五六十年代,以及韩国到20世纪80年代之前的城乡差距都很大,城市地区形成了广大的低收入群体。在这种社会现实下,为解决未参加医疗保险和养老保险的问题,日本于1961年实施了人人皆保险和全民年金制度(田多英范,2011)。韩国分别于1989年和1999年实现了人人皆保险和全民年金。但需注意,如前文所述,医疗保险中的职业保险和地区保险的保险费征收体系不同,雇员的养老保险费是由雇主和参保人各负担一半,但地区保险的保险费则全部由个人负担。

在中国,户籍制度限制了人口在城乡之间的流动,如前文所述,社会保险制度也是按城乡划分的。中国劳动力市场和社会保险的双重结构要比日本和韩国更为明显。此外,户籍制度不仅造成了社会保险制度的分裂,也是造成教育、医疗等领域存在广泛的居民生活差距的主要因素（Gao et al., 2018）①。

综上所述，中日韩三国在经济发展过程中基于劳动力市场的双重结构，形成了社会保险双重结构的制度化。其首要目的是为那些不能加入职工保险的居民提供社会保障，这是因为制度化的社会保险在早期阶段针对的是公务员和以大企业为主的雇员，但在这之外仍有很多人未加入社会保险，特别是农村和城市的自雇者和个体工商户。因此，在制度建立之初，社会保险费等的差距被认为是次要的问题。

然而，东亚在保有劳动力市场和社会保险双重结构的情况下进入了去工业化时代。要想消除社会保险费等的差距，或是实现社会保险制度的一元化，需要适应这种快速的变化。但是，劳动力市场的双重结构相比于经济发展的初期阶段显然已经有了很大的不同。在日本，过去这种双重结构曾是大企业和中小企业之间、城市和农村之间的双重结构问题，现在却变成正规雇员和非正规雇员、男性和女性之间的差距问题（Tanaka, 2019）。另外，在过去，地区保险的参保人多以个体工商户为主，现在则多为无业人员。参保人结构的这种变化也使地区保险的财政状况变得更加严峻，某种程度上也难以做出改变。

（三）去工业化时代社会政策的特征

在去工业化时代的社会政策中，支持提升女性地位、支持发展和完善儿童抚育及老年人照护等制度，是发达国家和东亚各国所共同面临的情况。目前，韩国一方面需要迅速解决社会政策的基本问题，如完善社会救助和公共养老金等；另一方面同时面临着与其他发达国家类似的新的社会挑战。

针对就业困难群体，在提供社会保障和福利援助的同时，西方发达国家和东亚国家（特别是日本和韩国）也越来越多地实施了包括就业安置、教育和职业培训等许多方案。过去主要是针对残疾人和其他没有劳动能力的人提供社会保障和福利政策，针对有劳动能力的人则提供就业安置和职业培训等劳动政策，两个群体之间的政策界限是很明确的。然而，还有大

---

① 一些研究表明中国社会保险制度的这种分裂加剧了社会不平等（Cai and Yue, 2017; Li et al., 2020），而另一些研究则认为这种制度有均衡效果（Li and Zhu, 2017）。

量的长期失业人员、有心理问题的离职人员和移民求职人员等，他们虽然有可能就业，但短期内难以就业的人数会有所增加，因此有必要针对这些人提供专门的支持政策，即所谓的"激活"政策。日韩也增加了类似的支持政策，但其内容实际与欧洲的就业激活政策机制有所不同（五石敬路，2017）。

最初，激活政策的目的在于"通过鼓励积极的求职活动和参与提高就业潜力的项目，以减少失业补助和相关福利补助对就业激励可能造成的不利影响"（OECD，2013）。这里所说的就业激励可以用贫困陷阱（Poverty Trap）、失业陷阱（Unemployment Trap）和非劳动力陷阱（Inactivity Trap）等概念来很好地加以解释（OECD，2005）。针对贫困人口给予社会补助、针对失业人员给予失业补助、针对残障人员给予伤残补助、针对伤病员给予伤病补助，如果这些补助的水平比市场工资的条件更好，且补助的期限足够长，那么，对于领取者而言就会激发其持续领取的动机，从而抑制了这些人的就业积极性。因此，激励政策旨在设计一个不会抑制就业积极性的福利体系，并通过提供咨询援助和职业培训等方式来促进就业。

欧洲国家和日韩之间在就业困难人员的支持政策上存在的差异主要在于现有现金补助在覆盖范围上的差异。简单地说，在欧洲，现有的现金补助发放条件过于宽松，这是个问题并且遭受到了质疑，故其目标是制定更为严格的条件。而在日韩两国，本就不存在现有现金补助的覆盖范围较大、支付条件宽松的前提条件。

因此，自 2000 年以来，日本开始向就业困难人员提供许多非现金补助的援助。换句话说，欧洲的激励政策是以现金补助为前提的；而在日本，现有制度中的现金补助是有限的，且即使有了新的制度化的援助政策，也不会引入现金补助。这些援助政策多被称为"自立支援"，主要以无家可归者、年轻人、"家里蹲"和网吧难民为对象，面向全国实施①。2015 年 4 月，日本开始实施生活困难者自立支援，在全国各地方政府设立了咨询窗口，但基本上不允许向对象人群支付现金。

在韩国，对生活困难者和就业困难者的现金补助不足的情况与日本的

---

① 需注意，向生活保障领取者、儿童抚养补助领取者提供的自立支援是一种以现金补助为前提的救助政策，符合激励政策的定义。此外，2011 年推出的求职者支援制度也是以接受培训为前提进行现金补助的制度。

情况非常相似，但其应对措施则与日本不同，采取了扩大现有现金补助覆盖范围或是建立新的现金补助制度等措施。在韩国，还有一些无法纳入既有制度援助对象的群体被称为"死角地带"，自 1998 年亚洲经济危机以来，他们的问题一直是韩国政策争论的主要方面。

其中一个典型事例就是韩国社会救助政策的调整，即国民基本生活保障制度的建立。在 1998 年亚洲经济危机之前，韩国的社会救助主要以老年人和儿童为对象；但在经济危机之后，劳动年龄人口中的贫困人口大幅增加，需要采取相应的措施。因此，韩国于 1999 年制定了《国民基本生活保障法》，也允许劳动年龄人口有条件地领取自立支援事业给予的救助。此外，韩国于 2010 年启动的"就业成功一揽子计划"和 2017 年开始在首尔和其他地方政府实施的面向年轻人的补助，也都是以接受培训和其他支援为条件提供现金补助的制度。

但是，在韩国，针对"死角地带"的政策措施并不是以促进就业为目的的，而是以扩大社会保障和福利的覆盖范围为目的的。这样的政策很多。1998 年亚洲经济危机时就扩大了就业保险和国民年金等社会保险的覆盖范围；此后在 2008 年引入了以税收为资金来源的基础老年年金制度（2014 年起为基础养老金），并放宽了国民基本生活保障制度方面的资产标准和扶养义务标准。

综上所述，在对就业困难者实施援助政策这一点上，日本、韩国都与欧洲国家非常相似。长期离职者和有心理问题的劳动者会增加，这或许可以说是去工业化时代的一个特征，其应对方法也与既往相似，即建立一个跨越了福利和劳动等传统行政框架的支持体制。但是，欧洲采取的是严格执行现有现金补助制度或是重新修订强调就业激励的支付制度；而与此相对的是，日本、韩国原本就没有现金补助，或者覆盖率很低，这些前提条件与欧洲不同，因此两国也采取了不同于欧洲就业激励政策的应对措施。或许可以说，日本和韩国确实是"早熟"了。

五、结语

最后谈一谈本文的分析对东亚福利制度理论的启示。制造业的就业份额并不是在某个时点出现了突然下降，这种下降是渐进式的，因此，它对社会政策的影响也并不是在某个时间点上突然就发生了变化，这种变化是持续发生的。日本的情况最能说明这一点。一方面，虽然日本的收入分配改善率相比于其他发达国家稍低，但也并不逊色；另一方面，日本社会保险的双重结构尚未完全消除，在这一点上，日本同时具备过早去工业化的特征。也就是说，东亚国家与其他发达国家之间并不存在质的分裂，可以说是以日本为中间点，在持续发生着变化。

再来看韩国和中国，两国的社会保险覆盖率都在上升，但由于过早去工业化的影响，社会支出和收入分配改善率的上升受到了抑制。这两方面都是事实。因此，有人认为东亚的福利正在朝着强化普遍主义特性的方向发展（金渊明，2010），也有人认为东亚的福利仍然是生产主义的（Holliday，2005；Kwon and Holliday，2007），这两种观点都没有准确地传达实际状态。

可以说，一方面，东亚国家整体上面临着制造业就业份额难有充分扩大的国际环境，东亚各国的社会政策也都面临着共同的制约条件；另一方面，正如日本和韩国对就业困难群体的应对措施不同一样，各国的具体政策内容多样，很难将其视为一个同质的群体。更重要的是，现在的发展中国家也将面临与东亚国家同样甚至更严峻的国际环境，因此可以预见，今后制定消除贫困和贫富差距的社会政策将会变得越来越困难。

参考文献

［1］金成垣（2008）後発福祉レジーム論　比較のなかの韓国と東アジア．东京：東京大学出版会．

［2］金渊明（2010）韓国の経験を通してみた東アジア生産主義福祉資本主義論の意味と限界．（金成垣編著《現代の比較福祉レジーム論　東アジア発の新しい理論構築に向けて》ミネルヴァ書房、所収）.

［3］李蓮花（2011）東アジアにおける後発近代化と社会政策　韓国と台湾の医療保険政策．ミネルヴァ書房.

［4］氏原正治郎（1989）日本の労使関係と労働政策．东京：東京大学出版会.

［5］田端博邦（2007）労使関係の国際比較　グローバリゼーションと労働世界の変容．旬報社.

［6］田多英范（2011）福祉国家と国民皆保険・皆年金体制の確立．社会保障研究，47（3），pp. 220-230.

［7］五石敬路（2017）生活困窮者自立支援の特徴と課題：アクティベーションと

言えるか. 貧困研究, 19 号.

［8］隅谷三喜男（1955）日本賃労働史論. 東京：東京大学出版会。

［9］鄭在哲（2017）韓国の医療保険制度の保険料賦課体系改革の動向. 社会政策, 9（2）, pp. 42-62.

［10］イビョンヒ・カンサンテ・ウンスミ・ジャンジヨン・トジェヒョン・パククィチョン・パクジェソン社会保険の死角地帯解消方案―社会保険料支援政策を中心に. 韓国保健社会研究院、研究報告書 2012-01 이병희・강성태・은수미・장지연・도재형・박귀천・박제성（2012）사회보험 사각지대 해소 방안 - 사회보험료 지원정책을중심으로-, 한국보건사회연구원, 연구보고서（2012-01）.

［11］ジョンビョンウ・ファンインド・パクグァンヨン（2018）労働市場の二重構造と政策対応：海外事例及び示唆点. BOK 経済研究 ［전병유,황인도,박광용（2018）노동시장의 이중구조와 정책대응 : 해외사례 및 시사점, BOK 경제연구］.

［12］ユンジノ（1994）韓国の不安定労働者. 仁荷大学校出版部 ［윤진호（1994）한국의 불안정 노동자, 인하대학교출판부］.

［13］Amirapu A, Subramanian A. Manufacturing or Services? An Indian Illustration of a Development Dilemma ［R］. Washington：Center for Global Development, 2015.

［14］Cai M, Yue X M. The Redistributive Role of Government Social Security Transfers on Inequality in China ［R］. London：Centre for Human Capital and Productivity, 2017.

［15］Card D, Lemieux T, Riddell W C. Unionization and Wage Inequality：A Comparative Study of the U. S, the U. K. , and Canada ［R］. New York：NBER, 2003.

［16］Castillo M. Premature Deindustrialization in Latin America ［R］. United Nations Economic Commission for Latin America and the Caribbean （ECLAC）, Production Development Series, 2016.

［17］Cutright P. Political Structure, Economic Development and National Social Security Programs ［J］. American Journal of Sociology, 1965, 70：537-550.

［18］Dasgupta S, Singh A. Manufacturing, Services and Premature Deindustrialization in Developing Countries：A Kaldorian Analysis ［R］. Tokyo：United Nations University, 2006.

［19］Deyo F C. The Political Economy of the New Asian Industrialism ［M］. Ithaca：Cornell University Press, 1987.

［20］Diao X S, McMillan M, Rodrik D. The Recent Growth Boom in Developing Economies：A Structural Change Perspective ［R］. New York：NBER, 2017.

［21］Ebbinghaus B, Neugschwender J. The Varieties of Pension Governance：Pension Privatization in Europe ［M］. New York：Oxford University Press, 2011.

［22］Emmenegger P, Hausermann S, Palier B, et al. The Age of Dualization：The Changing Face of Inequality in Deindustrializing Societies [M]. Oxford: Oxford University Press, 2012.

[23] Esping-Andersen G. Social Foundations of Postindustrial Economies [M]. Oxford: Oxford University Press, 1999.

[24] Fleckenstein T, Lee S C. Democratization, Postindustrialization, and East Asian Welfare Capitalism: The Politics of Welfare State Reform in Japan, South Korea, and Chinese Taiwan [J]. Journal of International and Comparative Social Policy, 2017, 33 (1): 36-54.

[25] Flora P, Heidenheimer A J. The Development of Welfare States in Europe and America [M]. London: Routledge, 1981.

[26] Freeman R, Han E, Madland D, et al. How Does Declining Unionism Affect the American Middle Class and Intergenerational Mobility? [R]. New York: NBER, 2015.

[27] Gao Q, Yang S, Zhang Y L, Li S. The Divided Chinese Welfare System: Do Health and Education Change the Picture? [J]. Social Policy and Society, 2018, 17 (2): 227-244.

[28] Harris J R, Todaro M P. Migration, Unemployment and Development: A Two-Sector Model Analysis [J]. American Economic Review, 1970, 60 (1): 126-142.

[29] Holliday I. Productivist Welfare Capitalism: Social policy in East Asia [J]. Political Studies, 2000, 48 (4): 706-723.

[30] Holliday I. East Asian Social Policy in the Wake of the Financial Crisis: Farewell to Productivism? [J]. Policy and Politics, 2005, 33 (1): 145-162.

[31] Jaumotte F, Buitron C O. Inequality and Labor Market Institutions [R]. IMF Staff Discussion Note, 2015.

[32] Kuznets S. Economic Growth and Income Inequality [J]. American Economic Review, 1955, 45 (1): 1-28.

[33] Kwon H. The Reform of the Developmental Welfare State in East Asia [J]. International Journal of Social Welfare, 2009, 18 (S1): 12-21.

[34] Kwon S, Holliday L. The Korean Welfare State: A Paradox of Expansion in an Era of Globalisation and Economic Crisis [J]. International Social Welfare, 2007, 16 (3): 242-248.

[35] Kuruvilla S, Das S, Kwon H, et al. Trade Union Growth and Decline in Asia [J]. British Journal of Industrial Relations, 2002, 40 (3): 431-461.

[36] Lebergott S. Labor Force and Employment, 1800-1960 [M] //Brady D S. Output, Employment, and Productivity in the United States after 1800. New York: National Bureau of Economic Research, 1966.

[37] Lewis W A. Economic Development with Unlimited Supplies of Labour [J]. The Manchester School, 1954, 22 (1): 139-191.

[38] Li J J, Wang X M, Xu J, et al. The Role of Public Pensions in Income Inequality

among Elderly Households in China 1988-2013 [J]. China Economic Review, 2020, 61: 1-12.

[39] Li S, Zhu M B. Redistributive Effects of Pension Reform in China [R]. Beijing Normal University, China Institute for Income Distribution, 2017.

[40] Luo C L, Sicular T, Shi L. Overview: Incomes and Inequality in China, 2007-2013 [M] //Sicular T, Yue X M, Sato H. Changing Trends in China's Inequality: Evidence, Analysis, and Prospects. Oxford: Oxford University Press, 2020.

[41] Meglio G D, Gallego J, Maroto A, et al. Services in Developing Economies: The Deindustrialization Debate in Perspective [J]. Development and Change, 2018, 49 (6): 1495-1525.

[42] McMillan M, Rodrik D. Globalization, Structural Change, and Productivity Growth, with an Update on Africa [J]. World Development, 2014, 63: 11-32.

[43] OECD. OECD Employment Outlook 2005 [M]. Paris: OECD Publishing, 2005.

[44] OECD. OECD Employment Outlook 2013 [M]. Paris: OECD Publishing, 2013.

[45] Peng I, Wong J. East Asia [M] //Castles F G, Leibfried S, Lewis J, et al. The Oxford Handbook of the Welfare State. Oxford: Oxford University Press, 2010.

[46] Piketty T. Capital in the Twenty-First Century [M]. Cambridge: Belknap Press, 2014.

[47] Ranis G, Fei J C. A Theory of Economic Development [J]. American Economic Review, 1961, 51 (4): 533-565.

[48] Rodrik D. Premature Deindustrialization [J]. Journal of Economic Growth, 2016, 21 (1): 1-33.

[49] Rosé J R, Wolf N. Regional Economic Development in Europe, 1900-2010: A Description of the Patterns [R]. London School of Economics and Political Science Department of Economic History Working Papers, No. 278, 2018.

[50] Sicular T, Li S, Yue X M, et al. Changing Trends in China's Inequality: Key Issues and Main Findings [M] //Sicular T, Yue X M, Sato H. Changing Trends in China's Inequality: Evidence, Analysis, and Prospects. Oxford: Oxford University Press, 2020.

[51] Solt F. Measuring Income Inequality across Countries and Over Time: The Standardized World Income Inequality Database [J]. Social Science Quarterly, 2020, 101 (3): 1183-1199.

[52] Sumner A. Deindustrialization, Tertiarization and Development in a "GVCWorld": What Do New Trajectories of Structural Transformation Mean for Developing Countries? [R]. ESRC GPID Research Network Working Paper, No. 16, 2019.

[53] Tanaka T. Japanese Welfare State in Comparative Perspective: An Overview [J]. Hitotsubashi Bulletin of Social Sciences, 2019, 11: 17-31.

[54] Tomka B. A Social History of Twenty-Century Europe [M]. London: Routledge, 2013.

[55] Tregenna F. Deindustrialization and Premature Deindustrialization [M] //Ghosh J,

Kattel R, Reinert E S. Handbook of Alternative Theories of Economic Development. London: Edward Elgar Publishing Limited, 2016.

[56] Yue X M, Terry S. Weights for 2007 and 2013 [R]. The China Institute for Income Distribution Working Paper, No. 78, 2019.

[57] Wang L J, Béland D, Zhang S F. Pension Fairness in China [J]. China Economic Review, 2014, 28: 25-36.

[58] Western B, Rosenfeld J. Unions, Norms, and the Rise in U. S. Wage Inequality [J]. American Sociological Review, 2011, 76 (4): 513-537.

[59] Wilensky H. The Welfare State and Equality [M]. Berkeley: University of California Press, 1975.

[60] Wong J. Healthy Democracies: Welfare Politics in Chinese Taiwan and South Korea [M]. NY: Cornell University Press, 2004.

[61] Zhu H Y, Walker A. Pension System Reform in China: Who Gets What Pensions? [J]. Social Policy Administration, 2018, 52 (7): 1410-1424.

中国农村贫困问题的设置与
反贫实践的理论和政策反思[*]

王春光（中国社会科学院）

2020 年，中国农村脱贫攻坚取得决定性成就，也如期实现了全面建成小康社会的目标。那么，这之后的农村会是什么样的呢？贫困问题真的从农村全面退出了吗？事实上，国家所说的全面脱贫是有限定的，那就是现行标准下的贫困。中外各国历史和实践表明，贫困的内涵并不是恒定的，而是不断被建构的，随着社会经济乃至文化条件的变化而不断变化。由此观之，2020 年之后的中国农村还会在新的层面存在贫困的问题。那么，应当如何对新的贫困问题进行界定？又要如何理解其与乡村振兴的关系呢？已有的一些研究指出，这实际上是一个相对贫困问题。为推进这方面的研究，这里从最基本的贫困界定这个元问题开始讨论，然后从历史维度梳理反贫困的合理基础，以及由此展开的中国农村反贫困实践，最后落脚到对"后 2020 时代"乡村振兴、贫困及反贫困等问题的一些思考和研究。

一、多维贫困和社会文化性

早在 20 世纪 60 年代，美国人类学家刘易斯指出，"有一种'贫穷人的文化'存在"[①]。由此，贫困与文化终于有了难分难解的关系。实际上贫困与文化的关系并不是因为刘易斯说了之后才存在的，而是一直存在。也就是

---

[*] 本文曾以《中国农村贫困问题的设置与反贫实践的延续性》为题发表于《社会发展研究》2020 年第 3 期，此处内容有删改。

[①] 奥斯卡·刘易斯. 贫穷文化——墨西哥五个家庭一日生活的实录［M］. 丘延亮，译. 中国台湾：巨流图书公司，2013.

说，贫困不仅仅是一种简单的经济现象，其有着复杂的社会文化性。所谓社会文化性包含两层含义：一是贫困本身就是一种社会文化现象；二是贫困的产生与社会文化有关，而且会产生社会文化效应。刘易斯所谓的贫困文化是指，贫困者形成了区别于其他群体的一种生活方式、价值观念和心理意识。

古希腊哲学家柏拉图在其《理想国》中就已提出"贫困"这个概念，但是，贫困真正成为社会科学的研究对象始于17世纪。自此之后，贫困概念经历了不断演化和丰富的过程。英国于1601年颁布的《伊丽莎白济贫法》首次提出了现代意义上的贫困问题及相应的减贫政策。经济学家最先将贫困作为热点问题开展研究，将贫困界定为经济问题，认为贫困就是指靠劳动养活不了自己和家庭的状态，由此衍生出最低工资问题（即要维持劳动力再生产所需要的收入），那些在收入上达不到最低工资收入水平的人们都属于贫困者，以此诞生了贫困线。1899年，英国社会政策家朗特里把贫困界定为"一个家庭的可支配收入不能支付家庭人口基本生存所需的食物、衣着、住房和燃料的最低费用"。① 这就是最早的绝对贫困概念。后来的研究者从这里发展出各种测量贫困线的方法，比如基本需求法、食物热量支出法、恩格尔系数法、生活形态法、超必需品剔除法、市场菜篮法、马丁法、数学模型法、编制贫困系数法和一天一美元法。② 所有这些测量方法都偏向经济维度。

但是，对贫困的理解不应局限于经济维度，而应该有多维的认识，尤其应该纳入社会文化维度。印度制度经济学家阿马蒂亚·森是最早提出多元贫困概念的。他认为贫困并不只是收入的匮乏，还包括基础设施、社会保障等的缺乏，以致贫困者失去了享受体面生活的能力，即可行能力。森的理论影响很大，尤其影响到联合国开发计划署（UNDP）和世界银行对贫困的界定和测量。联合国开发署计划所采用的人类发展指数就是一个多维度的指数，其中除了人均GDP之外，还包括教育水平和人均预期寿命。世界银行在《发展中国家面临的贫困问题：标准、信息和政策》中使用了7个指标来测量和评价贫困，分别是人均收入、家庭消费和人均消费、人均

① Rowntree S. Poverty：A Study of Town Life［J］. Journal of Chemical Physics, 1970, 52（2）：398-404.

② 王荣党, 李保春. 西方贫困线理论渊源和构造方法的演进脉络［J］. 财经研究, 2017（7）：23-34.

食品消费、食品比率、热量、健康和营养状况，以及基本需要等。与此同时，贫困线也不是固定不变的，如世界银行多次调整贫困线：2005年之前是以"人均每日生活费低于1美元"来界定贫困线；2005年将标准调整为人均每日生活费为1.25美元；2015年又调整为人均每日生活费为1.9美元；2018年增加了两条补充性贫困线标准，分别为人均每日生活费低于3.2美元和5.5美元。这些不同的贫困线都越来越多地蕴含了社会文化的意涵，正如世界银行将其后来提出的贫困线称为"社会贫困线"。

事实上，像其他一些重要概念（如社会、共同体等）一样，贫困的概念也是多样的。有多少研究者，就可能有多少个界定；即使是同一个研究者，在不同时期也会对贫困的界定进行调整和修订。这其中的一个重要原因是，不同的研究者生活在不同的社会和文化中，对贫困会有不同的体验和认识，因此会接受不同的贫困理论；同一个人在不同时期，也会基于社会经济乃至文化条件的变化，对贫困产生新的认识和理解。另外，从学术到实践，贫困也有不同的界定，我们称之为学术性贫困概念、政策性贫困概念和社会性贫困概念。

由此可见，贫困的含义是多样的，背后折射的是社会文化的多样性和多变性。这是我们观察和探讨中国农村反贫困的一个关键视角。也就是说，当我们宣告已经全面解决脱贫问题的时候，必须要认识到这是一个阶段性的实践答案；社会经济条件及社会价值观念不会停止变迁的脚步，这就需要我们从变化的、多维的视角来思考2020年之后的农村反贫困实践问题。

二、贫困的公共性与反贫困的合法性

贫困是与人类相伴而行的。从古代开始，中国人就渐渐地形成了一套认识和处置贫困的文化价值及行为方式。总体来说，中国人对贫困的评价大多是负面的，只有少数人才会有"富贵不能淫"的气概，大多数人都会有"欺贫贪富""门当户对""贫穷对面不相逢，富贵深山有远亲"这样的意识，总之，穷是被人看不起的。中国古代也有一些济贫的做法，但是像现代这样的反贫困政策和制度是不存在的。中国古代从朝廷到民间的济贫做法是：政府（朝廷）大多是在发生灾害（洪灾、旱灾、虫灾乃至流行病暴发等）、出现饥荒的时候才会出手赈灾救济，平时都主要是由民间自己来解决贫困问题。其中，最大的民间力量是家族。从隋唐开始，特别是在宋朝，民间出现了"社仓"，即在丰年时，大家各自拿出一部分粮食交给社仓；出现饥荒时，社仓则会拿出粮食救济老百姓。与此同时，在一个村庄内部，邻里家族也会帮助有困难的人家。由此可见，在古代，贫困不是一个公共问题，而是一个私人问题，主要依靠熟人来帮助解决。只有到了现代社会，贫困才成为一个公共问题，这时国家必须要承担济贫减贫的责任。

在中国，改革前农村也有一些救济困难的政策，但是真正有系统、有目的、有组织地开展农村反贫困，则是始于 20 世纪 80 年代以后。当时，基于思想解放和实事求是的路线，决策者开始客观地看待国家的发展水平和状况。农村老百姓自发地推行家庭联产承包责任制，就是以行动来主动回应和解决贫困问题，他们对此有着切肤之痛。安徽省凤阳县小岗村的 18 个农民冒死行动搞承包，就是例证。中国政府开始真正地正视贫困问题，并把它作为一个公共问题来对待。邓小平就曾针对性地指出，贫穷不是社会主义，可以先让一部分地区和人群富起来。反过来看，当时的中国还是相当贫困的，而中国的改革开放和经济建设就是要解决贫穷问题。当时，邓小平首次提出了"小康"社会的发展目标，即到 20 世纪末实现国民生产总值人均 1000 美元。

因此，从 20 世纪 70 年代末开始，中国最大的建设任务就是要解决温饱问题。在这点上，由于政府与老百姓达成了高度的共识，所以改革开放在当时得到了绝大多数人的认可和支持。拿联产承包责任制来说，其在短短 2 年内就在全国农村基本得以推行，只有极少数村庄例外。而且，农村的改革也在短短的 4 年内让 1.25 亿以上的贫困人口解决了温饱问题，脱离了绝对贫困。这就是，一方面，民众对改革开放寄予了前所未有的期待；另一方面，政府为了进一步赢得民众支持、增强改革开放的合法性，很快就将推动民众脱贫致富作为政府的重点工作，提出以经济建设为中心的发展思路，贫困问题也就顺理成章地成了政府必须要解决的公共问题。1986 年，中央政府（国务院）成立了扶贫工作领导小组。由此，中国开启了真正意义上的反贫困行动。

三、贫困问题与反贫困实践

从广义上看，人类历史就是一部反贫困的历史。在中国过去 40 多年的反贫困实践中，农村是政府反贫困实践的主战场。这里的原因在于，自计划时代起，城镇就是社会政策的重点，农村则被忽视；即使到改革后也是如此，农村居民一直是靠自己（或集体）来解决生计问题。而且更重要的是，在工业化和城市化背景下，农业基本上缺乏竞争力，是脆弱的产业。因此，中国既往的贫困问题主要在农村，而不是在城镇。

40多年来，中国农村的反贫困实践主要经历了以下四个阶段[①]：

（1）20世纪70年代末到90年代前。在这一阶段，尽快解决温饱问题成为全社会的共识，连最高决策者都迫切指出，"不管白猫还是黑猫，抓到老鼠就是好猫"。这个阶段的农村反贫困在四个层面上展开。第一，改革农村生产和经营制度，解放了农村劳动力，提高了农业劳动率，在短短的5年时间内，有1亿多农村人口解决了温饱问题。到1984年，中国不仅实现了粮食自给，还有剩余粮食可供出口。第二，从农业上释放出来的劳动力转向非农产业，乡镇企业、家庭作坊、民营企业应运而生，农民工、农民企业家、老板、企业经营者、个体户、小商贩等职业纷纷涌现和壮大，农村居民的非农收入快速增加。第三，国家大幅提升农产品价格，刺激了农业生产积极性，为农民增加了收入。第四，1982年国家在宁夏和甘肃等地实施扶贫计划，1985年形成了国家农村扶贫战略。这个时期的贫困概念是比较简单的，主要指没有解决温饱问题，以生存线为贫困线，如1978年的贫困线是年人均收入100元。到1985年，吃不饱的人数下降到1.25亿人。到1992年，农村贫困人口数量按当时的贫困标准来衡量，已经减少到了7000万人。政府的反贫困政策和计划瞄准的仅是农村最不发达或者说最贫困的地区。从再分配的视角来看，反贫困政策有助于改善地区之间的收入分配；但是，对减贫来说，效果并不是很明显。在政策上，国家把贫困视为地区贫困，而不是个体贫困。

（2）20世纪90年代到21世纪前。这是农村反贫困实践的第二阶段，有五个重大的时代背景，分别是开启社会主义市场经济建设、1994年分税制改革、国有企业和集体乡镇企业大规模改制、亚洲金融危机和中国加入WTO谈判、国家改革重心转向城市。在这样的时代背景下，农村发展乏力：乡镇企业缺乏竞争力，农业税费负担重，务农亏本，"农村真穷，农民真苦，农业真危险"三农问题凸显。中青年农民纷纷离开乡村，进城或者去东南沿海地区务工经商，走上外出务工来解决贫困问题之路。1992年，中

---

① 朱玲，何伟. 工业化城市化进程中的乡村减贫40年 [J]. 劳动经济研究. 2018 (4)：3-31.

国政府做出承诺，要到 2000 年解决农村贫困问题。1993 年，政府制定了《"八七"扶贫攻坚计划》，目标是从 1994 年到 2000 年，用 7 年的时间解决 8000 万农村贫困人口的绝对贫困问题。不过，2001 年 10 月 15 日国务院新闻办颁布的《中国扶贫开发白皮书》显示："农村尚未解决温饱问题的贫困人口由 1978 年的 2.5 亿人减少到 2000 年的 3000 万人，农村贫困发生率从 30.7%下降到 3%左右。其中，国家重点扶持贫困县的贫困人口从 1994 年的 5858 万人减少到 2000 年的 1710 万人。"

（3）2001 年到 2010 年。与 20 世纪 90 年代相比，这一时期，国家对农村实施了前所未有的政策，提出"少取多予"的理念，具体体现在以下几方面：一是国家肯定农村人口进城务工经商是国家现代化发展的必然要求，确保了农村流动人口有稳定的工资性收入来源，并且让他们在流入地享受基本的社会保障政策；二是国家取消了农业税费，出台了一系列农业发展补贴政策；三是国家将基本公共服务和基础设施向乡村覆盖，实施义务教育，建立新型农村合作医疗保险、新型养老保险及农村社会救助制度（其中最重要的是农村低保制度），实施路路通、广播电视通、信息通等基础设施建设；四是实施新农村建设，其总目标是"生产发展、村庄整洁、乡风文明、管理民主和生活宽裕"。

《中国农村扶贫开发纲要（2001—2010 年）》及新农村建设等举措究竟对减贫起到多大的效用？有几个数据可以从侧面说明问题：进入 21 世纪头十年，城乡收入差距一直在扩大，到 2007 年，达到最高点，即 3.14∶1；2008 年和 2009 年依然处于 3.11∶1 的高位；2010 年降为 2.9∶1。可见，尽管实施了很多惠农政策及相应的专项扶贫政策，但依然未能遏制城乡收入差距的扩大。因此，农村大量青壮年继续涌向城镇，向外流动和从事非农的人数继续增加。人口普查显示，2000 年城镇人口占总人口的 36.21%，到 2010 年这一比例增加到 49.68%，接近 50%；2000 年城镇就业人数只有 2.3151 亿人，而 2010 年则达到 3.4687 亿人，净增了 1.1536 亿人①，其中大部分是从农村进城就业的人。非农就业和向城镇流动就业，是农村人口解决贫困问题的重要出路。但是，由于城乡权益差异，与之相伴的是农村留守现象，留守的是儿童或者老人或者妇女，他们中不少人就成了贫困者或者贫困边缘者。

---

① 资料来源：国家统计局或根据国家统计局数据计算获得。

当然，国家也不断在对农村贫困线进行调整。在世界银行的贫困线从每天生活费支出 1 美元调整到 1.92 美元的同时，中国先后进行了四次调整，分别是在 2003 年、2004 年、2005 年和 2010 年。每次调整贫困线，随之而来的都是贫困人口数量的增加，尤其是 2010 年的贫困线调整，农村贫困人口一下突破一亿人。早在 1992 年，中国政府就公开宣布中国农村只剩下8000 多万贫困人口，而到了 2010 年，即 18 年之后却还有 1 亿多人。这并不是说农村的贫困程度在加深，而是贫困线调整所带来的。贫困线的调整具有一定的客观依据，其中包括物价上涨的影响、人们对贫困的理解、生活需求的变化，还有收入水平和差距的变化。所以，从这里我们也可以看到，贫困问题既是一种客观现象，又是一种建构的现象。政策对贫困的定义发挥了关键的影响，同时，贫困概念也会伴随经济和社会的发展而发生变化。

（4）2011 年至今。既然 2010 年还有 1 亿多农村贫困人口，显然政府还需要在下一个十年继续解决农村贫困问题，才能完成全面奔小康的发展目标。2011 年，中国政府制定了第二个《中国农村扶贫开发纲要（2011—2020 年）》，其总体目标是："到 2020 年，稳定实现扶贫对象不愁吃、不愁穿，保障其义务教育、基本医疗和住房。贫困地区农民人均纯收入增长幅度高于全国平均水平，基本公共服务主要领域指标接近全国平均水平，扭转发展差距扩大趋势。"这一纲要明确了减贫标准是"两不愁、三保障"，而不仅是一个贫困线了。并且，这个纲要还要求消除贫困地区的贫困问题，包括解决贫困县、贫困乡和贫困村的贫困问题；纲要还提出要建立健全扶贫对象识别机制，后来演化为精准识别的提法；在路径上提出了专项扶贫、行业扶贫和社会扶贫三类扶贫方式；在专项扶贫中提到易地扶贫搬迁、整村推进、以工代赈、产业扶贫、就业促进、扶贫试点和革命老区建设等。这些内容大部分在后来提出的"五个一批""六个精准"① 脱贫政策中得到体现。2013 年 11 月 3 日，国家提出"精准扶贫"，随后中国农村扶贫进入 7年"精准扶贫"，后来被称为精准脱贫攻坚，意即，到 2020 年要解决现行标准（人均年收入不到 2300 元）下的农村贫困问题。在这十年中，国家在扶贫上投入力度空前，干预程度前所未有，效果也日益显现。

---

① "五个一批"指发展生产脱贫一批、易地搬迁脱贫一批、生态补偿脱贫一批、发展教育脱贫一批、社会保障兜底一批。"六个精准"指扶贫对象精准、措施到户精准、项目安排精准、资金使用精准、因村派人（第一书记）精准、脱贫成效精准。

从对过去40多年中国农村减贫和发展的简单回顾及分析中，我们至少可以得到这样四点认识：第一，农村减贫从广义上看，就是农村发展，两者是同步的；第二，农村减贫有两条路径，即市场路径和政府干预路径，在不同时期，它们的作用不尽相同；第三，政府减贫的干预力度、目标、重点及方式在不同时期有所不同，经历了区域干预、整村干预到个体干预的转变；第四，贫困的内涵不是一成不变的。

四、贫困建构与政策选择

虽然贫困与人类社会共存，但是，真正出台反贫困政策、构建反贫困机制还是近现代的事。这里的原因犹如印度裔制度经济学家雷兹和森所言的："现代饥饿与历史上的饥饿除了有政治和伦理方面的区别外，还有其他方面的区别：第一，……一部分人在绝望地寻找着更多的食物，而另一部分人却在计算着卡路里并寻找新的减肥办法。……第二，在当代世界的许多国家中，饥饿的长期存在不仅与财富的根本缺乏有关，还与社会内部大量的——常常是极端的——不平等有关。"[1] 也就是说，当代的贫富差距太大、社会太过不平等，构成了对社会稳定及政府治理合法性的威胁，贫困问题成为重要的公共问题。同样，中国农村贫困问题也是如此。这表明，贫困就是在现代化背景下建构的一个公共问题。

中国农村贫困问题在改革前后有着不同的属性，而且在改革后的不同时期也有不同的含义，体现出其随着时代变化，以及人们的认识观念和需求变化而变化的现代性特点。最明显的一点是贫困线的不断调整，从1978年到2010年，由100元增加到2300元，其间从2000年的625元一下子调整到2010年的2300元，后者是前者的3.68倍，相比同期物价指数上涨（2010年比2000年，物价指数至少增加了25%），以及农村家庭人均纯收入提高幅度（2010年是2000年的2.75倍），增幅比较大，这与贫困线原先基数太低有直接关系。以2000年来说，中国625元的贫困线仅仅是当时农村家庭人均纯收入（2282元）的27%，而欧盟贫困线一般设定为人均收入的40%。2010年中国农村贫困线也只为农村家庭人均纯收入的36.67%，依然低于欧盟的40%比例。这里需要指出的是，这个比例还是以农村家庭人均

---

[1]　让·德雷兹，阿马蒂亚·森. 饥荒与公共行为 [M]. 北京：社会科学文献出版社，2006.

纯收入为基准，而不是以全国人均可支配收入为基准，而欧盟则是以居民人均收入平均数为基准，由此可见，中国农村贫困线占人均收入的比重就更低了。不管怎样，中国农村贫困线依然是一条绝对贫困线，而不是相对贫困线，体现了中国农村反贫困实践的属性。

贫困线明显地影响到一个国家在一个时期内的社会政策走向。在 20 世纪 90 年代，中国政府在实施《国家八七扶贫攻坚计划》时，目标是 2000 年基本上消除农村贫困问题，以迎接小康社会，但是真到了 2000 年这个目标并没有实现，按当时的贫困线标准，还有 3000 多万农村贫困人口没有脱贫，于是便有了第一个十年（2001~2010 年）农村扶贫开发纲要。在这个纲要中，政府对贫困的理解有了明显的拓宽，不再仅限于温饱问题，而且扩展到教育、医疗卫生、住房等方面，提出了脱贫致富和扶贫开发等概念，同时还指出，不仅存在个体贫困、家庭贫困，而且还存在区域贫困。如果以 683 元为标准来测量贫困，2007 年中国农村贫困人口数量已经下降到 1600 万以下，这是有统计数据公布以来的最低水平，农村贫困问题似乎快要解决了。但是，这个时候世界银行提高了贫困线，更彰显中国的贫困线之低，于是，中国政府也跟着大幅度提高贫困线，由此，农村贫困人口数量一下子从 1600 万增加到 1 亿多。这能否意味着农村贫困问题在恶化呢？显然不是，而是说明政府对贫困的看法变了。

中国政府为什么会改变对贫困的看法呢？除了世界银行调整贫困线的影响外，一个原因是，2001 年政府颁布的第一个扶贫开发纲要承认："我国目前正处于并将长期处于社会主义初级阶段，在较长时期内存在贫困地区、贫困人口和贫困现象是不可避免的。当前尚未解决温饱的贫困人口，虽然数量不多，但是解决的难度很大。初步解决温饱问题的群众，由于生产生活条件尚未得到根本改变，他们的温饱还不稳定，巩固温饱成果的任务仍然艰巨。基本解决温饱的贫困人口，其温饱的标准还很低，在这个基础上实现小康、进而过上比较宽裕的生活，需要一个较长期的奋斗过程。"这个纲要表明：第一，政府认识到，贫困问题特别是农村贫困问题将长期存在；第二，当时基本解决温饱问题，是低水平的脱贫，还存在很大的返贫风险。另一个原因是，政府对下一步的发展有了更高的目标和要求，即从实现小康到实现全面小康社会，原先的贫困标准与新的发展目标和要求不搭配，需要调整。贫困线一旦做出调整，贫困人数就会快速增加，相应的贫困内涵也会发生变化。第二个扶贫开发纲要用"两不愁三保障"来衡量脱贫，并且要求贫困地区公共服务接近全国平均水平，缩小发展差距等。这背后最大的动力在于政府把解决农村贫困问题上升为"巩固执政基础"的政治要求。到 2013 年政府又提出"精准脱贫"，即到 2020 年一个也不能掉队地达到全面小康标准，也出于相似的动因。

贫困并不是一个纯粹的自然现象或问题，而是一个多方参与建构的社会问题，其中政府扮演了重要甚至是主导性角色。美国社会学家威尔逊认为，"在南北战争以前，贫困在美国并不被广泛认为是一种社会问题。普遍的态度是：个人的不幸纯属个人的事情，社会不可能也不应该解决个人的问题"。① 这"普遍的态度"就是指社会对贫困的看法，即认为贫困是个人的事。只有到了南北战争后出现工业化，由此带来的贫困问题才引起社会关注，20 世纪 30 年代在美国芝加哥社会学派对城市贫困及其相关问题的研究中才诞生了学术性贫困概念，但是，后来的相关学术研究随着从事此项研究的人种学式微以及"二战"引发社会科学对贫困问题之外的其他问题的关注和兴趣，贫困问题曾一度被忽视。到了 20 世纪 60 年代，美国"再发现"贫困。当时的原因一方面是政府财源增长快，有大量剩余，另一方面是美国处于普遍繁荣之中，贫困问题更容易引起人们关注。美国联邦政府将反贫困纳入政策方案，1964 年美国国会通过了消灭贫困之战法案。与此同时，相应的研究纷纷开展，诞生了一些重量级学术成果［如加尔布雷斯的《富裕社会》（有的翻译为《炫富社会》）和哈林顿的《另一个美国》］，由此"真正使消除贫困的计划显著地进入到公众的视野之中"②。中国的情况也是如此：社会关注贫困问题，使政府提出贫困问题并采取反贫困政策和措施，学术研究接着跟进，帮助社会进一步提高对贫困问题的认识水平。这就构筑起农村反贫困的认知氛围，所以，贫困问题不是一个纯粹的客观现象。

从中国农村贫困概念的演变中可以看到，贫困并不是一个永恒不变的客观现象，而是一个不断建构的概念，与中国过去几十年的发展变化直接关联。今天认为不是贫困的现象也许明天就会是贫困的内涵，由此从这点来说，贫困不可能消失，或者说贫困概念不可能消失。在 2013 年中国政府提出到 2020 年要消灭农村贫困问题的时候，在贫困前面给了一个附加条件：

①② 威廉·朱利叶斯·威尔逊. 真正的穷人——内城区、底层阶级和公共政策［M］. 成伯清，等译. 上海：上海人民出版社 2007.

"现行标准下"。那么含义如此不断变化的贫困还是不是绝对贫困呢？答案依然是绝对贫困，而不是相对贫困。在不同时期，基本生存这个概念并不是恒定的，而是有不同内涵的，在 20 世纪 70 年代末，100 元可以维持基本生存，但是到现在，2300 元也只能维持着基本生存，这里除了物价因素外，还有就是基本生存的标准变了，商品化水平高了，以前人们还可以自给自足，但现在需要从市场上获得维持基本生存的物资等。所以，中国政府到 2020 年要消除的是"现行标准下"的绝对贫困问题，相应的反贫困政策也要调整和创新。

参考文献

［1］奥斯卡·刘易斯. 贫穷文化——墨西哥五个家庭一日生活的实录 ［M］. 丘延亮，译. 中国台湾：巨流图书公司，2013.

［2］冯川. 如何理解贫困：日本贫困研究视野下的省思 ［J］. 中国农业大学学报（社会科学版），2019，36（6）：85-95.

［3］让·德雷兹，阿马蒂亚·森. 饥荒与公共行为 ［M］. 苏雷，译. 北京：社会科学文献出版社，2006.

［4］王荣党，李保春. 西方贫困线理论渊源和构造方法的演进脉络 ［J］. 财经研究，2017（7）：23-34.

［5］威廉·朱利叶斯·威尔逊. 真正的穷人——内城区、底层阶级和公共政策 ［M］. 成伯清，等译. 上海：上海人民出版社，2007.

［6］杨冬，孙小娜. 贫困理论中若干问题的国际比较与启示 ［J］. 西安电子科技大学学报（社会科学版），2004，14（4）：33-36.

［7］朱玲，何伟. 工业化城市化进程中的乡村减贫 40 年 ［J］. 劳动经济研究，2018（4）：3-31.

［8］Rowntree S. Poverty：A Study of Town Life ［J］. Journal of Chemical Physics，1970，52（2）：398-404.

［9］Sen A，Drèze J. India：Economic Development and Social Opportunity ［M］. Oxford：Clarendon Press，1995.

韩国的收入贫困问题及
相关争议焦点

李贤珠（韩国保健社会研究院）

一、引言

本文围绕收入贫困问题对韩国的具体案例做分析，并讨论相关的争议焦点，主要涉及以下三方面内容：一是关于收入贫困的测量，涉及相关资料及标准的变化；二是韩国收入贫困问题的演变及其现状；三是关于收入贫困测算标准的局限性，以及作为其替代方案的调整后可支配收入的适用情况。

韩国用以测算收入贫困的数据一直在变化。此前，韩国政府在统计和公布贫困率等贫困指标时使用的数据通常是韩国国家统计厅的家庭经济情况调查（或称家庭动向调查）数据。家庭经济情况调查数据长期以来一直是政府贫困统计的官方数据来源，但这个调查在样本、测量和公开情况等方面一直都在调整。近期，政府将贫困指标统计的基本数据来源变更为家庭金融福利调查数据。这种数据来源的变化直接影响了韩国贫困水平的标准，以及对韩国贫困现状的理解。

随着贫困数据来源及测量方法的变化，韩国的国家贫困线也发生了变化。2015 年以前，韩国政府一直都是以最低生活保障标准作为贫困线；2015 年之后则采用了相对贫困线的概念，即以收入中位数的一定比例作为贫困线。这种适用标准的改变直接影响了韩国社会救助制度的制定和适用。

本文以收入中位数的 50% 为基准，首先对韩国的收入贫困标准变化及其最新状况进行检视。其次由于贫困水平的变化会受到市场收入和财政转移支付等社会福利政策的影响，为帮助人们更好地理解贫困的变化，本文结合可支配收入和市场收入提出了贫困水平的标准并加以分析。最后本文探讨目前以收入贫困标准来测量贫困率的局限性，并使用调整后可支配收入作为测量贫困水平的替代标准，介绍相关的测算结果和适用情况。研究者多年来一直都在讨论仅以单一的收入贫困作为贫困认定标准的局限性，也一直在推进有关多维贫困的研究。一直以来，围绕多维贫困的相关研究主要以发展中国家为对象，通过计算多维贫困指数的方式进行比较研究。但是，在贫困认定的多维标准上，该指数所包含的指标和公式的设计等也主要是针对发展中国家的情况而言的，如能否获得卫生用水等，并不适于掌握发达国家的情况；发达国家在认定贫困群体时，还需要考虑收入不均带来的不平等和阶级差异等问题。也就是说，对于经济发展达到一定水平的国家来说，即使使用该指数来识别贫困人群，也很难准确地抓住问题点之所在。然而，即使在发达国家，人们对收入以外的贫困方面也并不关心。比如最典型的，哪怕收入超过了一定的水平也难以保证其有稳定的住房，发达国家这样的国民并不在少数。正因如此，发达国家提出并开始使用调整后可支配收入这一概念。

这些议题对于理解韩国的贫困问题非常关键，不仅是贫困研究的争论焦点，同时也是其他国家正在经历或可能将会经历的问题。为了进一步理解韩国的贫困现象，并希望这些讨论能对其他国家有所启发，本文将对上述议题展开具体讨论。

二、韩国收入贫困的测算

（一）政府的收入贫困线

韩国从 2000 年开始实行国民基本生活保障制度，这是一项具有代表性的社会救助制度。到 2015 年为止，在韩国的各种贫困扶助政策中都是采用最低生活费标准作为贫困线，以此判定是否贫困。2015 年之后，则开始采用国民人均收入中位数的 50%（经济合作组织国家的相对贫困标准）作为贫困线。

按照韩国《国民基本生活保障法》第 2 条第 5 款的定义，最低生活费即"国民维持健康和文化生活所必需的最低成本"。这个最低生活成本的数额一般是由韩国保健福祉部的部长测算决定的①，在实际操作层面上一般是由中央生活保障委员会根据韩国保健社会研究院进行的相关调查和研究结果来确定的。韩国保健社会研究院使用"市场菜篮子法"来调查并测算最低生活成本，是在对食品、住房、水电燃气、家用设备、服装和鞋类等费用，以及健康医疗费用、教育支出、文娱活动支出、交通通信支出、其他消费支出和非消费支出进行调查的基础上，同时考虑家庭户的规模而确定的最低生活保障线。② 在这里，最低生活成本是以标准家庭的支出为基准，同时引入等价收入，按不同的家庭规模设定最低生计费。韩国每三年测算一次最低生活成本，在每个测算年参照生活必需品清单各项的市场价格来确定最低生活成本；在其他年份则一般通过物价上涨幅度来大致测算最低生活成本。由于这一特征，在某些年份可能会出现最低生活费用大幅上涨的现象。2015 年之后，尽管政府不再采用最低生活成本作为贫困线标准，但仍然延续了每三年对最低生活成本进行一次调查和测算的做法，将其作为参考，来了解低保领取群体的生活状况。

随着 2014 年底对《国民基本生活保障法》进行修订，韩国社会救助制度中贫困线标准随即开始采用标准中位数收入。根据《国民基本生活保障法》第 2 条第 11 款的定义，"'标准中位数收入'是指保健福利部为了确定支付标准，在中央生活保障委员会③审议通过后所公布的国民家庭收入的中位数"。在社会救助制度中，生活补助的基准线为标准收入中位数的 30% 以上，医疗补助的基准线为标准收入中位数的 40% 以上，住房补助的基准线为标准收入中位数的 43% 以上，教育补助的基准线为标准收入中位数的 50% 以上，以此标准为基础来确定政策对象。另外，《国民基本生活保障法》第 6 条第 2 款对计算标准中位数收入的方法做了解释，即"标准中位数收入是根据国家统计厅公布的家庭经常收入（指劳动收入、经营收入、财产收入和转移收入的总和）的中位数，反映近期家庭收入的平均增长率，根据家庭规模的收入水平差异等，按家庭规模大小进行计算"。作为参考，

---

① https：//www. law. go. kr/LSW/lsInfoP. do? efYd = 20200604&lsiSeq = 211961＃0000，导出日期：2020 年 12 月 28 日。

② 关于最低生活保障线的测算方式，韩国保健社会研究院 2013 年曾做过详细介绍，可参见：김미곤 2013. 최저생계비 계측조사연구。

③ 中央生活保障委员会由专家、公益代表、行政机关公务人员（相关部门副职等）等组成，一般在 16 人以内。

2020 年韩国社会救助政策的对象资格如表 1 所示。

表 1　2020 年不同家庭规模和救助类型的政策对象资格　单位：韩元

	1 人户	2 人户	3 人户	4 人户	5 人户	6 人户	7 人户
生活救助 （标准中位数 收入的 30%）	527158	897594	1161173	1424752	1688331	1951910	2216915
医疗救助 （标准中位数 收入的 40%）	702878	1196792	1548231	1899670	2251108	2602547	2955886
住房救助 （标准中位数 收入的 43%）	790737	1346391	1741760	2137128	2532497	2927866	3325372
教育救助 （标准中位数 收入的 50%）	878597	1495990	1935289	2374587	2813886	3253184	3694858

注：（1）为标准中位数收入的 30% 既是生活补助对象的资格标准，同时也是生活补助的支付标准。

（2）为 8 人以上家庭的各类救助的资格与支付标准为：每增加 1 人，在 7 人户家庭的标准上加计一个 7 人户家庭与 6 人户家庭的标准之差。例如，8 人家庭的生活补助资格与支付标准为：2216915（7 人户标准）+265005（7 人户标准−6 人户标准）= 2481920 韩元。

资料来源：韩国保健福利部（2020）。

　　在社会救助制度的实际运行中，韩国政府会以认定收入在贫困线以下的家庭为对象实施相应的社会救助。家庭的认定收入计为财产收入换算金额与收入评估金额①之和。财产收入的换算金额是将超过一定水平的财产折算成的收入，所以即使这部分财产不能创造实际收入，也会被视为收入并折算加总。因此，按照这种计算方法，生活在大城市的有资产者的认定收入可能会高于其实际收入。

———————————

　　① "收入评估金额" 是指从收入中扣减部分公共转移收入和劳动收入，以及慢性疾病患者需长期支出的医疗费用之后的金额。具体参照《国民基本生活保障法》施行令第 5 条第 2 款。2020 年 12 月 28 日访问网页：https：//www. law. go. kr/LSW/lsInfoP. do？efYd = 20200805&lsiSeq = 220441 # 0000。

（二）收入分配分析所使用的官方数据

近些年来，韩国国家统计厅用于确定收入分配指标的数据也在不断变化。直到 2016 年，国家统计厅使用的一直都是家庭经济情况调查数据；2016 年以后，国家统计厅开始采用家庭金融福利调查数据作为官方的收入分配数据来源。

韩国的家庭经济情况调查历史已久，目前已经积累了几十年的调查数据。该套数据主要包括对家庭收入和支出实际情况的调查，意在据此掌握韩国国民的收入和消费水平变化，一直以来都为相关的分析测算提供了必要的数据。不过，家庭经济情况调查的统计方法在 2017 年有了一些调整，原来的家庭收支（收入和支出）统计开始区分为收入统计和支出统计，其中，支出数据仍保持按年进行统计并发布，收入数据则调整为按季度进行统计并发布。收支分开统计之后，与此前的年度调查数据再进行比较的难度加大。因此，2016 年之后家庭经济情况调查不再被用作收入分配分析的官方数据来源。

与此同时，由于家庭经济情况调查项目的持续时间较长，因此，调查的对象、样本及具体调查内容等也发生了较大的变化。尤其是该调查的典型样本，最初只针对城镇工薪族进行调查并公布数据，很久之后才逐渐开始将包括非工薪族和非劳动人口在内的 2 人以上城镇家庭纳入调查对象并发布相关调查结果。从 2003 年开始，调查范围又有所扩大，覆盖了全国范围内包括非城镇地区的 2 人以上家庭。从 2006 年开始将单人户家庭纳入其中，样本的代表性进一步提高。尽管如此，直到 2016 年农户和渔民户也未被纳入调查对象，他们的相关情况则是通过农户经济调查项目单独收集数据并发布的。截至 2016 年，家庭经济情况调查的总体捕获率为 85.2%，此外还有 11.1% 的农户和渔民户，以及 3.7% 的其他类（韩国国家统计厅，2016；韩国保健社会研究院收入保障政策研究室，2018）。

韩国家庭金融福利调查的目的则是综合了解家庭经济水平的实时程度、变化、持续时间和变化因素等，以将调查结果用于财政和福利政策的相关研究中。与截至目前的家庭经济情况调查内容相比（见表 2），家庭金融福利调查中有关家庭支出的信息有所减少，但与此同时，增加了家庭资产、负债及社会福利的领受情况等信息。家庭金融福利调查的对象和调查方法也与家庭情况调查有所不同。家庭金融福利调查是以经济概念的家庭为单位，调查对象包括因学业而分开生活的未婚子女和因工作而异地生活的配偶，因此，调查的单位更接近于家庭的概念。在单人户家庭数量增加的社会大环境下，调查单位的调整有可能成为影响贫困率的重要因素。此外，该项调查并未采用填写家庭收入调查问卷的方式，而是以调查员面访调查为主，辅以网络调查的形式开展的。家庭金融福利调查的另一个重要特点是充分利用行政数据对收入信息进行补充。

就韩国的家庭经济情况调查而言，不断有学者批评其忽略了现实中的不平等，一方面是因为遗漏了高收入群体的数据，另一方面是对收入的调查也不够全面（김낙년，2012a，2012b；김낙년、김종일，2013；이원진、구인회，2015；홍민기，2016，2017）。与此同时，为进一步掌握家庭资产与收入分配而实施的家庭金融福利调查结果显示，该调查数据测算出的可支配收入基尼系数明显高于基于家庭经济情况调查公布的官方数据，这也引发了争议（韩国国家统计厅，2013；이원진等，2019）。官方统计数据来源的变更带来的最大问题是时间序列上的中断。因此，研究中很难判断指标的变化在多大程度上反映了现实，以及数据变化引起的样本和调查方法变化又在多大程度上对于反映现实产生了影响。甚至于由于统计数据的变化，标准收入中位数也面临着出现较大差异的风险。对于这些问题，相关的研究和讨论仍在继续。

表2　2016年家庭经济情况调查与家庭金融福利调查的调查方法比较

	家庭经济情况调查	家庭金融福利调查
调查对象	全国的非农户家庭	全国家庭
样本设计	每月进行样本更替（持续36个月） 从经济活动人口调查的抽样调查类别中抽取	每年进行样本更替（持续5年）
分层标准	市道、邑面洞	市道、邑面洞、住宅类型（普通/公寓/大型公寓）
家庭概念	家庭成员不包含因学业、工作等原因而分开居住者	家庭成员包含因学业、工作等原因而分开居住者
调查方法	在家庭收支账本上记录月收入	面访调查年度收入

资料来源：이원진等（2019），第44页。

鉴于基础统计资料方面的原因，很难掌握韩国的贫困状况；此外，韩国贫困状况相关调查数据的一大局限在于缺乏反映单个地区贫困率的数据，不仅基础自治团体，就连广域自治团体①也缺乏计算贫困率所需的微观数据。虽然各个地区的经济条件和生活水平的差距正在扩大，但现在的问题是，很难确定区域之间贫困差距的程度。

三、韩国的收入贫困现状

在研究韩国的收入贫困水平的时候，不容忽视的一点就是统计数据和贫困线标准的变化所带来的影响。此外，为了更好地理解韩国政府近年来迅速、稳步制定和实施的相关贫困政策，我们同时也需要注意市场收入贫困率和可支配收入贫困率之间的差异，以及公共转移对收入贫困的影响。

图1显示了家庭经济情况调查样本的变化及贫困率的变化。如前文所述，直到2016年政府都还在使用该项调查的相关数据。因此，本处主要使用家庭经济情况调查的年度数据对20世纪90年代以来韩国贫困状况的长期变化进行历时性的纵向比较。家庭经济情况调查数据的样本一直在扩大，从一开始的2人及2人以上城镇职工家庭，扩大到2人及2人以上的所有城镇家庭，再到全国2人及2人以上家庭，最后囊括了全国所有家庭（不包括农户和渔民户）。调查样本对象的变化导致了贫困率的变化，随着非工薪家庭、非城镇家庭和单人户家庭等被纳入样本框，调查数据反映出的结果是韩国贫困率持续上升。从图1展示的调查数据和变化可以看出，以市场收入中位数的40%为贫困线标准，单人户家庭的贫困率在全国家庭中为最高。

图2显示了调查对象包括农业和渔业家庭时因样本差异所致的贫困率差异。由于相关调查采取的标准是收入中位数的50%，因此本处呈现的也是以市场收入中位数的50%为基准的分析结果。从调查数据可以看出，当在家庭经济情况调查中增加农渔民经济调查之后，得到的韩国贫困率比之前更高。也就是说，由于调查样本等基础统计数据的样本框受限，长期以来韩国的贫困率调查结果都相对偏低，未能准确地反映真实的贫困状况。随着样本代表性的改善，近年来调查得出的韩国贫困率也随即出现上升。由此也说明，统计数据和调查样本的代表性非常重要。

---

① 在韩国，一级行政区称为"广域自治团体"，这之下的二级行政区称为"基础自治团体"。编校者注。

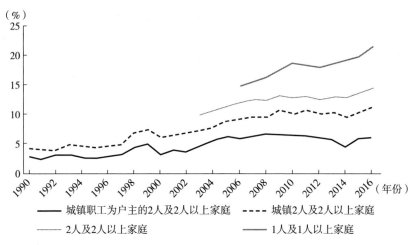

图 1　家庭经济情况调查样本变化及贫困率变化（不含农、渔户家庭）

资料来源：韩国保健社会研究院收入保障政策研究室（2019）《2018 年贫困统计年鉴》第 38-45 页。根据相关数据绘制本图。

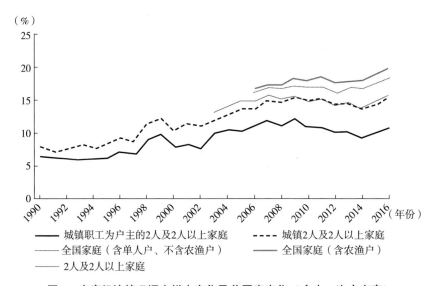

图 2　家庭经济情况调查样本变化及贫困率变化（含农、渔户家庭）

资料来源：韩国保健社会研究院收入保障政策研究室（2019），《2018 年贫困统计年鉴》第 38-45 页，韩国保健社会研究院社会保障委员会（2019）。根据相关数据绘制本图。

从相关调查数据可以看出，韩国的市场收入贫困率长期以来一直都在上升；尤其是在经历了 1997 年的亚洲金融危机及 2000 年代中期的信用卡危机和金融危机之后，韩国的收入贫困率显著上升，2010 年代初期收入贫困状况虽稍有缓解，但近几年再次出现恶化。可以说，此种市场收入贫困的恶化是韩国自 20 世纪 90 年代中期以来一直持续至今的严重问题。

对比家庭经济情况调查和家庭金融福利调查可知，两项调查测算得出的韩国贫困率差异非常明显（见表 3 和图 3），不论是市场收入还是可支配收入的贫困率，后项调查的贫困率都高于前项调查的贫困率。如前文所述，这两项调查在调查人群、样本、调查单位（经济层面的家庭概念）和调查方法等方面都有所不同，两套数据差异显著。在这种差异下，同时鉴于家庭经济情况调查在收入和支出统计上做了一些调整，至 2017 年，家庭金融福利调查取代家庭经济情况调查，正式成为官方统计收入分配的数据来源。统计数据和调查方法的改变在几个方面产生了相当大的影响，如标准收入中位数的设定与测算方法及进行长时段比较研究的可能性等。

表 3　家庭经济情况调查数据与家庭金融福利调查数据的贫困率比较

单位：%

年份	市场收入		可支配收入	
	家庭经济情况调查	家庭金融福利调查	家庭经济情况调查	家庭金融福利调查
2006	16.6		14.3	
2007	17.3		14.8	
2008	17.5		15.2	
2009	18.1		15.3	
2010	18.0		14.9	
2011	18.3	19.6	15.2	18.6
2012	17.6	19.0	14.6	18.3
2013	17.8	19.1	14.6	18.4
2014	17.9	19.6	14.4	18.2
2015	18.6	19.5	13.8	17.5
2016	19.5	19.8	14.7	17.6
2017		19.7		17.3
2018		19.9		16.7

资料来源：韩国保健社会研究院社会保障委员会（2019 年）。

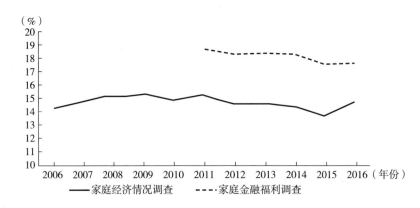

图3 家庭经济情况调查数据与家庭金融福利调查数据的贫困率变化

资料来源：韩国保健社会研究院社会保障委员会（2019）。

如图4所示，基于最低生活保障线标准的贫困率与基于收入中位数标准的贫困率之间的差异也同样显而易见。由于最低生活成本通常接近收入中位数的40%，在此将其与以收入中位数的40%为基准的贫困率进行比较。从图中可以看到，基于最低生活成本的贫困率比基于可支配收入中位数40%的贫困率要低。这是因为一般情况下最低生活成本都略低于收入中位数的40%，但也并非总是如此。所以这两个贫困率之间的差异也始终处于变动中，2009年反而出现了基于最低生活成本的贫困率更高的情况；2015年之后，两者之间的差距则持续扩大。这种差异主要是因为，一方面，收入分配数据每年都会有变化，从而影响了收入中位数的高低；另一方面，最低生活成本的设定也会因是否为测算年度而有所不同。从近年数据来看，越来越多的人担忧，出于韩国政府财政管控等原因，随着时间的推移，最低生活成本可能会被进一步压低。

图5对基于可支配收入标准的贫困率和基于市场收入标准的贫困率进行了比较。分析家庭经济情况调查中以收入中位数50%为基准的相关数据①可知，近年来，基于可支配收入贫困率和基于市场收入贫困率之间的差距越来越大。如前文所述，基于市场收入贫困率近年来不断在上升，而基于可支配收入贫困率却没有明显恶化。这是因为，随着各项社会保障和福利制

---

① 为了进行全国家庭的调查数据分析，仅对2006年以后的数据做了比较。

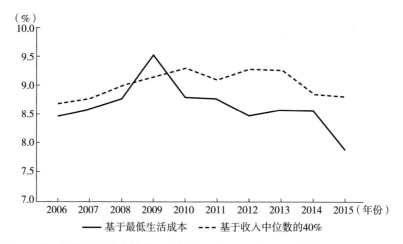

图 4　基于最低生活成本的贫困率与基于收入中位数 40% 的贫困率之间的差异

资料来源：家庭经济情况调查各年度原始数据，韩国保健社会研究院收入保障研究室编写的《2016 年贫困统计年鉴》。

度的逐年扩充，公共转移收入有所增加。但是，从 2016 年的变化来看，公共转移收入的增加并没能充分抵消基于市场收入贫困率的恶化，基于可支配收入贫困率也出现了明显上升。

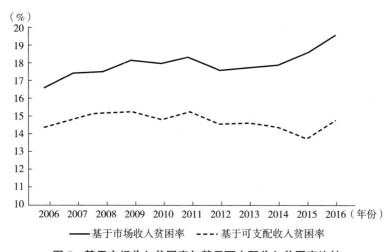

图 5　基于市场收入贫困率与基于可支配收入贫困率比较

资料来源：韩国保健福祉部和保健社会研究院（2019）。

四、收入贫困的局限及调整后可支配收入概念的使用

仅以收入贫困数据来理解全体社会成员生活的稳定性是有一定局限性的，我们需要综合收入以外的各个方面，才能更为全面、准确地了解社会成员的实际生活水平。比如，即使收入贫困率很低，但可能还有许多社会成员会陷于没有稳定住房或是无法接受良好医疗服务的境地。因此，只有综合掌握多方面的情况，进行更为全面的调查，才能更加准确地把握和检视各个社会的实际贫困状况。这种认识正在被越来越广泛地接受并形成共识。也正是基于这一认识，国际组织以发展中国家为对象，努力开发能够有效反映贫困状况的相关数据指标并加以持续监测。联合国开发计划署（UNDP）与牛津贫困与人类发展计划（Oxford Poverty & Human Development Initiative，OPHI）联合制定了多维贫困指数（Multidimensional Poverty Index，MPI）并积极与各国分享其结果。多维贫困指数主要包括健康、教育和生活水平三个代表性领域，涵盖营养、儿童死亡率、教育年限、就学率、烹饪燃料、卫生、饮用水、电力供应、住房和基本资产等方面，主要以埃塞俄比亚、尼日利亚、印度等发展中国家为分析对象国家。不过，使用多维贫困指数比较中国、日本和韩国三国的贫困状况也有困难，这是因为很难用这些指标来准确地捕捉和反映中日韩三国所面临的社会现实和贫困问题。这三个国家虽然仍存在一些极端贫困现象，但整体上已经跨越了绝对贫困阶段，三国现阶段的社会政策更需要重视的是医疗、住房和教育等领域的支出负担等议题。

为克服以往使用收入贫困来加以定义并进行检视的局限之处，发达国家开始使用调整后可支配收入。下面指出了基于可支配收入的收入贫困分析的局限性，并重点使用调整后可支配收入做了相关分析。调整后可支配收入有两种计算方法（见表4）。一种是将实物补贴折算成现金，加到可支配收入中，得出调整后可支配收入；另一种是从可支配收入中扣除属于生活必需消费的住房支出等经常性支出，得出调整后可支配收入。

表4　收入分类及调整后可支配收入

LIS 收入分类					调整后可支配收入	
要素收入（Factor Income）	劳动收入（Labour Income）	市场收入（Market Income）	总收入（Gross Income）	可支配收入（Disposable Income）	加计实物补贴的调整后可支配收入（Adjusted Disposable Income）	扣除支出的调整后可支配收入（Adjusted Disposable Income）
	资本收入（Capital Income）					
年金（Pension）						
转移收入（Transfer Income）	公共现金转移					
	私人现金转移					
所得税（Income Taxes）+社会保险缴费（Social Security contributions）						
公共实物转移						部分经常性支出，如住房支出等

资料来源：이현주 외，2020（Lee Hyeon-ju 等，2020）。

前一种计算方法主要用于分析政府社会福利政策的效果。在使用此种计算方法的相关研究中，最具代表性的是经合组织（OECD）于2011年所进行的一项研究[1]，研究人员指出了使用这一方法的意义并呈现了相关的分析结果。在韩国，韩国租税财政研究院也一直在尝试使用该计算方法来分析社会贫困问题[2]。2018年11月，国家统计厅公布了使用加计实物补贴折算的调整后可支配收入得出的2016年收入分配指数（韩国国家统计厅，2018）。如表5所示，国家统计厅将医疗、教育、保育、公共租赁住

---

[1] 经合组织（2011）的研究中提到，尽管教育、健康和照料等社会服务的首要目标不是进行再分配，但它们也具有再分配的性质。该研究报告分析称，其成员国的社会服务支出占到国内生产总值的13%，社会服务对收入不平等的缓解平均达到约1/5。

[2] 相关研究还有 박기백等（2006）；오종현等（2017），이현주（2019）。

房、国家奖学金、其他代金券六大类实物福利折算收入纳入调整后的可支配收入进行推算的结果显示，以 2016 年的实物福利为基准，韩国的基尼系数减少了 13.9%（0.357→0.307），收入五分位倍率减少了 33.3%（7.06 倍→4.71 倍），相对贫困率减少了 31.4%（17.9%→12.2%）（韩国国家统计厅，2018）。

表 5　加计实物福利后的各项收入分配指标（基于 2016 年实物福利数据）

	可支配收入 （加计前）	调整后可支配收入 （加计后）	减少率
基尼系数	0.357	0.307	13.9
收入五分位倍率（倍）	7.06	4.71	33.3
相对贫困率（%）	17.9	12.2	31.4
退休年龄层贫困率（%）	45.1	35.9	20.3

资料来源：韩国国家统计厅（2018），이현주（2019）。

英国等则主要使用第二种计算方法，即扣除家庭住房等基本需求方面的支出后得出的调整后可支配收入，来计算相关指标。英国就业与养老金部（Department for Work and Pensions）定期进行平均收入以下家庭调查（Households Below Average Income），其中对于收入的定义提出了包含住房费用的 BHC（Before Housing Costs）和扣除住房费用的 AHC（After Housing Costs）两个操作化概念，并分别计算得出贫困率[①]。比利时等其他欧洲国家也在使用扣除住房支出的调整后可支配收入，欧洲的研究人员也倾向于使用扣除住房支出的调整后可支配收入来分析贫困问题。这可能是因为大多数欧洲发达国家的医疗和教育都是免费的，但住房的负担却很大。笔者在欧洲参加学术会议时曾向当地的研究人员求证过这一问题，也得到了他们的肯定回答。[②]

李贤珠（Lee Hyunjoo）等（2019）使用扣除了各方面基础生活需求的家庭支出得到的调整后可支配收入计算了韩国的贫困率。[③] 如图 6 所示，在

---

①　许多研究人员都使用了扣除住房费用的调整后可支配收入。参见：Belfield C 等（2016）。

②　比利时使用扣除住房费用的调整后可支配收入比来测量能源支出，以此观察能源支出是否负担过重。参见 Meyer 等（2016）。

③　该项研究是在李贤珠等（2012）的研究基础上所做的又一项案例研究。

具体操作中，住房方面通过从可支配收入中扣除住房月租金得到调整后可支配收入（B）；医疗方面通过从可支配收入中扣除保健医疗费得到调整后可支配收入（C）；教育方面则通过从可支配收入中扣除公共教育费（01）及公共教育加校外教育费用（02）分别得到调整后可支配收入（D1 和 D2）。该项研究显示，扣除住房和医疗费用的调整后可支配收入贫困率均高于可支配收入贫困率，尤其是扣除医疗费用的调整后可支配收入贫困率上升显著。扣除医疗费用（门诊和住院费用等）的调整后可支配收入贫困率与可支配收入贫困率相差 1.08 个百分点（Lee Hyunjoo et al.，2018）。而该项研究中，法国 2010 年的数据显示，扣除医疗费用的调整后可支配收入贫困率与可支配收入贫困率相差 0.33 个百分点。

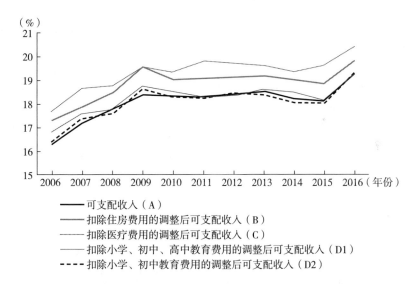

图 6 从调整后可支配收入看家庭贫困率的变化（以收入中位数的 50% 为基准）
资料来源：家庭经济情况调查各年度原始数据，Lee Hyunjoo 等（2018）。

表 6 是对扣除各项基本需求相关支出的调整后可支配收入贫困率变化的分析结果。① 总体来看，尽管各项福利政策都在扩充，但调整后可支配收入贫困率与可支配收入贫困率的差距并未缩小。可以看出，尽管韩国的社会救助和公共福利在不断增多，但家庭的负担仍然很大。例如，住房方面的

① 本表是对韩国保健社会研究院韩国福利小组调查数据进行分析的结果。

房租上涨、医疗领域的医保外自付医疗费用上升等都是相关政策改善效果不明显的原因。由此可见，在满足全体国民的各项基本生活需求上，政府仍面临相当大的政策挑战。

表 6　扣除各项基本需求支出的调整后可支配收入贫困率

贫困率		以个人为单位			以家庭为单位		
		2007 年	2012 年	2018 年	2007 年	2012 年	2018 年
可支配收入（A）（%）		15.62	15.21	15.83	20.00	20.09	19.68
住房	扣除月租（B）（%）	16.63	15.66	16.45	20.68	20.66	20.49
	A-B（%p）	-1.01	-0.45	-0.62	-0.68	-0.57	-0.81
教育	扣除公共教育（C）（%）	16.73	15.59	16.37	20.78	20.09	19.76
	A-C（%p）	-1.11	-0.38	-0.54	-0.78	0.00	-0.08
医疗	扣除医疗费（D）（%）	17.22	16.83	17.38	21.54	22.20	21.67
	A-D（%p）	-1.6	-1.62	-1.55	-1.54	-2.11	-1.99

注：本表以可支配收入中位数的 50% 为基准计算贫困率。
资料来源：韩国保健社会研究院（2019），韩国福利面板 2018 年原始数据，Lee Hyunjoo 等（2020）。

参考文献

［1］김낙년.（2012）한국의 소득집중도 추이와 국제비교, 1976-2010: 소득세 자료에 의한접근. 경제분석, 18（3）, 75-114.

［2］김낙년.（2012）한국의 소득불평등, 1963-2010: 근로소득을 중심으로. 경제발전연구, 18（2）, 125-158.김낙년, 김종일.（2013）. 한국 소득분배 지표의 재검토. 한국경제의 분석, 19（2）, 1-50.

［3］김태완·최현수.김미곤.여유진.김문길.손창균.이선우.우선희.김성아.신재동이주미.정희선.송치호（2013）2013년 최저생계비 계측조사 연구. 보건복지부.한국보건사회연구원.

［4］박기백, 성명재, 김종면, 김진（2006）사회분야 지출의 소득재분배 효과: 현물급여 및 간접세 포함. 한국조세연구원.

［5］보건복지부（2020）2020년 국민기초생활보장사업안내.

［6］보건복지부·한국보건사회연구원（2019）통계로 보는 사회보장 2019.

［7］오종현, 윤성주, 한종석, 신상화, 김문정（2017）조세·재정정책의 소득재분배효과 분석 모형 개발. 한국조세재정연구원.

［8］이원진, 구인회（2015）소득분배의 시계열 분석을 위한 한국 소득 데이터의 검토. 조사연구, 16（4）, 27-61.

［9］이원진·정해식·전지현（2019）소득조사 마이크로데이터 비교 분석: <가계동향조사>와 <가계금융·복지조사>를 중심으로. 한국보건사회연구원.

［10］이현주, 정은희, 이병희, 주영선（2012）빈곤에 대한 대안적 접근: 욕구범주를 고려한 다차원성에 대한 분석. 한국보건사회연구원.

［11］이현주（Lee Hyunjoo）·김진·John Hudson·Stefan Kühner·전지현（2018）현금지원과 현물지원 정책의구성과 효과. 한국보건사회연구원.

［12］이현주（2019）소득 격차와 사회정책 과제. 보건복지포럼, 통권 제270호, 70-81.

［13］이현주·김현경, 류정희, 오욱찬·이승호·이상돈·전지현·윤여인（2020）사회서비스 확대를통한 가계지출 경감방안 연구. 경제·인문사회연구회. 경제·인문사회연구회 협동 연구총서 20-02-01.

［14］통계청（2013）소득분배지표 현황 및 개선방안（2013년 가계금융·복지조사 결과 보도 참고자료）. 통계청 보도 참고자료. http://kostat.go.kr에서 2019. 7. 7. 인출.

［15］통계청（2016）가계동향조사 이용자 가이드. 통계청 사회통계국 복지통계과.

［16］통계청（2018）사회적현물이전을 반영한 소득통계 시험작성 결과: 가계금융복지조사 를 기초자료로 활용. 통계청 보도자료（2018. 11. 2.）.

［17］한국보건사회연구원 소득보장정책연구실（2019）2019년 빈곤통계연보.

［18］한국보건사회연구원. 기초보장연구실（2016）2016년 빈곤통계연보.

［19］홍민기（2016）불평등 지표 개선연구. 세종: 한국노동연구원.

［20］홍민기（2017）보정 지니계수. 경제발전연구, 23（3）, 1-22.

［21］Belfield C, Dribb J, Hood A, et al. Living Standards, Poverty and Inequality in the UK: 2016［R］. Institute for Fiscal Studies, 2016.

［22］Meyer S, Holzemer L, Nyssens T, et al. Things Are Not Always What It Is Measured: On the Importance of Adequately Assessing Energy Poverty［R］.CEB Working Paper No. 16/025, 2016.

［23］OECD. An Overview of Growing Income Inequalities in OECD Countries: Main Findings［R/OL］.［2011-12-05］.https://www. oecd-ilibrary. org/social-issues-migrtion-health/divided-we-stand/an-overview-of-growing-income-inequalities-in-oecd-countries-9789264119536-3-en.

第二部分

制度与政策分析

政策协同、社会政策与中国农村减贫[*]

方　倩（*南澳大学*）

李秉勤（*澳大利亚新南威尔士大学*）

一、引言

减贫是联合国《2030 年可持续发展议程》及其目标（SDG）[①] 的重要内容。贫困问题涉及多个层面，因此，减贫工作需要整合各种反贫困的干预措施（Anand and Sen，1997；Thorbecke，2013）。世界银行发布的《1990 年世界发展报告》提出了如下三大减贫战略框架，其中包含了经济和社会福利措施，包括：

（1）推动农村发展，改善土地、信贷、基础设施和技术的可及性，使穷人获得更多经济机会。

（2）向穷人提供社会服务，特别是卫生、教育和营养服务。

（3）建立保障体系和补偿机制，帮助人们度过一时的困境。

减贫的可持续性取决于政策的协调性。从理论上讲，当某项政策措施在帮助某一群体实现脱贫后，其中一定比例的人又重返贫困时，就需要采取替代的或是额外的措施，以作为前期减贫努力的补充。从这个意义上讲，重要的是如何平衡各项减贫政策，以使其在规定的时间里最大限度地发挥减少贫困的作用，并尽可能地巩固脱贫成果。

---

[*]　本章由张小琴译，张文博编校。

[①]　联合国可持续发展目标（Sustainable Development Goals），目标 1：在全世界消除一切形式的贫困，2020 年 12 月 12 日访问网页：https://www.un.org/sustainabledevelopment/poverty/。

大量文献表明，社会政策的减贫效应体现在三个方面：第一，为弱势群体提供社会保护（Devereux，2002）；第二，为减轻脆弱性（自然灾害、疾病及其他不可预见的生计风险）提供安全保障（Bartfeld et al.，2015；Gloede et al.，2015；周迪、王明哲，2019）；第三，促进创业和个人发展（Devereux，2002；Lipton，1997）。已有研究者针对养老金政策（Sarasa，2008）、医疗卫生政策（Hoddinott and Quisubing，2003）等单一的社会政策如何产生减贫效应进行了实证研究。至于各项社会政策之间如何相互协调，并与经济政策相结合以实现减贫的目的，则仍需开展进一步的研究。

中国为研究政策间关系及其与减贫的相关性提供了较好的案例。自1978年以来，中国已有7亿人口摆脱了绝对贫困，占全球脱贫人口的70%（Tan，2018）。尽管取得了如此巨大的成就，中国却仍在努力应对居高不下的返贫率（刘金新，2018）。返贫是指某些人在脱贫之后又重新陷入贫困的现象，体现了早期减贫工作在有效性和可持续性方面的局限性。据估计，中国农村的返贫率平均约为20%（杨立雄，2016）[①]；2009年更是飙升至62%[②]。山西省的返贫率1999年为35.8%，并在2013年至2015年翻了一番（刘金新，2018）。甘肃省的返贫率平均约为30%，遭遇自然灾害时会升至45%（杨立雄，2016）。社会政策导向下的减贫研究包括政策评价（Liu et al.，2018；Xing and Li，2018；Yan，2015）及对单一维度社会政策的减贫效应进行分析，如社会救助（Kakwani et al.，2019）、教育政策（Xue and Zhou，2018）、养老金政策（Yang and Sun，2010）、医疗卫生政策（Bairoliya et al.，2018）等。关于政策间的关系如何影响中国减贫的有效性和可持续性，目前尚未提出明确的观点。

本文将探讨政策间关系如何影响社会政策在中国农村减贫工作中所发挥的作用，以期填补这一空白。下文将首先介绍基于中国背景而构建的分析框架，在此基础上根据中国的国家发展议程和扶贫战略将1949年以来中国农村的扶贫工作分为五个时期，并分别检视每个时期多项或单一社会政策如何与其他政策实现协同，以及政策间相互作用与社会政策在中国农村扶贫工作中所发挥的作用之间有何相关性。本文重点考察四大社会政策领

---

① 中国政府并没有发布有关返贫的官方数据。本文的数据来源为相关实证研究和报告，其中大多数据为地区数据，且在时间维度上不具连续性。

② 《"饥饿24小时"，不看广告看疗效》，2019年12月12日访问网页：http://opinion.cntv.cn/2014/10/17/ARTI1413530092763416.shtml。

域，即社会救助、养老金、养老服务、医疗卫生及教育领域。这四大政策领域是社会减贫努力的重要方向（World Bank，1990）。

二、减贫政策的协同作用

政策协同作用是指不同政策一经组合可以产生更显著的跨领域、跨部门，甚至跨国效益（Castell et al.，1999）。贫困问题普泛而复杂，其根植于各种相互联结的系统中，因此，解决贫困问题需要采用协同的方法（Ploeg et al.，2012；VanSandt and Sud，2012）。

现有文献提出了三种类型的政策协同作用。第一类协同作用（Ⅰ类）指在一个整体政策框架内的社会政策与其他政策之间的相互关系。例如，在可持续发展目标（Luukkanen et al.，2012）、千年发展目标（Anand，2006）和中国的五年计划（Dalen，2020）等国际或国家发展议程中，各项政策之间的相互作用即这一类。第二类协同作用（Ⅱ类）指社会政策与其他部门政策之间的部门间协调，旨在解决某一复杂问题或是面向某一特定人群（Brinkerhoff，2000）。这类政策协同作用已被应用于减少自然灾害造成的贫困中，即通过结合应对气候变化的工作与社会保护来实现减贫（Bonfiglioli and Watson，2011；Davies et al.，2008）。再如，儿童福利一揽子计划就可能包含一系列防止发生儿童贫困的经济政策和社会政策（Kamerman and Kahn，1997）[①]；也可能会结合现金福利与公共托育服务，以促进父母就业、减轻相关家庭的贫困（Kangas and Palme，2000）。第三类协同作用（Ⅲ类）发生在同一社会政策领域的不同政策之间。这种类型的协同作用至少有两种不同的适用形式。一种是通过引入各种政策内容不断扩展该政策领域的范围。例如，许多国家正通过提供各种类型的援助来扩大其社会救助体系（Barrientos，2011）。另一种表现为国家指导政策和地方政府政策执行之间的协同作用，这是因为，地方政府有时并非无意而是无能力完全遵照国家层面的指导政策（Xu and Zhang，2012）。

---

① 社会政策与经济政策的相互作用兼具Ⅰ类和Ⅱ类政策协同作用的特点；国家战略政策对社会政策和经济政策的定位属于Ⅰ类协同作用；单一的社会政策与经济政策相协调以提高贫困人口福利的情况属于Ⅱ类协同作用。

三、中国案例：不同时期的减贫努力与政策协同

（一）第一阶段（1949~1977年）：全国普遍贫困时期

1. Ⅰ类政策协同作用：国家发展议程中的社会政策

受长期战争的影响，1949年中华人民共和国成立以后，全国普遍贫困的现象依然持续了许多年。在这一时期，国家发展议程明确指出优先考虑城市地区的工业化，农村经济的定位则是无条件地支持城市地区发展（Lin，1992）。

农村地区建立了人民公社，为那些无家人照顾、无收入来源的老年人提供了基于社区的社会保护，以满足他们的基本需求（Chen and Powell，2012）。此阶段提供的农村社会政策包括：

（1）1956年开始实行农村五保供养制度，为无家人照顾、无收入来源的老年人提供吃、穿、住、医、葬五方面的社会救助（洪大用等，2004）。这是中国在农村首次实施的一项社会救助政策。

（2）1953年，内务部成立救灾司①。该部于1968年底被撤销。

（3）1956年，全国农村公社开始实行合作医疗制度，为农村居民提供负担得起的医疗服务、产品，以及疾病预防。慢性病和重大疾病患者可转至城市医院接受治疗。国家对药品、医学检测和治疗价格实行严格控制，从而提高了全国各地医疗服务的可负担性（葛延风等，2007）。截至1976年，合作医疗制度已覆盖约90%的农村人口（王绍光，2008）。

（4）20世纪50年代初期，中国发起了一场全国性的扫盲运动。在这一时期，农村教育得到了迅速发展，但质量较差（佘宇、单大圣，2019）。

这一阶段农村社会政策发展的一大特点是保持了一个最低水平的农村社会福利，这也与优先发展城市经济的国家发展议程相一致。

2. Ⅱ类政策协同作用：部门间政策协同

在这一阶段，国家尽管没有出台正式的国家扶贫战略或一揽子扶贫政

---

① 中国是一个重大自然灾害频繁发生的国家。全国2/3的地区面临洪灾威胁，城市中有一半都位于地震活跃区。从历史来看，全球共发生过17次单次死亡人数在5万人以上的地震，其中13次就发生在中国（Chen and Pouell，2012）。平均而言，在返贫的农村家庭中，约有55%都是因受灾所致。

策，但农村公社的社会政策和经济政策能相辅相成。两者均遵循平等主义原则，并将农民的收入和社会保护保持在最低水平。就此而言，农村社会政策与经济政策在第一阶段产生了良好的协同作用。

3. Ⅲ类政策协同作用：同一领域内政策协同

农村合作医疗是Ⅲ类政策协同作用的一个典型例子。在该体系下，农村医疗服务的安排、药品和医疗服务价格的调控政策，以及城乡医院之间可转诊转院等，均发挥了良好的作用，确保了农村人口在医疗服务上的可及性和可负担性。

4. 政策协同及社会政策在农村减贫中的作用

在第一阶段，尽管农村各项社会政策之间及社会政策与经济政策之间均存在协同作用，但中国农村仍然普遍贫困。这一阶段的一个关键点在于，国家发展议程从根本上影响了农村的减贫及农村社会政策的发展。当国家将农村减贫排除在其优先发展议程之外时，农村医疗卫生服务领域内的高度政策协同作用，以及由此带来的社会福利的改善，对于根深蒂固的农村贫困而言影响有限。

（二）第二阶段（1978~1985年）：市场化与农村减贫

1. Ⅰ类政策协同：国家发展议程中的社会政策

在第二阶段，国家发展议程的特点是强调城乡经济的市场化和自由化。农村地区启动了家庭联产承包责任制以取代人民公社，并激励农民提高农业生产力（Wang，2013；Xing and Li，2018）。

不过，尽管国家开始注重农村经济的发展，但在改善农村福利方面却作为不多。农村合作医疗制度随着人民公社的解体而不复存在。此后一个阶段，农村居民不再享有可及且可负担得起的医疗卫生服务，直到21世纪初，这种状况才有所改变。在这一阶段，中央政府要求乡镇和行政村确保"五保"制度的连续性（Xu and Zhang，2012）。1978年，国家设立民政部。1988年，民政部成立农村社会救助司，负责救灾相关工作（赵朝峰，2015）。

2. 政策协同及社会政策在农村减贫中的作用

第二阶段农村社会福利措施的缺失，与此阶段以市场化为重点的国家发展议程（Ⅰ类）密切相关。没有了农村合作医疗，中央政府对农村社会救助的补贴就几乎可以忽略不计了，加上人民公社的纷纷解体，这些因素都激励着农民扩大生产。鉴于农村地区几乎没有任何形式的福利制度，因此这一阶段不存在Ⅱ类或Ⅲ类政策协同。

不过，由于农民收入的增加，农村地区的减贫工作仍有所进展。1978年，农村人均年纯收入为 134 元，约有 2.5 亿农村居民生活在极端贫困中（Gustafsson and Zhong, 2000；Liu et al., 2018）。而到 1985 年，农村人均年纯收入增加到 397.6 元。贫困人口由 1978 年的 7.7039 亿人减少到 1985 年的 6.6101 亿人。贫困发生率由 1978 年的 97.5%降至 1985 年的 78.3%[①]。然而，福利措施与经济措施之间的不平衡破坏了依靠经济发展推动的减贫。一旦农民面临不可预见的风险时，他们的收入增长则并不足以弥补福利供给的缺失。刘金新（2018）研究指出，由于不同季节的收入增长并不稳定，大部分农村地区都存在季节性的返贫现象。大多数农村家庭在收成季会暂时摆脱贫困，但收成季过后很快又会回到贫困状态，直至下一个收成季的来临。此外，随着医院的市场化，医疗费用急剧上升（葛延风等，2007），农村医疗保障体系的缺失一直是 20 多年来造成农村贫困的原因之一。

（三）第三阶段（1986~2000 年）：以县为单位的区域性扶贫

1. Ⅰ类政策协同作用：国家发展议程中的社会政策

在第三阶段，国家发展的重点在发展经济上（Chen and Powell, 2012）。1986 年，中国发布了第一个针对农村贫困地区的国家扶贫战略，确定了 331 个国家级贫困县，通过实施有利于农业和工业发展的借贷政策、建设基础设施、投入财政资金三项措施助力发展地方经济（Wang et al., 2004；曾小溪、汪三贵，2017）。

这一阶段的一大特点是国家在农村地区试行一些新的福利政策，包括养老、医疗卫生等领域。在政府启动开发式扶贫工作的背景下，国家对于农村社会政策很少提供支持，而是要求地方政府承担起制定政策、筹措资金、落实政策等的责任。具体操作方式如下：

（1）乡镇政府可自行决定地方五保供养制度的福利水平，并负责其资金筹措和政策落实（Xu and Zhang, 2012）。

---

① 《扶贫开发成就举世瞩目 脱贫攻坚取得决定性进展——改革开放 40 年经济社会发展成就系列报告之五》，2019 年 12 月 13 日访问网页：http://www.gov.cn/xinwen/2018-09/03/content_5318888.htm。数据为根据 2017 年贫困线标准测算的结果。

（2）中央政府与地方政府共同分担救灾责任，并要求地方政府单独设立救灾基金，基金规模可由地方自行决定。

（3）1992年，国家出台了《县级农村社会养老保险基本方案（试行）》。但有批评声音提出，这种养老保险属于自愿储蓄型保险，而非福利安排，因为参保遵从自愿原则，且保险基金的筹资以个人缴费为主、集体补贴为辅，中央政府不提供任何支持（杨一帆，2009）。

（4）中国开始在部分地区试点恢复农村医疗（王绍光，2008）。然而，除了这些试点地区，大多数农村地区没有提供医疗卫生服务。在1986年召开的第39届世界卫生大会上，中国政府承诺，到2000年，所有中国公民都将享有医疗卫生服务。但是，对于农村的医疗卫生体系，中央政府并未提出明确的愿景，对其运转也不负有任何责任。事实上，第三阶段对农村医疗卫生领域的年财政补贴变化非常大，从1992年的7500万元下降到1999年的3500万元，每位农村居民每年获得的财政补贴仅有0.5元（王绍光，2008）。

（5）国家开始在全国范围内提供九年义务教育。实施第一期"国家贫困地区义务教育工程"（1995~2000年），覆盖568个国家级贫困县和284个省级贫困县，投入39亿元中央财政资金推动工程实施，要求地方政府提供配套资金87亿元。

2. Ⅱ类政策协同作用：部门间政策协同

国家主要在如下几个方面促进部门间协调以推动农村减贫：

（1）1986年，国家成立了国务院贫困地区经济开发领导小组，负责协调中央各部门开展农村扶贫工作。

（2）1994年，中国发布《国家八七扶贫攻坚计划》，力争在1994年至2000年基本解决全国农村8000万贫困人口的温饱问题（Liu et al.，2018）。在"八七"攻坚计划时期，国家级贫困县的数量增加至592个，继续实施与此前相同的开发式扶贫战略。因此，尽管国家推出了一系列农村扶贫措施，但社会政策与经济措施之间的不平衡依然存在。"八七"攻坚计划实施期间，中央政府累计投入扶贫资金1240亿元，但投向开发性项目的资金远远大于社会福利项目，仅有3%的资金用于发展教育和医疗卫生服务（Wang et al.，2004）。

（3）作为《国家八七扶贫攻坚计划》的一部分，中国发布了《残疾人扶贫攻坚计划》（1998~2000年），推出了专门针对残疾人的一揽子扶贫政策（郭钰霞，2015）。该政策旨在解决876万农村残疾人的温饱问题。

除此之外，也出现了一些部门间协调不力的情况。例如，社会保障部负责农村医疗保险试点工作，但农业部在 1999 年和 2000 年先后两次出台规定，以减轻农村人口的经济负担为由禁止推广保险（余少祥，2010）。同样又如，一方面，中央政府要求乡镇政府负责地方中小学教育的资金筹措，允许乡镇政府收取农村教育补贴和农村教育事业费附加两项费用，以办好地方农村教育。另一方面，中央政府于 1994 年启动了财政改革，对乡镇政府动用财政资源规模实施限制。2000 年，国家进一步取消了两项教育费，以减轻农民的经济负担。这导致一些贫困的乡镇甚至无力支付教师工资。

3. Ⅲ类政策协同作用：同一领域内政策协同

在某些政策背景下，中央政府层面的政策设计与地方层面的政策执行之间存在矛盾。在第三阶段，由于国家发展议程重在鼓励经济发展，一些地方政府专注于经济发展，对于向无家人照顾的老年人提供五保供养的积极性不高（Xu and Zhang，2012）。例如，中央政府启动政府补贴农业保险试点以补充政府主导的救灾工作时，中央层面对试点工作的有限投入意味着地方政府必须为试点的推广配套提供资金支持。由于许多农村贫困地区都易受自然灾害的影响，因此，最需要这些试点的地方政府却也最不具备推广实施试点的能力（张遵东、陈彩，2013）。

4. 政策协同及社会政策在农村减贫中的作用

在第三阶段，农村社会政策与国家发展议程中的经济政策配合良好（Ⅰ类）。然而，Ⅰ类政策协同较好意味着社会政策的发展所能得到的支持有限。Ⅱ类和Ⅲ类政策协同问题表明，良好的部门间协调可确保减贫的社会政策的制定及其效力，这里的协调指所涉部门之间及中央和地方政府之间的协作。

在这一阶段，随着贫困地区开发性项目的推进，农村贫困进一步减少。国家级贫困县的人均年纯收入增长了 38%（Meng，2013），贫困人口由 1985 年的 6.6101 亿人减少到了 2000 年的 4.6224 亿人。然而，农村人口仍然面临生计风险，他们的收入不得不用于本应由社会福利覆盖的支出项目上，从而无法得到有效积累并增长。1998 年，21.6% 的农村贫困现象是由医疗费用负担造成的。在某些贫困地区，这一比例甚至超过 50%（葛延风等，2007）。1989 年至 2001 年，中国农村人均年收入平均增长了 393%，而住院和门诊费用的增长分别为 998% 和 965%，远远快于年收入的增长（张秀兰、徐月宾，2006）。国家对受灾人员的救助标准制定于 20 世纪 80 年代（受灾人员每人

0.38 元，房屋因洪灾受损每户 65 元，房屋因地震受损每户 200 元），这一标准执行了近 20 年，直到 2001 年才有所调整（贾宁，2016）。内蒙古的返贫率平均为 64.2%，导致返贫的主要因素是自然灾害。

（四）第四阶段（2001~2010 年）：以村为单位的区域性扶贫

1. Ⅰ类政策协同作用：国家发展议程中的社会政策

在第四阶段，国家对其发展议程做出了调整，从只重视经济发展转向实现经济发展与社会公正之间的平衡（Chen and Powell, 2012）。随着"和谐社会"理念的提出，政府将社会政策视作实现社会和谐的重要手段。因此，减少农村贫困被列为国家改革议程的优先位置。

2001 年，中国政府发布了第二个农村扶贫国家战略《中国农村扶贫开发纲要（2001–2010 年）》。该《纲要》主要面向 592 个国家级贫困县的14.8 万个村庄。

在这一阶段，国家主要从两个方面进一步完善农村社会政策：一是在农村推出新的政策内容，二是确定中央政府对落实农村社会政策的财政责任。

（1）2003 年，国家开始启动"新型农村合作医疗"试点。中央政府和农村集体经济组织共同承担 3/4 的保险费，剩余部分由农民缴纳。

（2）2005 年，国家出台了"两免一补"政策，对国家级贫困县的学生免除九年义务教育期间的学杂费和教材费，并为贫困家庭学生提供额外的生活费。

（3）2007 年，国家建立了"农村最低生活保障制度"，为贫困人口提供经济救助，由地方政府提供救助资金。相比五保供养制度，低保制度在实施中仅对救助对象的收入进行核查，这就使更多的人可以享受这一制度。

（4）2007 年，国家财政拨出 10 亿元专项补贴资金发展农业保险。

（5）2009 年，国家推出"新型农村社会养老保险"。中央政府确定其为该制度筹措资金的责任，通过提供大额补贴资金来确保基础养老福利制度的支付（Chen and Powell, 2012）。

（6）2009 年，中国启动了一项为期三年的改革方案，拟在 2009 年至2012 年投入 8500 亿元，为农村居民新建 2000 家县级医院，修建、扩建5000 家乡镇卫生院，培训 137 万名农村医务人员（Yip et al., 2012）。

（7）2010 年，国家提高了受灾人员的救助标准，调整后的标准为受损房舍每家 1500 元，受灾群众每人 150 元。

2. Ⅱ类政策协同作用：部门间政策协同

根据农村扶贫国家战略，改善农村社会服务的相关工作开始变得与开发性的项目同等重要（Liu et al., 2018）。2002 年，国家建立了新型农村合作医疗部际联席会议制度，涉及 11 个部委和部门。2005 年，中央政府启动了"雨露计划"，与地方的社会组织合作，为当地农民提供技能培训。

然而，部门间协调不畅的问题依然存在，影响了农村医疗卫生政策的有效性。尽管国家雄心勃勃地制定了三年医改计划，但由于城乡差距扩大，许多贫困地区遭遇了人才流失（Li et al., 2017）。城镇居民享有更多有利于财富积累的政策及更好的福利安全网。中国的户口政策限制农村居民大量涌入城市，但吸引了可为城市化做出贡献的农村人才。由于农村缺乏优质的医疗服务，许多农村患者不得不放弃治疗，或是辗转到城市医院就医，这就给患者带来了额外的支出。

3. Ⅲ类政策协同作用：同一领域内政策协同

在第四阶段，国家继续推动单一政策领域内的政策协同作用。例如，农村社会救助体系增加了两项新内容，即 2003 年推出的医疗救助和 2005 年推出的教育救助。然而，由于种种原因，同一政策领域内的政策协同仍然存在问题。

医疗卫生领域的问题似乎与不同部门的利益协调相关。一方面，国家建立了农村合作医疗制度，以减轻农村人口的医疗费用负担；另一方面，物价局的药品和诊断检查费用定价导致医生开处方时倾向于过度检查或过度用药。由于医院的市场化使医疗机构收入的 70%~90% 来自提供服务，医生就失去了集中精力做健康预防和促进的动力（Yip et al., 2012）。

农村教育中出现的问题与地方政府在实践中贯彻中央政府精神的能力相关。2001 年，国家出台了一项改革和加强基础教育发展的政策①。该政策要求地方政府合并中学，以提高教育资源的利用效率。国家还要求偏远地区的小学保持办校以方便学生，但许多地方政府并未遵守这一要求。结果，2001 年至 2012 年，大多数村级小学（教学点）和乡镇中学或遭撤除，或被合并。与此同时，一些农村地区面对不断增长的学生人数无法提供充足的

---

① 《国务院关于基础教育改革与发展的决定》，2019 年 12 月 13 日访问网页：http://old.moe.gov.cn/publicfiles/business/htmlfiles/moe/moe_406/200412/4730.html。

教育资源，难以确保教学质量。偏远地区的学生还面临通勤或住宿等方面的额外支出，这对于低收入家庭的学生而言，无疑加剧了他们陷入贫困的脆弱性（张晓阳，2013）。

由于缺乏巨灾保险，政府主导的救灾工作往往效果有限。2008年汶川地震造成的直接经济损失达8451亿元。当年，四川省的贫困发生率由此前的30%骤升至60%。财产保险的赔付仅承担了损失的0.2%。但从国际巨灾保险市场的数据来看，如果有充分保险的话，在这次地震造成的经济损失中，约30%本可以得到保险的赔付（林毓铭、林博，2014）。

4. 政策协同及社会政策在农村减贫中的作用

在第四阶段，国家更加重视农村社会政策的发展。农村福利制度中的新增政策内容及中央政府对农村社会政策的明确财政责任均表明，农村社会政策与国家发展议程中的经济增长政策保持同步（Ⅰ类）。国家还通过多项行动加强了跨部门的部际协调（Ⅱ类），以及同一政策领域各项农村政策间协调（Ⅲ类），以提升政策效力。

农村社会政策的发展减少了农村贫困。贫困地区的人均年纯收入由2001年的1276元增至2010年的3273元。农村贫困人口由2000年的4.6224亿人减至2010年的1.6567亿人。贫困发生率也从2000年的49.8%降至2010年的17.2%。

然而，这一阶段农村福利制度提供的保障并不充分，原因在于以医疗卫生和养老金等为核心的福利才推出不久。农村养老金的替代率相对较低，仅为其此前收入的36%~45.5%（邓大松、薛惠元，2010；Yang and Sun，2010）。受起付线、部分自付、统筹共付和报销上限等因素的影响，2010年时，养老金领取人仍需承担50%以上的住院费用及60%~70%的门诊费用（Yip et al.，2012）。此外，部门间（Ⅱ类）及同一政策领域内（Ⅲ类）的政策协调问题削弱了现有农村社会政策的有效性，中国农村人口仍然极易陷入贫困或返回贫困状态。2003年，在河南、安徽、山西和黑龙江四省，由于严重的自然灾害，返贫人数超过了脱贫人数[①]。根据刘金新（2018）的研究，贵州农村返贫率由2001年的29%上升至2009年的41%。从2001年到2009年期间，贵州农村医疗卫生支出的增长有五年超过年收入增长，教

---

① 《农业保险为扶贫做的那些事》，2020年3月24日访问网页：https://www.swissre.com/china/news-insights/articles/natcat-newsletter-august-2017.html。

育支出的增长有三年超过年收入增长（国家统计局，2010）。

（五）第五阶段（2011~2020 年）：精准扶贫

1. I 类政策协同作用：国家发展议程中的社会政策

在第五阶段，精准扶贫政策是国家主席习近平提出的标志性政策之一。中央领导承诺到 2020 年全面消除绝对贫困。2016 年，国务院印发《"十三五"脱贫攻坚规划》。这是中国首次将扶贫纳入国家五年战略规划。该规划明确了"十三五"时期的精准扶贫对象：14 个集中连片特困地区、832 个贫困县、12.8 万个建档立卡贫困村的 5575 万贫困人口。中央政府要求地方政府精准识别贫困家庭并采取一切适当的扶贫措施。

这一阶段，国家进一步完善农村社会政策，推出新的政策内容，提高农村人口福利的覆盖面和保障水平。主要体现在以下方面：

（1）社会救助：2014 年，国家推出了临时社会救助和巨灾保险。2011 年到 2015 年，国家以每年 15.3% 的速度提高了五保供养制度的保障水平，远远超过了原定 7% 的目标①。截至 2016 年底，国家已将最低生活保障标准由人均每年 884 元提高到 3744 元，覆盖范围扩至 4576 万人②。

（2）农村养老保险：2011 年，国家推出城镇居民社会养老保险。截至 2017 年末，全国农村基本养老保险参保人数达 5.1255 亿。农村居民养老金从 2009 年的 5.96 美元增加到 2016 年的 17.66 美元（Zheng，2016）。

（3）农村医疗：2012 年，国家推出大病保险。截至 2016 年底，农村合作医疗保险参保人的政府补助标准提高至 420 元每人，而 2003 年该补助仅为 20 元。门诊费和住院费的报销比例分别达到 50% 和 75%③。2018 年，中央政府发布了一项计划，目标是到 2020 年全国每万名居民拥有 2~3 名全科医生，到 2030 年全国每万名居民拥有 5 名全科医生（Yip et al.，2019）。

（4）农村教育：2011 年，国家启动了促进学前教育的三年行动计划。2013 年，国家计划拨款 1240 亿元，用于支持农村贫困地区义务教育学校全

---

① 《"十三五"国家老龄事业发展和养老体系建设规划》，2019 年 10 月 7 日访问网页：http://www.gov.cn/zhengce/content/2017-03/06/content_5173930.htm。

② 《民政部关于进一步完善农村低保制度的提案答复的函》，2019 年 10 月 7 日访问网页：http://www.mca.gov.cn/article/gk/jytabljggk/zxwyta/201710/20171015006272.shtml。

③ 《中国的减贫行动与人权进步》，2019 年 10 月 7 日访问网页：http://www.scio.gov.cn/tt/zdgz/Document/1494216/1494216.htm。

部达到基本办学标准。2016 年，国家对所有低收入家庭高中生的学费予以免除；要求全国顶尖大学以相对较低的入学要求录取来自国家公认贫困地区的学生。

2. Ⅱ类政策协同作用：部门间政策协同

在第五阶段，国家出台了多项农村扶贫和农村发展一揽子政策，积极推进部门间政策协同，确保社会政策与其他消除绝对贫困的措施能良好协同。

（1）2011 年，国家发布了《中国农村扶贫开发纲要（2011－2020 年）》（以下简称《纲要》）。该《纲要》规定，这一阶段要以户为单位进行精准扶贫对象认定。要求地方政府精准识别建档立卡贫困户，并采取适当措施来帮助他们摆脱绝对贫困。

（2）2015 年，国家出台了《中共中央　国务院关于打赢脱贫攻坚战的决定》（以下简称《决定》）①。该《决定》概述了实现脱贫目标的五种措施②：将偏远农村地区的贫困人口搬迁安置到更适合居住的地方、开展生态修复、发展教育、改善社会保障体系，以及采取个性化扶贫措施。

（3）2018 年，国家提出乡村振兴战略，旨在到 2050 年逐步缩小并消除城乡之间在经济发展和社会福利方面的差距。

此外，国家还出台了多项一揽子政策，为弱势群体提供全面支持。

（1）2014 年，国家发布了《国家贫困地区儿童发展规划（2014－2020 年）》（以下简称《规划》）。该《规划》的目标是：降低母亲、婴儿和五岁以下儿童的死亡率，改善儿童健康，提高学前教育和义务教育的入学率，以及为残疾儿童提供接受义务教育的机会。

（2）2015 年，在《中共中央　国务院关于打赢脱贫攻坚战的决定》中，国家提出通过提供更好的康复服务、特殊教育和培训及护理服务，针对性地帮助残疾人脱贫。

（3）2016 年，国家宣布将通过提供生活保障、教育和医疗救助，以及

————————

① 《中共中央　国务院关于打赢脱贫攻坚战的决定》，2019 年 11 月 25 日访问网页：http：//www. gov. cn/gongbao/content/2015/content_2978250. htm。

② "五个一批"脱贫措施具体指"发展生产脱贫一批、易地搬迁脱贫一批、生态补偿脱贫一批、发展教育脱贫一批、社会保障兜底一批"，由习近平于 2015 年 10 月 16 日在减贫与发展高层论坛上首次提出，后写入《中共中央　国务院关于打赢脱贫攻坚战的决定》中，与本文此处表述稍有不同。编校者注。

社会服务，全面保护困境儿童。①

（4）2017年，在《"十三五"国家老龄事业发展和养老体系建设规划》中，国家承诺为农村贫困老年人口提供社会保障和养老服务。对于接受贫困、残疾老人，或聘用贫困失业者的养老机构，政府承诺给予减税或免税。

3. Ⅲ类政策协同作用：同一领域内政策协同

在精准扶贫方面，国家还利用同一政策领域内的政策协同作用，提高农村社会政策的减贫效力。

（1）2016年，国家出台政策，明确最低生活保障政策和扶贫开发项目的目标群体②。最低生活保障政策主要是为了缓解老年人、慢性病患者或残疾人等丧失独立谋生能力的人的贫困状况。而扶贫开发项目则主要针对不属于以上群体但暂时处于贫困状态的人。

（2）国家开始合并农村和城市的福利政策，以减少城乡之间的不平等。2014年，国家将当时针对城市居民和农村居民的两项养老保险制度合并为统一的城乡居民基本养老保险制度。2016年，国家将新型农村合作医疗纳入新设立的城乡居民基本医疗保险中。

然而，农村医疗卫生体系有关部门之间的协作仍然不够理想。研究发现，虽然药品价格政策降低了药品成本，但没有降低医疗卫生总支出。医院通过增加诊断检查和基本医疗服务来贴补药品收入的损失（Yip et al.，2019）。2017年，约58%的医疗资源仍集中在三级医院或综合性医院，其中大部分位于城市。同样，在教育方面，政府对农村学生的支持仅限于对少数学生的经济资助及改善农村学校的基础设施。一项针对24931名农村学生的研究显示，中学累计辍学率在59%~63%（Shi et al.，2015）。该研究还发现，在辍学的学生中，仅有8%是因为学费；一些留守儿童长期处于来自家庭和自身心理的困苦之中也是一个重要诱因，但现有的农村教育政策对此几乎未有考虑。

4. 政策协同及社会政策在农村减贫中的作用

精准扶贫时期，农村社会政策取得了长足发展，同时实现了三类政策

---

① 《国务院关于加强困境儿童保障工作的意见》，2019年11月29日访问网页：http：//www.gov.cn/zhengce/content/2016-06/16/content_5082800.htm。

② 《关于做好农村最低生活保障制度与扶贫开发政策有效衔接指导意见》，2019年11月30日访问网页：http：//www.scio.gov.cn/xwfbh/xwbfbh/wqfbh/35861/36544/xgzc36550/Document/1549092/1549092.htm。

协同。中国农村教育的发展表明，坚持以人为本可能有助于更全面地识别贫困人口的需求，这也是实现更好的政策协同作用的另一途径。

四、结论

本文探讨了 1949 年以来中国农村社会政策的发展脉络及其与农村减贫之间的关系。讨论证实，三种类型的政策协同（一个整体政策战略框架内社会政策与其他政策的协同；在针对某一问题或面向某一特定群体过程中社会政策与其他政策之间的协同；以及在同一社会政策领域内的不同政策之间的协同）是判断社会政策发展的一个重要维度。中国农村减贫的经验为研究和实践政策协同提供了许多宝贵的经验。首先，中央政府层面对社会政策的认识和重视在根本上决定了一个国家社会政策的发展。其次，政府部门间的协调深刻地影响着社会政策与其他政策的协同以及同一社会政策领域内不同单项政策的协同。另外，政府在政策设计和执行方面的能力是影响政策协同的又一重要因素。

参考文献

［1］陈功．我国巨灾保险的制度演进与风险管理实践［EB/OL］．https：//www. mintaian. com/uploads/soft/161019/05. pdf.

［2］邓大松，薛惠元．新型农村社会养老保险替代率的测算与分析［J］．山西财经大学学报，2010，32（4）：8-13.

［3］葛延风，贡森，等．中国医改［M］．北京：中国发展出版社，2007.

［4］郭钰霞．当代中国农村残疾人扶贫开发问题研究［D］．长春：吉林大学，2015.

［5］国家统计局．中国统计年鉴［M］．北京：中国统计出版社，2010.

［6］洪大用，房莉杰，邱晓庆．困境与出路：后集体时代农村五保供养工作研究［J］．中国人民大学学报，2004（1）：49-56.

［7］贾宁．政府灾害保障项目和标准设定的研究——基于人口脆弱性的视域［D］．杭州：浙江大学，2016.

［8］林毓铭，林博．发展巨灾保险的紧迫性与路径依赖［J］．保险研究，2014（2）：35-43.

［9］刘金新．脱贫脆弱户可持续生计研究［D］．北京：中共中央党校，2018.

［10］佘宇，单大圣.农村教育体制改革70年发展及前瞻［EB/OL］.［2019-06-26］.http：//views. ce. cn/view/ent/201906/26/t20190626_32449981. shtml.

［11］王绍光.学习机制与适应能力：中国农村合作医疗体制变迁的启示［J］.中国社会科学，2008（6）：111-133.

［12］杨立雄.高度重视扶贫攻坚中的返贫问题［J］.中国民政，2016（5）：18-20.

［13］杨一帆.中国农村社会养老保险制度的困境、反思与展望——基于城乡统筹发展视角的研究［J］.人口与经济，2009（1）：67-73.

［14］余少祥.新农合：是大餐？还是鸡肋？［R/OL］.2010. http：//www. iolaw. org. cn/global/en/new. aspx？id=22842.

［15］曾小溪，汪三贵.中国大规模减贫的经验：基于扶贫战略和政策的历史考察［J］.西北师大学报（社会科学版），2017（6）：11-19.

［16］张晓阳.我国农村中小学布局调整政策：历程与影响［J］.湖南师范大学教育科学学报，2013（6）：59-63.

［17］张秀兰，徐月宾.中国农村最低生活保障制度研究［R/OL］.https：//www. adb. org/sites/default/files/project-document/73009/36656-01-prc-tacr-03. pdf.

［18］张遵东，陈彩.贵州省农业保险发展的困境及支持政策研究［J］.贵州大学学报，2013（4）：32-37.

［19］赵朝峰.当代中国自然灾害救助管理机构的演变［J］.中国行政管理，2015（7）：137-142.

［20］周迪，王明哲.返贫现象的内在逻辑：脆弱性脱贫理论及验证［J］.财经研究，2019（11）：126-138.

［21］Anand S, Sen A. Poverty and Human Development：Human Development Papers 1997［M］. New York：United Nations Development Programme，1997.

［22］Anand P B. Millennium Development Goal 7：An Assessment of Progress with Respect to Water and Sanitatio：Legacy, Synergy, Complacency or Policy？［R/OL］. 2006. https：//www. wider. unu. edu/publication/millennium-development-goal-7.

［23］Bairoliya N, Canning D, Miller R, et al. The Macroeconomic and Welfare Implications of Rural Health Insurance and Pension Reforms in China［J］. The Journal of the Economics of Ageing，2018，11：71-92.

［24］Barrientos A. Social Protection and Poverty［J］. International Journal of Social Welfare，2011，20（3）：240-249.

［25］Bartfeld J, Gundersen C, Smeeding T, et al. SNAP Matters：How Food Stamps Affect Health and Well-Being［M］. Redwood：Stanford University Press，2015.

［26］Bonfiglioli A, Watson C. Bringing Social Protection Down to Earth：Integrating Climate Resilience and Social Protection for The Most Vulnerable［R］. The IDS-International

Conference: "Social Protection for Social Justice" Institute of Development Studies, East Sussex, UK, 2011.

[27] Brinkerhoff D W. Democratic Governance and Sectoral Policy Reform: Tracing Linkages and Exploring Synergies [J]. World Development, 2000, 28 (4): 601-615.

[28] Castell A M. , Gregory A J. , Hindle G A, et al. Synergy Matters: Working with Systems in the 21st Century [M]. Berlin: Springer Science & Business Media, 1999.

[29] Chen S, Powell J L. Aging in China: Implications to Social Policy of a Changing Economic State [M]. Berlin: Springer, 2012.

[30] Dalen K. Social Policy and Sustainable Development in China: Inclusion, Innovation and Increased Quality [R/OL]. 2020. https://fafo. no/images/pub/2020/Social_policy_in_China. pdf.

[31] Davies M, Guenther B, Leavy J, et al. "Adaptive Social Protection": Synergies for Poverty Reduction [J]. IDS Bulletin, 2008, 39 (4): 105-112.

[32] Devereux S. Can Social Safety Nets Reduce Chronic Poverty? [J]. Development Policy Review, 2002, 20 (5): 657-675.

[33] Gloede O, Menkhoff L, Waibel H. Shocks, Individual Risk Attitude, and Vulnerability to Poverty among Rural Households in Thailand and Vietnam [J]. World Development, 2015, 71: 54-78.

[34] Gustafsson B, Zhong, W. How and Why has Poverty in China Changed? A Study Based on Microdata for 1988 and 1995 [J]. The China Quarterly, 2000, 164: 983-1006.

[35] Hoddinott J, Quisumbing M A R. Methods for Microeconometric Risk and Vulnerability Assessments [R/OL]. http://documents1. worldbank. org/curated/en/948651468780562854/pdf/29138. pdf.

[36] Kakwani N, Li S, Wang X, et al. Evaluating the Effectiveness of the Rural Minimum Living Standard Guarantee (Dibao) Program in China [J]. China Economic Review, 2019, 53: 1-14.

[37] Kamerman S B, Kahn A J. Family Change and Family Policies in Great Britain, Canada, New Zealand, and the United States [M]. NY: Oxford University Press, 1997.

[38] Kangas O, Palme J. Does Social Policy Matter? Poverty Cycles in OECD Countries. [J]. International Journal of Health Services, 2000, 30 (2): 335-352.

[39] Li X, Lu J P, Hu S, et al. The Primary Healthcare System in China [J]. The Lancet, 2017, 390 (17): 2584-2594.

[40] Lin J Y. Rural Reforms and Agricultural Growth in China [J]. The American Economic Review, 1992, 82 (1): 34-51.

[41] Lipton M. Editorial: Poverty—Are There Holes in the Consensus? [J]. World De-

velopment, 1997, 27 (7): 1003-1007.

[42] Liu Y, Guo Y, Zhou Y. Poverty Alleviation in Rural China: Policy Changes, Future Challenges and Policy Implications [J]. China Agricultural Economic Review, 2018, 10 (2): 241-259.

[43] Luukanen J, Vehmas J, Panula-Ontto J, et al. Synergies or Trade-Offs? A New Method to Quantify Synergy between Different Dimensions of Sustainability [J]. Environmental Policy and Governance, 2012, 22 (5): 337-349.

[44] Meng L. Evaluating China's Poverty Alleviation Program: A Regression Discontinuity Approach [J]. Journal of Public Economics, 2013, 101: 1-11.

[45] Ploeg J D. vander , Ye J Z, Schneider S. Rural Development Through the Construction of New, Nested, Markets: Comparative Perspectives from China, Brazil and the European Union [J]. The Journal of Peasant Studies , 2012, 39 (1): 133-173.

[46] Sarasa S. Old-age Pensions in Spain: Recent Reforms and Some of Their Consequences for the Risk of Poverty [J]. Social Policy & Administration, 2008, 42 (2): 197-210.

[47] Shi Y, Zhang L, Ma Y, et al. Dropping Out of Rural China's Secondary Schools: A Mixed-methods Analysis [J]. The China Quarterly, 2015, 224: 1048-1069.

[48] Tan W. China's Approach to Reduce Poverty: Taking Targeted Measures to Lift People out of Poverty [R/OL]. https://www. un. org/development/desa/dspd/wp content/uploads/sites/22/2018/05/31. pdf.

[49] Thorbecke E. Multidimensional Poverty: Conceptual and Measurement Issues [M] // Kakwani N, Silber J. The Many Dimensions of Poverty. London: Palgrave Macmillan, 2013.

[50] VanSandt C V, Sud M. Poverty Alleviation Through Partnerships: A Road Less Travelled for Business, Governments, and Entrepreneurs [J]. Journal of Business Ethics, 2012, 110 (3): 321-332.

[51] Wang S. Reducing Poverty Through Agricultural Development in China [J]. IDS Bulletin, 2013, 44 (5-6): 55-62.

[52] Wang S, Li Z, Ren Y. The 8-7 National Poverty Reduction Program in China: The National Strategy and Its Impact [R/OL]. https://web. worldbank. org/archive/website00819C/WEB/PDF/CHINA_-4. PDF.

[53] World Bank. World Development Report 1990: Poverty [R/OL]. https://open knowledge. worldbank. org/handle/10986/5973.

[54] Xing C, Li X. Beyond the Structure and Action: Analysis of the Characteristics of China's Poverty Reduction [J]. Chinese Rural Economy, 2018 (11): 1-16.

[55] Xu Y, Zhang X. Pensions and Social Assistance: The Development of Income Security Policies for Old People in China [M] //Chen S, Powell J L. Aging in China: Implications

to Social Policy of a Changing Economic State. New York：Springer，2012.

［56］Xue E Y, Zhou X P. Education and Anti-poverty：Policy Theory and Strategy of Poverty Alleviation Through Education in China ［J］. Educational Philosophy and Theory, 2018, 50 （12）：1101-1112.

［57］Yan K. Poverty Alleviation in China：A Theoretical and Empirical Study ［M］. New York：Springer，2015.

［58］Yang C, Sun Y. China's Rural Pension Scheme Needs a Thorough Consideration ［J］. China Social Security, 2010 （7）：25-27.

［59］Yip W, Fu H, Chen A T, et al. 10 Years of Healthcare Reform in China：Progress and Gaps in Universal Health Coverage ［J］. The Lancet, 2019, 394 （10204）：1192-1204.

［60］Yip W C-M, Hsiao W C, Chen W, et al. Early Appraisal of China's Huge and Complex Health-care Reforms ［J］. The Lancet, 2012, 379 （9818）：833-842.

［61］Zheng G. Evaluation of China's Social Security System ［R］. EU-China Social Protection Reform Project，2016.

日本的社会救助制度及扶贫措施

——兼与韩国制度比较[*]

汤山笃（日本立教大学）

一、前言

生存权是任何一个国家都无法公开否认的普世价值，各国也都制定了社会救助制度以对其加以保障。北欧各国和西欧各国在制定优厚的社会保险制度的同时，也引进了社会救助制度作为重要补充。美国虽然在福利支出方面比较消极，但也制定了社会救助制度[①]。

第二次世界大战后，大多数发达国家都引进了同时覆盖有劳动能力者的社会救助制度。以英国 1948 年的《国民救助法》（*National Assistance Act*）为开端，瑞典（1956 年 Socialbidrag）、丹麦（1961 年 Social Bistand）、德国（1962 年 Sozial-hilfe）和荷兰（1963 年 Algemene Bijstand）等国率先引进了覆盖有劳动能力者的社会救助；法语圈的比利时（1974 年 Minimex）和法国（1988 年 Revenu Minimum d'Insertion）紧随其后；在法语圈国家的努力下，拉丁语圈的葡萄牙（1997 年 Rendimento Minimo Garantido）和意大利[②]也对社会救助制度表现出了关注，中欧和东欧从 20 世纪 90 年代初期也开始引入

---

* 本文是在笔者博士论文（汤山笃，2019）部分内容的基础上加工修改而成。

① 不过，美国的补充性收入保障（Supplemental Security Income，SSI）是以老年人和残疾人为对象的；而以所有贫困阶层为对象的制度大概是补助性营养协助计划（Supplemental Nutrition Assistance Program，SNAP，通称"食物券"），以特定范畴为对象提供碎片性的制度是其特征之一（グインフェ，2018：79）。

② 意大利于 1998 年在一些地方开始了社会救助示范项目，但于 2003 年中断。波兰和意大利在 2000 年前后开始引进以有劳动能力者为对象的社会救助制度，此后波兰长期坚持该项制度，但意大利于 2005 年前后停止了该项制度，转而强调家庭和民间的责任（Jessoula et al.，2014）。

了保护有劳动能力者的社会救助制度。[①]

北欧各国和西欧各国一直是通过优厚的社会保险（公共养老金、残疾保险、伤病保险等）保障老年人和残疾人的收入，通过失业保险保障有劳动能力者的收入。奥地利、比利时、芬兰、法国、德国、挪威、葡萄牙、西班牙、瑞典和英国等国则通过提供失业援助[②]帮助那些没有失业保险的失业者（Immervoll et al.，2015）。在此基础上，进一步通过社会救助来覆盖上述机制中遗漏的那些贫困阶层。特别是丹麦、芬兰、瑞典等北欧国家的收入保障非常有力。截至 20 世纪 90 年代初，这些国家的减贫效果几乎是其他欧洲国家的两倍（Kvist et al.，2012）。

不过，即使都是社会救助，但每个国家也都有所不同。首先，在收入调查的标准、补助水平、与就业的关联程度、中央和地方的费用分担等方面存在差异。例如，英国和法国都是由国家承担 10% 的社会救助费用，但在英国，国家规定了全国统一的收入标准和财产标准；而在法国，国家不能干预领取权的适用范围。在瑞典和美国，国家并不承担社会救助的费用，管理和运营的责任是由地方政府来承担（김교성，2010）。其次，对于那些在老年人养老金、残疾人养老金、失业保险等社会保险制度之外无法受到保护的贫困人群，各个国家都通过提供失业补贴、房租补贴、家庭津贴、在职津贴（In-work Benefits）等各种组合来进行支援，因此，社会救助制度的形式也多种多样（Esping-Andersen，1990；Korpi and Parme，1998；Gough，2001；Immervoll，2010；Figari et al.，2013；Immervoll et al.，2015）。即使是那些针对消除贫困于 2000 年 3 月通过里斯本战略（Lisbon Strategy）达成协议的欧盟成员国，各国采取的措施也是多种多样的（Wang and Van Vliet，2014）。

二、东亚的福利

（一）何谓东亚的福利

日本和韩国是亚洲国家中较早学习并引鉴了欧美福利制度的国家。但

[①] Guibentif 和 Bouget（1997），Matsaganis 等（2003），Rat（2009），Figari 等（2013）。

[②] 失业援助不是像失业保险那样的以保险费作为资金来源的给付，而是一种帮助无法领取就业保险的失业者的补助，它将税收作为资金来源。这类援助中，法国的 Régime de Solidarité、德国的 SGB Ⅱ 较为有名（김교성，2010：54）。

是，在学习欧美福利制度的同时，日本和韩国并没有完全照搬所谓的"西方模式"（Western Type）（Goodman and Peng，1996）。尽管程度不同，但日本和韩国都在有限的范围内通过社会救助制度保障了国民的生存权，比起国家福利制度的保护，社会救助制度更强调个人、家庭和民间的作用。西方的福利研究人员称，"这是因为东亚一直提倡儒家文化（如孝顺、避免纷争、忠诚和能力主义等）"。也就是说，在为老年时期做准备时，鼓励个人储蓄；比起福利支出，更倾向于对大企业投资；在重视教育与实力至上主义相互作用的背景下，普遍认为"失败是个人的责任"（Goodman and Peng，1996）。有人认为，"陷入危机时人们易于接受福利的理念，但危机过后福利的理念又被弱化了"[①]。

但是，即使将东亚各国视为同质的，也会有人提出异议。日本和韩国在工业化和老龄化的时间点上存在差异，韩国的制度发展要晚于日本。

在韩国，朴正熙政府在军事政变后为了取得民心，以 1960 年的《公务员年金法》（공무원연금법）为开端，此后相继颁布了 1961 年的《军事援助补偿法》（군사원호보상법）、1963 年的《工业灾害补偿法》（산업재해보상법）、1963 年的《医疗保险法》（의료보험법）等法律，使社会保险制度在 20 世纪 60 年代得以法制化（チョフンシク，2015），但这只是为了确保军人和公务员这一特殊群体的忠诚而采取的例外措施（李惠炅，2006）。

此外，韩国政府于 1961 年制定了《生活保护法》，但直到 1969 年前后都没有认真编制《生活保护法》的预算。20 世纪 70 年代和 80 年代也只是分配了极少的预算，因此，韩国的生活保障制度仅支付了与最低生活费相去甚远的微薄金额。这是因为，1976 年来自海外的无偿援助中断之后，政府不仅没有制定替代性的预算，反而采取了将福利最小化的方针（李惠炅，2006）。

韩国的公共养老金也是如此。韩国于 1988 年首次正式建立了公共年金制度，并于 1999 年将对象范围扩大到城市地区，建立了"国民皆年金"（전국민 연금）（金渊明，2006），但直到 2010 年代中期，大多数老年人都还被排除在公共养老金之外（홍백의，2005）。这是因为在公共年金制度开始时，当时已超过 65 岁的老年人就已被排除在公共养老金的支付对象范围

---

① Park（1990），Goodman 和 Peng（1996）。对此，有人说"韩国和中国台湾的政策效仿了日本的制度"（Goodman and Peng，1996）。

之外了。

韩国在 1993 年《雇佣保险法》（고용보험법）[1] 出台之前，并没有针对有劳动能力的贫困人口提供干预的失业保险（金成垣，2016）。韩国从 20 世纪 80 年代后半期开始一直在寻找引进雇佣保险的机会，希望将此作为调整就业的手段，但由于担心就业意愿下降和失业持续时间延长，直到 1995 年才开始正式实施雇佣保险［劳动部（노동부），1996］［汤山笃（2009）］。在韩国，"最好的福利是经济增长，最好的安全网是家庭"，这一认知占据了主导地位（李惠炅，2006）。

由此可以看出，日本似乎与韩国颇有不同。日本在 1946 年制定了《生活保护法》，并于 1947 年完善了失业保险。1961 年实现了覆盖全部人口的"国民皆年金"，并向制定公共养老金时已经年过 65 岁的老年人发放了名为"福利年金"的养老金。日本介入贫困问题的福利制度要比韩国多。从保障老年人收入的公共养老金来看，日本也比韩国更为成熟（五石敬路，2011b）。此外，与韩国相比，日本似乎在社会保险制度和残疾人津贴方面也更加注意顾及贫困阶层的潜在需求（鲁大明等，2014）。

不过，虽然程度有所不同，但日本的福利制度也很薄弱。日本在 1961 年就实现了所谓的"国民皆年金"，但当时的公共养老金制度还很粗糙（宫本太郎，2008）。国民年金制度的强制参保对象几乎都处于未参保的状态，现在可自愿参保的人员（全职主妇、学生等）在当时也还不是该制度的参保对象。将被雇佣者的配偶——全职主妇纳为强制参保对象，以保障她们的养老金领取权，则是 1985 年对国民年金制度做出修订之后的事情了（里见贤治，2002）（汤山笃，2018）。但是，从较早就建立了公共养老金制度就可以看出，日本是率先于其他东亚各国完善了福利制度的国家，随着公共养老金制度的成熟，日本从 20 世纪 80 年代开始就在一定程度上依靠公共养老金来支撑老年人的收入了（宫本太郎等，2003）。

另外，日本在"二战"后驻日盟军总司令部（GHQ）的统治下于 1946 年制定了《生活保护法》，按其规定，该法不仅可以保护老年人、儿童、残疾人、孕妇等无劳动能力者，也可以保护有劳动能力者。以 20 世纪 50 年代的朝日诉讼（1957）为契机，日本社会救助的支付水平也有所提高。即通过将最低生活费的测算方式从最初的"市场菜篮子法"先后调整为"恩格

---

[1] 该法于 1995 年正式实施。

尔系数法"（1961～1964 年）①、"缩小差距法"（1965～1983 年）②、"消费水平均衡法"（1984 年开始）③，逐步提高了生活保障的福利水平（厚生劳动省，2013）。此外，20 世纪 50 年代，虽然出现了"领取生活保障的外国人很多"或是"不正当领取生活保障的人很多"这样的呼声，但这一时期的制度得到了彻底的改善。例如，1954 年实施了个税减免；1957 年扩大了分户的适用范围、提高了妇幼补贴、引入了产妇补贴；1958 年允许高中生分户；等等（副田义也，2014；木村孜，1981）。

但从实际情况来看，比起《生活保护法》保障的遗漏，日本实则对保障的滥用更为警戒。不仅在《生活保护法》中对领取生活保障的资产条件做了严格的规定，同时也存在有劳动能力者在窗口提交领取申请未获受理的情况。特别是在经历了石油危机之后，从 20 世纪 80 年代初财政部门加强行政监察开始，《生活保护法》的申领门槛变得更高了。2000 年的一项调查显示，在日本 79 个主要城市中，28 个城市的福利事务所应答称，"生活保障仅针对 65 岁或 60 岁以上的老年人，以及因疾病或残疾而不能工作的人"（下平好博，2006）。无论是从支出在 GDP 中的占比来看，还是从总人口中的领取率来看，日本的社会救助制度都属于经合组织（OECD）成员国中最低的一组（宫本太郎等，2003）。此外，日本的社会福利虽然在 20 世纪 70 年代的市民运动中有所扩大，但在此后的很长一段时间里一直保持依靠家庭扶养和企业福利的基调（宫本太郎等，2003）。进入 20 世纪 80 年代，日本提出了"减轻国民负担"的口号，福利的削减才逐步趋于合理化（武川正吾，2005a）。

尽管日本已经成长为全球屈指可数的经济大国，但正是由于经历了全球瞩目的经济快速增长，日本一直以来忽视了有劳动能力者的贫困问题。日本

---

① 即以所需的卡路里、营养量为基础计算伙食费，并以伙食费和与此伙食费水平相同的家庭生活费作为参考，以此计算出最低生活费的方式。

② 如果普通家庭的消费水平从 100%提高到 110%，就将享受最低生活保障家庭的补助给付从 100%提高到 112%，以此缩小普通家庭和低保家庭之间的差距。

③ 厚生劳动省社会援助局局长河村博江曾就给付水平做出解释说："将其固定在一般国民消费水平的 67%~68%。"作为参考，日本政府并没有将生活保障给付的各种补助全部与普通家庭的消费水平挂钩。在衣、食、住所需的费用中，只有用于支付衣、食费用和杂费的"生活补助"与普通家庭的消费水平挂钩，而用于支付住所费的"住房补助"及医疗费的"医疗补助"，则不与普通家庭的消费水平挂钩（参议院，2003）。

在 1947 年就制定了《失业保险法》[①]，但对超过失业救济金领取条件的长期失业者（失业时间超过 1 年的失业者）却不予保障。这与法国和德国通过"失业补助"来保护长期失业者的做法形成了鲜明的对比（五石敬路，2011）。

日本的社会保障福利多为老年人或医疗支出，并没有针对无法享受最低生活保障待遇的低收入阶层的房租补贴（宫本太郎等，2003；斎藤纯子，2013；汤山笃，2018）。与西欧相比，日本的社会保障支出占 GDP 的比例较低，但这并不是因为公共养老金和健康保险的支出较少，而是因为住房、家庭、社会救助（基本生活保障）等福利支出较少（宫本太郎等，2003）。需要强调的是，日本的公共养老金和医疗卫生支出相对较大，但与工业灾害、家庭、住房、社会救助相关的支出相比明显较小（武川正吾，2005a）。日本虽然比其他亚洲国家更早地经历了经济的增长，但并没有全盘仿照西欧的福利制度。

在日本，失业补助[②]的引进工作也没有进展。这是因为对"自收自支原则模糊不清"的反对意见根深蒂固，换言之，雇佣/就业保险因是以保险费为资金来源的社会保险，故而被认为是"受雇者权利明确的制度"（樋口美雄，2000）。此外，最低工资制度对于解决就业者的工作贫困（"穷忙族"，Working Poor）也很重要（Immervoll，2010），但是，上调最低工资标准的工作也未得到推进。这些就导致单亲家庭的贫困率较高等结果。日本单亲家庭的就业率高于西方国家，但单亲家庭的贫困却根深蒂固。这是由于面向单亲家庭的福利支出不足以及低工资所致（阿部彩，2008）。

（二）东亚福利的现状

从日本和韩国来看，在 20 世纪 90 年代之前，两国一直在积极向熟练工人、大企业工人、公务员和军人等"为国家做出贡献的群体"提供福利，但对包括生活困难者在内的"给经济造成负担的群体"提供福利却很消极（Holliday and Wilding，2003）。日本和韩国虽然对保护老年人、残疾人、儿

[①] 1974 年开始实行《雇佣保险法》。"雇佣/就业保险"不仅规定了对失业人员的失业补助，还新规定了对雇员和雇主的补助。具体来说，增加了对雇佣老年人和残疾人的雇主提供补助的稳定就业事业、对参与推动职业培训的中小企业进行补助的能力提升事业、对改善雇员工作环境的雇主进行补助的就业福利事业（山县文治、柏女灵峰，2000）。

[②] 失业补助不像就业保险那样以保险费为资金来源，而是以税收为资金来源，面向无法享受就业保险的失业者提供的补助。

童、孕妇等无劳动能力者表现出了一定的关心，但是对低工资劳动者和失业者等有劳动能力者的收入保障却持消极态度。其结果就是，在韩国，对从农村进入城市的务工贫困阶层的保护并不是以福利支出的形式，而是提供像"板子村""贫民窟"这样的棚户区予以支援（金秀显，2016）。同样，在日本，向低工资或工作不稳定的劳动者提供的保护也不是以福利支出的形式，而是提供"临时板房"或"员工宿舍"等（岩田正美，2004，2017）。

迄今为止，西方的国际比较研究中对于 20 世纪 90 年代中期之前日本和韩国福利政策的理解，多是官僚垄断政策决策过程，抑制工资以发展经济、稳定就业和提高生产率为重点推动经济等的印象（Kwon，1997；Holliday，2000）。特别是直到 20 世纪 80 年代，官僚垄断了政策决策过程，政府和大企业在"发展"的共识下对工会进行了牵制，令人瞩目的经济增长成果更加助长了对这种体制的支持（Holliday，2000；김태성，2007）。

但是，这样的理解在 20 世纪 90 年代后半期发生了动摇。从政治上看，韩国政府于 1987 年实行总统直选制度后，不能再无视国民的呼声；日本政府也因 1993 年的"55 年体制"瓦解而对国民的呼声变得敏感，不仅进步市民团体（Progressive Coalition），新自由主义经济改革者也开始与社会活动家联手提出了福利公约（Fleckenstein and Lee，2017）。从经济上看，就像 1997 年亚洲金融危机打破了韩国人对经济增长的乐观论一样，日本从 1992 年泡沫经济崩溃到 2008 年金融危机，跌宕的经济衰退也使人们对经济增长失去了期待。

这给日本和韩国的福利带来了不小的影响。在日本，从 1992 年泡沫经济崩溃开始直到 2008 年金融危机，在经济萧条的背景下，《生活保护法》的运行方针发生了变化。日本虽然没有经历像韩国那样急剧的失业问题，但不断上升的失业率也促使日本对福利做出回应（五石敬路，2011b）。日本的失业率在 20 世纪 90 年代初还很低，但在 2002 年达到了 5.4%，创下自《生活保护法》颁布以来的新高，特别是在 2000 年代中期以后，失业超过两年的长期失业者人数不断增加（筱崎武久，2014）。在日本，社会性住院、家庭暴力、虐待、多重债务、流浪生活、"家里蹲"等各种社会现象促使其在政治上提出应对措施。厚生劳动省提出了降低《生活保护法》门槛的方针，其目标是将有劳动能力者也纳入支援范围。此外，日本的生活保障中也增加了致力于就业援助和日常生活援助的方针。例如，2004 年厚生劳动省的《关于生活保障制度理想状态的专门委员会报告书》就提出了使生活保障成为"便于公众利用的制度"的建议（滨口桂一郎，2010）。自2005年起还开展了"生活保障领取者就业援助项目"（牧园清子，2013）。虽然"生活保障领取者就业援助项目"被认为是地方政府自主实施的项目，但在日本的社会救助历史上，它首次成为由国家（厚生劳动省的公共职业安定所）和地方政府（福利事务所）共同实施的一项福利与就业合作制度（滨口桂一郎，2010）。这一举措明确了通过生活保障制度支持有劳动能力者的方针，而在此之前，有劳动能力者并不在生活保障的覆盖范围之内。需要重申的是，在此之前，日本一直认为"领取者越少越好"，并以此为指导消极地运用生活保障；但从2005年前后开始，日本以"便于公众利用的制度"为口号，更积极地将其运用于有劳动能力者身上（布川日佐史，2010）。

同样，韩国在1999年废除了此前的社会救助（《生活保护法》），并制定了新的社会救助（《国民基本生活保障法》），这一戏剧性的变化引起了海外的关注。日本的制度变化虽然在形式上没有韩国那么大，但根据厚生劳动省的通知，在社会救助的运用上也发生了很大的变化。《生活保护法》开始保护流浪者（전홍규，2004；水内俊雄，2012；구인회等，2012）；自2005年起，《生活保护法》通过生计援助，向领取家庭的高中生支付高中教育费用；自2007年起，作为《生活保护法》的一部分，积极向单亲家庭提供就业援助。厚生劳动省于2009年发出通知，表明立场并确认《生活保护法》也适用于有劳动能力者。2009年12月，在民主党执政时期，日本政府恢复了一度曾遭废除的妇幼补贴。

这个时期的日本，围绕《生活保护法》也发生了相当大的变化。在2009年的"住房补贴紧急特别措施事业"中，新设立了针对低收入失业者（个税免征水平）的房租补贴。此外，政府不断推动法律的全面完善，通过了《生活穷困者自立支援法》（2013年12月制定，2015年4月施行①），为生活穷困者提供帮助其自立生活的咨询援助、就业准备援助，为失去住所者提供临时的生活援助和家庭经济管理援助等。民主党政府在2011年还出台了《求职者支援法》，该法以参加职业培训为条件，向无法享受就业保险

---

① 依据该法律，各项事业在国库补助的基础上由地方政府实施。地方政府必须把自立咨询援助事业（国库补助3/4）和住房补助事业（国库补助3/4）作为强制性实施的事业。就业准备援助事业（国库负担2/3）、临时生活援助事业（国库负担2/3）、家庭经济咨询援助事业（国库负担1/2）则是自愿实施的事业。

的失业者支付生活费。

(三) 经济危机的冲击、政权更迭的影响、市民团体的诉求

为什么日本和韩国以往在福利方面保持低调，但最近却在扩大社会救助呢？

首先是因为经济危机。日本和韩国都以经济危机为契机扩大了社会救助。与韩国 1997 年的金融危机不同，日本从 20 世纪 90 年代早期的泡沫破灭到 2008 年的金融危机，一直经历着断断续续、长期的失业问题。与韩国一样，日本在克服经济危机的过程中加大了对有劳动能力者的社会救助。如同韩国在克服 1997 年金融危机引发的失业问题的过程中迅速引入了"安全网"的概念，并期待《国民基本生活保障法》能起到全面保护国民的作用 (박능후，2000)，日本也从海外引入了"工作贫穷" (穷忙族，Working Poor) 的概念，讨论了有劳动能力者的贫困问题 (布川日佐史，2007；岩田正美，2007，2017)。从日本的情况来看，在 20 世纪 90 年代后半期，橘木俊诏 (1998) 曾为日本贫富差距的扩大敲响了警钟，大竹文雄和斋藤诚 (1999) 则将日本贫富差距扩大的原因解释为"老年人家庭增加所致的自然现象"，与韩国相比，日本的相关讨论推进更为缓慢。进入 21 世纪后，日本开始关注流浪者和年轻啃老族的问题，国家也正式开始全面讨论就业和福利之间的挂钩 (武川正吾，2012)。

日本以前不是用福利政策，而是用就业政策来解决有劳动能力者的贫困问题，韩国也是如此。韩国政府在 20 世纪 90 年代末制定《国民基本生活保障法》的过程中，在对向有劳动能力者提供社会救助的态度上比较消极 (안병영，2000)①，日本也同样如此。传统上，日本通过就业政策来确保有劳动能力者的收入，包括根据《紧急失业对策法》 (1949 年) 制定的"失业对策事业"、通过基础设施建设创造就业机会的"公共事业" (主要是从"二战"后至 20 世纪 90 年代)、通过国家补贴和地方财政为失业者创造临时就业机会的"紧急就业事业" (自 20 世纪 90 年代以来对"公共事业"的批评日益强烈)，以及通过向企业提供补贴来防止解雇的"就业调整补助金"等 (五石敬路，2011a)。但是，现在这些事业已经无法解决长期失业问题。

---

① 韩国政府当初的意见是，对有劳动能力者的问题，另行用公共劳动事业、贷款事业、教育培训事业来应对。

其次是由于政权更迭。与韩国一样，日本的政权更迭时期与社会救助改革时期也是重合的。就像韩国以实行总统直选制（1987年）为契机，1998年大国家党下台，新政治国民会议总裁金大中政权执政时制定了《国民基本生活保障法》（1999年）一样，日本在1993年"55年体制"瓦解后到2009年自民党下台，民主党鸠山由纪夫政权上台时，以扩大生活保护法的适用范围为代表，扩充了既往的扶贫政策和措施。

当然，政权更迭对日本和韩国的冲击是不同的。一方面，因为韩国的大部分政权都是在总统制下持续掌控政权5年，所以政权较为稳定；而日本的政权在议会内阁制下运营，相比韩国更不稳定。另一方面，日本地方政府的影响力较大，国家政权更迭的冲击可能又比韩国要小。例如，韩国的国家税收比例约为65%，而日本的国家税收比例约为35%。特别是在生活保护法方面，日本地方政府的作用要比韩国地方政府更大（이현주，2006）。而且，日本于1999年制定了《地方分权一揽子法》，将生活保护法的业务由"机关委托事务"①改为"法定受托事务"②，地方政府的自律性进一步提高。从实际情况来看，国家将"生活保障领取者就业援助事业"（2005年）和"生活穷困者自立支援法"中的一些事业作为地方政府的自主实施事项，在照顾地方政府自律性的同时慎重地推行这些制度。尽管如此，政权更迭对社会救助改革产生影响的说法也具有相当大的说服力。

最后是因为市民团体的兴起。也就是说，正如韩国以主张参与为代表的市民团体带动了《国民基本生活保障法》的制定一样③，在日本，从20

---

① 地方政府是国家的下属单位，行政长官无条件接受国家的领导。国家可以以不履行机关委托事务为由，罢免其最高行政长官，即都道府县知事。把通过居民直接选举产生的地方政府行政长官视为国家下级单位的观点遭到诟病，并在1999年的《地方分权一揽子法》中被废除。自该法出台之后，生活保障成为法定受托事务。

② 不过，与其他福利制度相比，生活保障制度更容易受到国家的干预。虽然不像以前的机关委任事务那样，但现行的法定受托事务也不能摆脱国家的干预。法定受托事务被认为是"没有地区差别的业务"，国家制定全国标准，将实际的制度运行工作交给地方政府，但在法定受托事务中，国家也有权指示地方政府做出整改，也有代替地方政府代理执行的权限。相比健康保险、长期照护保险和社会服务，生活保障是更易受国家干预的制度。健康保险、长期照护保险、社会服务等业务均属于"自治事务"，国家的介入程度相对较低。"自治事务"不仅以国家的法律为依据，也要以地方政府的条例和预算为依据开展业务，国民健康保险事业、长期照护保险事业、儿童福利事业、老年人福利事业、残疾人福利事业等也都属于此类业务。原则上，国家只能对地方政府提出整改要求。

③ 特别是在韩国，市民团体在提出精巧的政策方案的过程中彰显了其影响力，比起代表特定群体的利益，市民团体更能代表全体国民的利益，并引领了福利及医疗领域的社会讨论。在韩国，市民团体扮演着类似西欧各国工会组织的角色（金渊明，2005a）。

世纪 90 年代前半期开始，无家可归者支援团体呼吁改善生活保障制度，[①] 从 21 世纪 10 年代后半期开始，支援非正规就业雇员的反贫困网络也大力呼吁改善生活保障制度。正如韩国市民团体参与《国民基本生活保障法》制定过程中的议题形成、议程设置、政策制定一样（문진영，2008），日本的民间支援团体和专家团体开展了强有力的游说活动，要求将有劳动能力者纳入《生活保护法》的适用范围。

总之，在 20 世纪 90 年代之前，日本与韩国一样，对于保护有劳动能力者持消极的态度，但是经过了 20 世纪 90 年代至 21 世纪头 10 年的经济危机、政权更迭和市民运动，日本扩大了对有劳动能力者的支持。

（四）既往残留形态的制度变化

就日本和韩国社会救助的细微变化而言，比起经济危机、政权更迭、市民团体等宏大力量，需要更多地关注其细节过程并加以说明。就如韩国的制度变化中也存在无法仅用经济危机的冲击、政权更迭的影响、市民团体的诉求来解释的部分。例如，在韩国 1999 年《国民基本生活保障法》的制定过程中，虽然有 1997 年金融危机引发的前所未有的失业问题、倾听市民团体呼声的金大中政府的诞生，以及市民团体提出的具体政策提案相叠加，但也未能取消社会救助中的严格的扶养义务人标准。此外，2014 年实施的补贴兑付"分项化"是韩国社会救助的根本性改革之一，但这也是由所谓的保守政权进行的改革，所以不能说"因为有了进步政权，所以扩大了福利"。同样，在日本，尽管出现了从 20 世纪 90 年代前半期泡沫经济崩溃到 2008 年金融危机的失业问题、"55 年体制"的瓦解、民主党政权的诞生、无家可归者支援团体和反贫困网络的活动等多重因素，但是《生活保护法》的资产标准至今依旧严格。而且，日本一直在进行"拼图"式的改革，而没有讨论很多早已存在的长期性问题的解决之道，如《健康保险法》和《生活保护法》之间在医疗援助方面的关系调整，再如生活保障中住房补贴给付的分项化等（岩田正美，2013）[②]。

从日本和韩国来看，可以说两国在受过去制度束缚的同时，也在推进

---

① 在日本，从朝日诉讼时开始就有积极的律师和工会一直在呼吁修改《生活保护法》。
② 也能看到新的进步。厚生劳动省发布通知，要求从 2000 年开始向流浪者和失业者提供生活保障。国会也通过了《求职者支援法》和《生活困难者自立支援法》。

新的改革。要解释这些"特殊情况"，不仅需要关注经济危机、政权更迭、市民团体的影响等"宏大力量"，还需要分析影响制度改革结果的个别行动者的行为、行动者之间的关系、立法过程的"场域"。可以根据西方的"自由主义体制""社会民主主义体制""保守主义体制"的福利制度类型来把握日本和韩国的情况，除了强调东亚政治、经济和社会的共同点（如经济优先主义、低福利支出、工人运动碎片化、企业和家庭的保护）来突出"东亚模式"的工作之外，还需要解释每个国家独特的历史和独特的精细结构（金渊明，2005b）。即使日本和韩国容易被笼统归于"东亚模式"，但它们作为福利国家的发展阶段也不一样，特别是在政治结构上存在很大的差异，因此有必要仔细阐明这些问题（武川正吾，2005b）。

三、日本社会救助的特征

（一）综合给付

综合提供各种补贴，以作为"生活补助"的追加补贴。在这一点上，韩国近期也是如此。此外，与国际社会相比，日本社会救助的一个显著特点是补贴类型非常多样化。据国立社会保障和人口问题研究所所长京极高宣介绍，这是其他发达国家的社会救助所不具备的特征。从日本的情况来看，《生活保护法》是在几乎没有其他社会福利法的时期（1946 年）制定的，因此，《生活保护法》试图解决所有的生活问题（众议院，2006）。从这个意义上说，日本的《生活保护法》还保留着过去的形态。[①]

（二）先进的法律

日本在相当早的时期（1946 年）建立了社会救助制度。在"二战"结束后不久，日本在驻日盟军总司令部的统治下制定了相当具有前瞻性的《生活保护法》，并且沿用至今（森健一，1957）。日本社会救助的变迁如表 1 所示。也可以说，"因为在相当早的时期就制定了前瞻性的法律，所以

---

① 例如，日本的《生活保护法》中也有支付丧葬费用的丧葬补贴。据国立社会保障和人口问题研究所所长京极高宣介绍，在欧美国家，社会救助几乎都是生活补助，除此之外，地方政府单独的补助弥补了其他需求（众议院，2006）。

后来的变化就很小"。①

作为参考，与日本相比，韩国也在 1961 年制定了《生活保护法》。但韩国的《生活保护法》与日本的《生活保护法》有很大不同。例如，韩国的《生活保护法》在条文中明确规定，只适用于老年人、儿童、残疾人、孕妇、伤病者和其他无劳动能力者。

表 1　日本社会救助的变迁

	《救护法》 （1929~1946 年）	《生活保护法》 （1946~1950 年）	《生活保护法》 （1950 年~）
对象	第 1 条 65 岁以上老年人 13 岁以下儿童 孕妇 残疾或伤病所致的无劳动能力者	无条件	无条件
给付	第 10 条 生活补助 医疗 助产 生计补助	第 11 条 生活补助 医疗 助产 生计补助 丧葬补助	第 11 条 生活补助 教育补助（义务教育） 住房补助 医疗补助 生育补助 生计补助 丧葬补助
国库负担	第 25 条 50%	第 29 条 80%	第 75 条 75%
生存权规定	无	无	第 1 条
请求权规定	无	无	第 2 条
扶养义务	第 2 条	第 3 条	无
最低标准规定	无	第 10 条	第 3 条
不符合条件的情形规定	第 29 条	第 2 条	无

资料来源：笛木俊一（1996），笔者根据引用资料编制本表。

————————

① 名称本身与日本的法律《生活保护法》相同，但是内容不同。例如，韩国的《生活保护法》在条文中明确规定，仅针对老年人、儿童、残疾人、孕妇及其他无劳动能力者。

（三）领取条件苛刻、领取率低

韩国在 1999 年制定《国民基本生活保障法》之前，《生活保护法》明确规定，只有老年人、儿童、残疾人、孕妇、伤病者和其他无劳动能力者才可享受社会救助；而日本在 1946 年制定《生活保护法》时，就明确该法以全体国民为保护对象。事实上，日本的《生活保护法》一直适用于因 1959 年能源革命和 1973 年石油危机而陷入贫困的煤矿工人等（大友信胜，1987）。但从实际情况来看，日本也一直将《生活保护法》适用于老年人、残疾人等不具备劳动能力的贫困阶层。不过，直到进入 21 世纪，该法依旧很难适用于流浪者。

从日本行政职能的划分来看，在一线负责受理、审查和决定生活保障的是都道府县的福利事务所①。此外，厚生劳动省还通过"通知"的方式来统一管理各福利事务所的生活保障的具体开展情况。福利事务所虽然是地方政府的下属机关，但也同时受到厚生省（现在的厚生劳动省）社会局的较大影响（菅沼隆等，2018）。日本社会救助管理运行如图 1 所示。

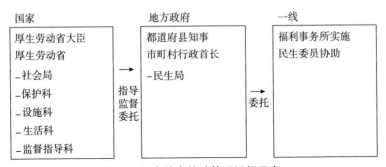

图 1　日本社会救助管理运行示意

据称，日本是在这样的生活保障行政下，由国家通过"行政通知"来统一管理生活保障的适用范围和水平的。国家通过"实施要领"和"运营要领"来统一管理福利事务所层面的机构开展生活保障工作。虽然"法律"必须在国会获得通过，"政令"也必须经过内阁会议来决定，但"实施要领"和"运营要领"可以在厚生劳动省层面灵活地制定，因此"实施要领"

———————

①　福利事务所是指根据《社会福利法》第 14 条由都道府县设置的内设机构。《社会福利法》第 14 条规定都道府县必须设立福利事务所。

和"运营要领"一直都在随时调整。

日本的研究人员和实务工作者指出，由于财政部门因故加强了收入调查和资产调查，因此，到目前为止，生活保障金的领取率一直都受到了抑制。特别是在 20 世纪 80 年代中期，这种控制领取的现象尤其严重。再加上在当初制定《生活保护法》时，厚生省（现在的厚生劳动省）开始进行行政监察，从 1985 年开始，会计检查院也开始进行审查，都是在试图控制生活保障金的领取。据称，会计检查院的审查忽视了《生活保护法》作为"最后一道安全网"的理念和原理，强行收紧了财政，故而最低生活保障金的实际领取率从 1985 年的 1.2% 锐减到 1995 年的 0.7%（尾藤广喜，2000）。具体来说，在日本，劳动能力标准、资产标准和 1981 年的"123 号通知"是抑制生活保障金领取率的主要原因（都留民子、下村幸仁，2004）。

首先，日本的《生活保护法》虽然没有禁止有劳动能力者领取的规定，但在习惯上，福利事务所一般不受理有劳动能力者申领生活保障金。据报社的问卷调查显示，约有 80% 的地方政府回答称，"不满 65 岁就不能领取生活保障金"（原昌平，2004）。事实上，如果不是老年人、儿童、残疾人、孕妇、伤病者和其他无劳动能力者，就很难领取到生活保障金。

其次，申领的资产条件苛刻。申请者不仅不能拥有私家车，而且也必须没有存款。在申请国家提供的生活保障时，只允许拥有最低生活费 50% 水平的存款额（关于生活保障制度理想状态的专门委员会，2004）。户主即便失业了，但在存款用完之前，也不能申请生活保障。

最后，"123 号通知"。这是厚生省（现在的厚生劳动省）于 1981 年发布的"关于推进适当实施生活保障工作"的通知，要求领取者签署全面同意书，以便能随时随地调查生活保障领取者的收入、资产和扶养义务人（厚生省，1981）。这可能使申请生活保障的人放弃申请。此外，如果生活保障申请人拒绝签署该同意书，也可以撤销申请（五石敬路，2011a）。虽然很难确知这一国家层面的通知对生活保障的领取率有多大的影响，但是曾在东京都板桥区福利事务所工作的一位前职员，也是一位一线实务工作者指出，"123 号通知"导致申请率下降了（户田隆一，1988）。另外，由于有向赡养义务人收取费用的规定，因此很多人也指出，如果广泛地使用这一规定，实际上会产生类似于将赡养作为保护条件的影响。

值得一提的是，韩国在 1999 年废除《生活保护法》之前，只要存在扶养义务人，就无法通过生活保障的申领审批。1999 年《国民基本生活保障法》出台后，如果扶养义务人的收入没有低于一定水平，该扶养义务人也不能成为《国民基本生活保障法》的适用对象。日本的《生活保护法》只是将获得扶养的部分从生活保障救济金中扣除，而并没有将是否有扶养义务人作为申领的限定性条件（田畑洋一，1997）。可以说，与韩国相比，日本对扶养义务的要求更为宽松。不过，近些年来韩国在这方面也发生了很大的变化。也就是说，最近韩国正式出现了取消《国民基本生活保障法》中对于扶养义务限定的动向。国民基本生活保障制度的教育补贴和住房补贴分别于 2015 年和 2018 年取消了扶养义务要求。关于生计补贴，也宣布到 2022 年为止将分阶段取消相关要求（汤山笃，2021）。

总而言之，日本的《生活保护法》并没有禁止有劳动能力者领取生活保障的条款，但在审查领取资格的现场，是通过相当严格的审查来控制申请和领取的。事实上，相比其他国家，日本的社会救助制度一直被认为是"所得税减免少，资产调查标准严格"的（Eardley et al.，1996；塡桥孝文，1999）。

也就是说，日本的《生活保护法》在制定之际，从国际上看也已经属于一部具有开创性的法律，但其适用范围到 20 世纪 80 年代以后，都仍然非常有限。如表 2 所示，日本的生活保障金领取率与韩国的生活保障金领取率（1961~1999 年）没有太大的差别，仅适用于老年人、儿童、残疾人、孕妇和其他无劳动能力者。虽然近年来日本生活保障金的领取率有所上升，但与韩国国民基本生活保障金的领取率相比，至今仍较低。观察日本生活保障金领取率的变化，可以得到如下认识：

第一，与韩国一样，日本的生活保障金领取率从 1980 年前后到 20 世纪 90 年代后半期约为 1%。这一时期，无论是韩国还是日本，控制领取的管制力度都很大。在韩国，有法律条文明确规定仅适用于老年人、儿童、残疾人、孕妇、伤病者和其他无劳动能力者；在日本，虽然没有法律上的限制，但在实际运行层面却收紧了适用对象。领取条件严苛导致领取率受到抑制，这是很多国家都存在的一种现象（Wang and Van Vliet，2014），所以尽管日本的《生活保护法》在形式上是一部"人人都适用的法律"，但事实上，从 20 世纪 70 年代初到 90 年代后期，日本的生活保障金领取率一直都与韩国的基本生活保障金领取率没有太大的差别。

不过，日本的生活保障金领取率低，可能是因为有其他福利保障的缘故（鲁大明等，2014）。实际上，厚生省曾在 20 世纪 80 年代中期将生活保障金领取率下降的原因解释为残疾人基础养老金的效果（菱川隆夫，2000）。但是随后，厚生省（现在的厚生劳动省）一位前官员坦言："当时对外解释说是残疾人基础养老金的效果，但是厚生省内部也认为这是因为国库补助率下降导致地方政府开始严格地使用生活保障金。"（菅沼隆等，2018）

第二，与韩国一样，日本的生活保障金领取率在进入 2000 年之后有所上升。在韩国，以 1999 年制定《国民基本生活保障法》为契机，领取率出现了划时代的上升；而在日本，从 21 世纪初厚生劳动省同意认定以流浪者为代表的失业者适用于《生活保护法》开始，生活保障金的领取率出现了上升。当然，不能把 21 世纪初后半期日本生活保障金领取率的上升全部归结为厚生劳动省发布通知的效果。尽管如此，2015 年日本生活保障金的领取率大约是 20 世纪 90 年代初领取率的两倍（见表 2）。

表 2 日本和韩国的生活保障金领取率（以人数为基准） 单位：%

年份	1955	1960	1965	1970	1975	1981	1986	1991	1996	2001	2006	2011	2015
韩国	—	—	1.0	0.9	1.2	0.8	0.9	1.0	0.8	3.2	3.2	2.9	3.2
日本	2.4	1.8	1.6	1.3	1.2	1.2	1.1	0.8	0.7	0.9	1.2	1.6	1.7

注：（1）韩国《生活保护法》的"自立（自食其力）保护"中没有生计补助。为了比较日本和韩国接受社会救助的生计补助规模，排除了韩国《生活保护法》中的"自立保护"的领取人数。

（2）如以家庭为单位进行比较，由于韩国和日本家庭结构的差异，很难确定实际领取者的规模。因此，本处以领取者的人数为基准进行了比较。

资料来源：韩国的领取率是根据韩国保健福祉部《国民基本生活保障领取者现况》（보건복지부『국민기초생활보장수급자현황』）、保健社会部《保健社会白皮书》（보건사회부『보건사회백서』）、이계탁（1994）、이계수（1997）相关数据为基础编制的。日本的领取率是根据厚生劳动省《社会福利行政业务报告》、厚生劳动省《福利行政报告事例》、厚生劳动省《被保护者调查》等资料编制的。

表 3 为不同年龄段生活保障金领取率。从各个年龄组的领取率[①]来看，20 世纪 80 年代中期到 90 年代中期，所有年龄层的领取率都有所下降；20 世纪 90 年代中期之后的 20 年间，所有年龄层的领取率都有所上升。另外，

----

① 例如，50~59 岁年龄段的领取率计算方式为"50~59 岁领取生活保障人数÷50~59 岁总人数×100%"。

比较 1965 年和 2015 年各年龄组的领取率可以发现，2015 年大部分年龄组的领取率都较低，但 2015 年的整体领取率（1.67%）却略高于 1965 年的整体领取率（1.61%）。这可能是因为原本领取率就很高的 60 岁及以上人数占总人数的比例提高了。

表 3　不同年龄段生活保障金领取率（以人数为基准）　　单位：%

年度	1955 年	1965 年	1975 年	1985 年	1995 年	2005 年	2015 年
整体	2.39	1.61	1.16	1.16	0.68	1.12	1.67
0~5 岁	2.60	1.33	0.67	0.75	0.35	0.68	1.24
6~11 岁	2.97	2.80	1.36	1.33	0.61	1.17	1.24
12~14 岁	2.97	3.11	1.74	1.71	0.79	1.38	1.24
15~19 岁	2.97	0.66	0.80	1.13	0.52	0.88	1.24
20~29 岁	1.52	0.43	0.27	0.25	0.12	0.23	0.48
30~39 岁	1.52	1.23	0.79	0.69	0.28	0.52	0.75
40~49 岁	2.56	1.97	1.23	1.16	0.53	0.73	1.26
50~59 岁	1.80	1.81	1.47	1.40	0.9	1.22	1.72
60~64 岁	2.39	2.33	2.18	1.80	1.25	1.85	2.53
65~69 岁	3.39	3.12	3.03	2.04	1.31	2.24	2.89
70 岁以上	4.44	3.65	3.64	2.57	1.68	2.12	2.89

资料来源：1955 年的数据来自生活保障趋势编辑委员会（2008），1965 年、1975 年、1985 年、1995 年、2005 年的数据来自厚生劳动省《被监护人全国普查结果报告书（基础调查）》，2015 年的数据来自社会保障审议会生活困难者自立支援和生活保障委员会（2017）。

（四）相对慷慨的补助水平

不过，日本生活保障的待遇水平又高于西方发达国家（Immervoll et al.，2015）。[①] 这可以说是因为日本的生活保障是统一支付伙食费、医疗费及住

---

　　① 对比其他国家，也有一些国家通过其他制度提供房租补助和支付食品实物，因此需要注意不能只从社会救助的支付水平进行比较。例如，美国的社会救助本身的支付水平极低，但通过大家所熟知的补助性营养协助计划（Supplemental Nutrition Assistance Program）即"食品券"，另行提供粮食援助（Immervoll et al.，2015）。

宿费的缘故，而以"朝日诉讼"为首的法庭辩论也提高了日本生活保障的给付水平。关于"领取率低"的陈述很难在法庭上提出具体的依据，但"给付额少"这一说法则比较容易提出依据并要求纠正（汤山笃，2019）。[①] 另外，从韩国的情况来看，能够进行法庭辩论的政治环境是在"民主化"之后的 20 世纪 90 年代前半期才开始具备的，围绕社会救助的法庭辩论也是在 20 世纪 90 年代以后，因此给付水平的上升在时间上要比日本晚。[②] 1993 年 2 月成立的韩国社会政策学会会长宋多英教授、1989 年 3 月成立的韩国社会福利专门要员同友会（现韩国社会福利行政研究会）会长金镇学、1989 年成立的韩国保健社会研究院[③]博士朴胜日及 1994 年成立的参与连带在 1994 年发起的法庭辩论开始之后，韩国生活保障的给付水平不断上升（김진학，2017）。[④] 可以说，无论是日本还是韩国，作为法庭辩论的成果，社会救助的给付水平都得到了提高。

四、结语

从 2000 年以来日本社会救助的变化来看，可以发现以下几个特征：

第一，尽管日本经济低迷，但没有减少原本应与普通家庭的消费水平联动减少的生活补助，而且在社会保障审议会关于生活保障理想状态专门委员会报告书（2004 年 12 月）之后，扩大了《生活保护法》的范围，扩大了对单亲家庭的给付，增加了自立支援等制度。

---

① 我们可以通过收入数据和消费数据来推算出贫困阶层的规模，并主张"与贫困阶层的规模相比，领取率较低"。但在领取率方面，也有一些人本身不愿意申请和享受生活保障待遇，因此在法庭上很难将其归结为"政府的过错"。

② 在韩国，与社会福利相关的社会运动出现真正的变化是在 1989 年创立经济正义实践市民联合及 1994 年创立参与连带等民主化运动以后（이영환，2005）。

③ 韩国保健社会研究院是韩国的国策研究所。韩国政府将计划生育研究院（1971 年成立）和韩国保健开发研究院（1976 年成立）进行合并，于 1981 年成立了韩国人口保健研究院。之后，在此基础上融合了保健社会部社会保障审议委员会的研究职能，于 1989 年成立了韩国保健社会研究院。韩国保健社会研究院于 1999 年根据《关于政府出资成立、运营及扶持研究机构等的法律》，被移交给了国务协调室。

④ 在韩国，《生活保护法》（1961~1999 年）时期的给付水平非常低。另外，在"设施保护""住房保护""自立保护"等社会保护分类中，"自立保护"并不是支付生活补助的事业。在韩国，实行《生活保护法》的时候只是略微提高了给付水平。但是，韩国通过 1994 年的法庭辩论、1996 年 11 月参与连带请求修改《生活保护法》，以及制定《国民基本生活保障法》的运动，大幅提高了给付水平。

第二，与韩国一样，日本提高了扶贫政策的可及性。韩国在 1999 年制定《国民基本生活保障法》后，于 2014 年通过了补助给付的"分项化"，使医疗补助、教育补助、住房补助等比以前更容易获得。日本虽然没有对生活保障本身做出改变，但在《生活困难者自立支援法》中加入了"确保居住困难户补助金"。此外，日本和韩国都扩大了对社会救助制度本身及其关联部门对于自力更生项目给予的支援，扩大了对有劳动能力者的支援。韩国在制定《国民基本生活保障法》后，全面开展了自立支援事业（자활사업），实施了雇佣劳动部的"就业成功一揽子计划"（취업성공패키지사업）和保健福利部的"希望再生事业"（희망리본사업）①。日本也在《生活保护法》中强化工资所得税减免及就业自立补助金的同时，引进了《求职者自立支援法》和《生活困难者自立支援法》。

第三，日本最近的变化与韩国有所不同。一方面，与韩国相比，日本最近的变化是渐进式的。韩国不仅在 1999 年废除了原有的《生活保护法》，制定了《国民基本生活保障法》，而且还在 2014 年修订《国民基本生活保障法》之际进行了改革，将生计补助、医疗补助、住房补助、教育补助等领取条件从绝对标准改为相对标准，并且将住房补助的领取条件放得更宽，不限于生计补助的领取条件，实现了所谓的"补助分项化"。也就是说，2014 年《国民基本生活保障法》的修订，将原本只是作为生计补助的附加补助的住房补助和教育补助从生计补助中分离了出来，使其成为单项补助，可以让申请人在以比生计补助申领条件更宽松的条件下单独领取。另一方面，日本并不像韩国的变化那样剧烈，而是逐步进行扩充，如对流浪者实行生活保障，对有劳动能力者实施就业援助、暂停关联降低生活补助的福利、恢复妇幼补助等。如前文所述，这可能是由于 1946 年制定的《生活保护法》本身已是一部具有前瞻性的法律的结果。

第四，日本在制度变化的形式上也与韩国不同。至少就社会救助本身而言，韩国法律层面的重大修改比较明显，而日本的情况则是通知层面的变化比较明显。也就是说，韩国在法律层面发生了很大的变化，如 1999 年制定了《国民基本生活保障法》和 2014 年修订了《国民基本生活保障法》等；而日本则是在维持《生活保护法》框架的同时，主要从通知层面对制度的运行做出调整。当然，如果把目光放在《生活保护法》之外，日本也

---

① 后被并入"就业成功一揽子计划"中。

发生了法律层面的变化，如制定了《求职者自立支援法》《生活困难者自立支援法》等。此外，"通知"在日本生活保障行政中的影响力可能要比法律层面的微小变化大得多。不过，在国外研究者看来，日本制度的变化要更复杂，这可能是法律层面的变化所难以把握的。

参考文献

[1] 阿部彩（2008）子どもの貧困：日本の不公平を考える．东京：岩波书店．

[2] 李惠炅（2006）現代韓国社会福祉制度の展開：経済成長，民主化，そしてグローバル化を背景にして．武川正吾、李惠炅（編），福祉レジームの日韓比較—社会保障・ジェンダー・労働市場（pp. 41-70）．东京：东京大学出版会．

[3] 岩田正美（2004）誰がホームレスになっているか？—ポスト工業社会への移行と職業経験等からみたホームレスの3類型．日本労働研究杂志，528，pp. 49-58.

[4] 岩田正美（2007）現代の貧困．东京：筑摩书房．

[5] 岩田正美（2013）生活保護法の一部改正案．を考える．SYNODOS（2013.6.4）. https：//synodos. jp/welfare/4302．

[6] 岩田正美（2017）貧困の戦後史：貧困の「かたち」はどう変わったのか．东京：筑摩书房．

[7] 埋桥孝文（1999）公的扶助制度の国際比較：OECD24カ国のなかの日本の位置（特集1：福祉施策の国際比較）．海外社会保障研究，127，pp. 72-82.

[8] 大竹文雄，斎藤诚（1999）所得不平等化の背景とその政策的含意：年齢階層内効果，年齢階層間効果，人口高齢化効果 季刊社会保障研究，35（1），pp. 65-76.

[9] 大友信胜（1987）提起 なぜ生活保護率は高いのか-筑豊の生活実態調査から（同和地区の生活保護をめぐって<特集>），部落，39（6），pp. 15-23.

[10] 金秀显（2016）韓国の住宅政策と居住福祉政策．全泓奎（編），包摂都市を構想する：東アジアにおける実践（pp. 54-65）．京都：法律文化社．

[11] 金成垣（2016）福祉国家の日韓比較：「後発国」における雇用保障・社会保障．东京：明石书店．

[12] 金渊明（2005a）韓国の福祉政治：その特徴と変化．武川正吾，金渊明（編），韓国の福祉国家・日本の福祉国家（pp. 128-156）．东京：东信堂．

[13] 金渊明（2005b）東アジア福祉レジーム論の再検討：福祉レジーム比較の方法論的問題と東アジア福祉レジームの可能性．武川正吾，金渊明（編），韓国の福祉国家・日本の福祉国家（pp. 261-283）．东京：东信堂．

[14] 金渊明（2006）韓国における政治変動と年金改革．武川正吾，李惠炅

（编），福祉レジームの日韓比較—社会保障・ジェンダー・労働市場（pp. 97-119）．東京：東京大学出版会．

［15］木村孜（1981）生活保護行政回顧．東京：社会福祉調査会．

［16］五石敬路（2011a）現代の貧困 ワーキングプア：雇用と福祉の連携策．東京：日本经济新闻社．

［17］厚生省（1981）生活保護法の適正実施の推進について（1981年11月17日社保第123号）．

［18］厚生労动省（2013）生活保護制度の概要等について．第14回社会保障審議会生活保護基準部会（2013. 10. 4）資料2.

［19］厚生労动省社会福祉行政業務報告．

［20］厚生労动省被保護者全国一斉調査結果報告書（基礎調査）．

［21］厚生労动省被保護者調査．

［22］厚生労动省福祉行政報告例．

［23］斎藤純子（2013）公的家賃補助としての住宅手当と住宅扶助．レファレンス，平成25年12月号，pp. 1-26.

［24］里見賢治（2002）公的年金制度の動向と論点：社会保険方式から公費負担方式へ［特集日本の社会保障：動向と現在（2）］，大原社会问题研究所杂志，524，pp. 1-17.

［25］参议院（2003）参議院 第156回国会 厚生労働委員会 第2号 平成十五年三月二十日．

［26］篠崎武久（2014）金融危機後の日本の長期失業者．日本劳动研究杂志，56（10），pp. 17-30.

［27］下平好博（2006）日本における労働市場のサービス化とグローバル化：大阪を事例として．武川正吾・李惠炅（編），福祉レジームの日韓比較—社会保障・ジェンダー・労働市場（pp. 175-205）．東京：東京大学出版会．

［28］社会保障審議会生活困窮者自立支援及び生活保護部会（2017）生活保護制度の現状について．社会保障審議会生活困窮者自立支援及び生活保護部会第1回会議（2017. 5. 11.）資料4.

［29］众议院（2006）衆議院 第164回国会 厚生労働委員会 第8号 平成十八年三月十四日．

［30］菅沼隆，土田武史，岩永理惠，田中聡一郎（2018）戦後社会保障の証言：厚生官僚120時間オーラルヒストリー．東京：有斐閣．

［31］生活保護の動向編集委員会（2008）生活保護の動向 平成20年版．

［32］生活保護制度の在り方に関する専門委員会（2004）第11回生活保護制度の在り方に関する専門委員会（2004. 5. 18）資料．

［33］生活保護問題対策全国会議（2012）扶養義務と生活保護制度の関係の正しい理解と冷静な議論のために．（2012 年 5 月 30 日）．http：//seikatuhogotaisaku. blog. fc2. com/blogentry-36. html.

［34］副田义也（2014）生活保護制度の社会史 増補版．东京：东京大学出版会.

［35］武川正吾（2005a）日本の福祉レジーム：福祉政治・給付国家・規制国家．武川正吾，金渊明（编），韓国の福祉国家・日本の福祉国家（pp. 108-127）。东京：东信堂.

［36］武川正吾（2005b）福祉オリエンタリズムの終焉．武川正吾，金渊明（编），韓国の福祉国家・日本の福祉国家（pp. 54-76）。东京：东信堂.

［37］武川正吾（2012）政策志向の社会学：福祉国家と市民社会．东京：有斐閣.

［38］橘木俊诏（1998）日本の経済格差．东京：岩波书店.

［39］田畑洋一（1997）論評 生活保護の補足性とその課題．社会保障周刊，51，pp. 22-25.

［40］都留民子，下村幸仁（2004）失業者と生活保護：広島市の事例からの検討（特集生活保護「改正」を考える（4）），公的扶助研究，36，pp. 15-31.

［41］戸田隆一（1988）生活保護の実態と福祉事務所の課題（福祉の責任は誰に<特集>），月刊自治研，30（11），pp. 50-56.

［42］浜口桂一郎（2010）労働市場のセーフティーネット．労働政策レポート，7，劳动政策研究与研修机构.

［43］原昌平（2004）生活保護改革に求められるもの（特集 生活保護「改正」を考える（5）生活保護「改革」に何が求められているのか）．公共扶助研究，37，pp. 11-14.

［44］樋口美雄（2000）失業のセーフティ・ネットと雇用保険制度改革の方向．学術の動向，5（2），pp. 23-27.

［45］尾藤广喜（2000）今日の生活保護裁判の特徴と今後の課題：生活保護裁判勝利の国民的意義（特集 失業・貧困問題と社会福祉・社会保障の課題）．综合社会福利研究，16，pp. 28-41.

［46］菱川隆夫（2000）指導監査を通じて見た運営上の課題．生活と福祉，533，pp. 6-8.

［47］笛木俊一（1996）生活保護制度の歴史的推移に関する覚書：生存権原理と補足性原理の対抗関係の視点から．社会福祉研究，66，pp. 54-82.

［48］布川日佐史（2007）生活保護制度と社会的排除．家族社会学研究，18（2），pp. 37-46.

［49］布川日佐史（2010）最低保障改革の動向と自由：包摂の名による排除．宫本太郎（编），自由への問い2 社会保障：セキュリティの構造転換へ（pp. 102-120）.

东京：岩波书店.

［50］牧園清子（2013）生活保護の動向：2000 年以降の生活保護. 松山大学論集，第 24 卷 第 6 号，pp. 159-189.

［51］水内俊雄（2012）脱ホームレス支援から学ぶ日本型「社会住宅」の現状とその可能性：ポストホームレス自立支技法と住宅のナショナルミニマム（特集ホームレス自立支援法の10 年とこれから）. ホームレスと社会，5，pp. 63-72.

［52］宮本太郎（2008）福祉政治：日本の生活保障とデモクラシー. 东京：有斐阁.

［53］宮本太郎，Peng I. 埋桥孝文（2003）日本型福祉国家の位置と動態. Esping-Andersen，G.（編）転換期の福祉国家（pp. 295-336）. 东京：早稲田大学出版部.

［54］森健一（1957）現行生活保護への一試論东北学院大学论集，31，pp. 103-131.

［55］山县文治，柏女灵峰（2000 年）社会福祉用語辞典. 京都：ミネルヴァ書房.

［56］湯山篤（2021）「公的扶助改革と扶養義務—韓国の事例を参考にしつつ」『賃金と社会保障』No. 1776. pp. 58-67.

［57］アンビョンヨン（2000）国民基礎生活保障法の制定過程に関する研究. 行政論叢，38（1），pp.1-50. ［原題：안병영（2000）국민기초생활보장법의 제정과정에 관한 연구，행정논총，38（1），pp.1-50.］

［58］イゲス（1997）生活保護制度の発展方向. 産經研究，10，pp.257-283. ［原題：이계수（1997）生活保護制度의 發展方向. 産經研究，10，pp.257-283.］

［59］イゲタク（1994）我が国の生活保護事業の現況と改善課題. 地域福祉政策，8，pp.7-35. ［原題：이계탁（1994）우리나라 생활보호사업의 현황과 개선과제. 지역복지정책，8，pp.7-35.］

［60］イヒョンジュ（2006）日本公的扶助デリバリーシステムの動向と含意—統合サービスにむけた志向. 国際社会保障動向，2006冬号，pp.13-22. ［原題：이현주（2006）일본공공부 조전달체계의 동향과 함의：통합서비스를 위한 지향，국제사회보장동향，2006 겨울호，pp.13-22.］

［61］イヨンファン（2005）社会福祉運動の展開過程. イヨンファン（編）. 韓国の社会福祉運動，（pp.15-69）人間と福祉. ［原題：이영환（2005）사회복지운동의 전개과정. 이영환（편），한국의 사회복지운동（pp.15-69）. 서울：인간과 복지］

［62］キムギョソン（2010）OECD主要国の社会扶助制度. 保健福祉部・韓国保健社会研究院『国民基礎生活保障制度の過去、現在、未来』国民基礎生活保障制度 10 周年記念シンポジウム資料集（pp.44-59）. ［原題：김교성（2010）OECD주요국의 사회부조제도. 보건복지부・한국보건사회연구원，국민기초생활보장제도의 과거，현재，미래. 국민기초생활보장제도 10 주년 기념 심포지엄 자료집（pp.44-59）］

［63］キムジンハク（2017）生活保護対象者の生計給付違憲訴訟―我が国の社会福祉分野で最初の違憲訴訟（2017.1.31.）.韓国社会福祉士協会会長選挙候補サイト［原題：김진학（2017）생활보호대상자 생계급여 헌법소원 – 우리나라 사회복지분야 최초의 헌법소원–（2017.1.31.），한국사회복지사협회　회장선거후보　사이트］http://www.kimjinhak.com/default/comm/bbs02.php?com_board_basic=read_form&com_board_idx=91&&com_board_search_code=&com_board_search_value1=&com_board_search_value2=&com_board_page=&.

［64］キムテソン（2007）二つの例外的福祉システムの比較研究―韓国の福祉国家モデル探索.ソウル大学校出版部［原題：김태성（2007）두 개의 예외적인 복지체제 비교연구 : 한국 복지국가 모형의 탐색.서울 : 서울대학교 출판부.］

［65］グインフェ（2018）社会保障制度の基本構造.グインフェほか（編）アメリカの社会保障制度（pp.67-96）.韓国保健社会研究院・ナナム.［原題：구인회（2018）사회보장제도의 기본구조.미국의 사회보장제도（pp.67-96）.한국보건사회연구원・나남.］

［66］グインフェ・キムソヨン・湯山篤（2012）韓国と日本のホームレス問題の比較研究.経済と社会，96.pp.328-359.［原題：구인회・김소영・유야마쓰시（2012）한국과 일본의 노숙 문제 비교 연구，경제와 사회，96.pp.328-359.］

［67］五石敬路（2011b）日本の生活保護と生活保障.社会法研究，16，pp.93-111.［原題：고이시노리미치（2011b）일본의 생활보호와 생활보장，사회법연구，16.pp.93-111.］

［68］ジョンホンギュ（2004）日本のホームレス居住支援と民間の役割.都市と貧困，66.pp.47-79.［原題：전홍규（2004）일본의 홈리스 거주지원과 민간의 역할，도시와 빈곤，66.pp.47-79.］

［69］チョフンシク（2015）社会福祉政策の制度の変化と展望.キムビョンソプほか（編）.わが国の福祉国家の歴史的変化と展望（pp.96-125）.ソウル大学校出版文化院［原題：조흥식（2015）사회복지정책 제도의 변화와 전망.김병섭・강인철・김수현・김연명・김인숙・문진영・백종만・성경륭・양재진・이진석・이혜경・임채원・정광호・조흥식，우리 복지국가의 역사적 변화와 전망（pp.96-125）.서울 : 서울대학교출판문화원.］

［70］ノデミョン・イヒョンジュ・イムウアンソプ・ジョンジヒョン・キムグネ・パククァンジュン・五石敬路・Finn，D.Lunt・N.Hudson，J（2014）各国の公共扶助制度の比較研究―イギリス＆日本.世宗：保健社会研究院.［原題：노대명・이현주・임완섭・전지현・김근혜・박광준・고이시노리미치・Finn，D.・Lunt，N.・Hudson，J.（2014）각국 공공부조제도 비교연구 : 영국＆일본.세종 : 한국보건사회연구원.］

［71］パクヌンフ（2000）社会統合のための社会安全網構築.保健福祉フォーラム.2000年1月，pp.16-24.［原題：박능후（2000）사회통합을 위한 사회안전망의 구축，보건복지포럼，2000년 1월，pp.16-24.］

［72］保健社会部. 保健社会白書. ［原題：보건사회부 보건사회백서］

［73］保健福祉部. 国民基礎生活保障受給者現況（原題：보건복지부국민기초생활보장수급자현황）.

［74］ホンベギ（2005）我が国の高齢者の貧困の原因に関する研究. 韓国社会福祉学, 57（4）, pp.275–290［原題：홍백의（2005） 우리나라 노인 빈곤의 원인에 관한 연구. 한국사회복지학, 57（4）, pp.275–290.］

［75］ムンジンヨン（2008）A Study of the Enactment of National Basic Livelihood Security Act in Korea：with Special References to the Role of NGOs. 保健社会研究, 28（1）.pp.87–103.［原題：문진영（2008）A Study of the Enactment of National Basic Livelihood Security Act in Korea：with Special References to the Role of NGOs.보건사회연구, 28（1）, pp.87–103.］

［76］湯山篤（2009）国民基礎生活保障法の構築過程分析. 西江大学校大学院社会福祉学修士論文.［유야마쓰시（2009） 국민기초생활보장법의 구축과정분석.서강대학교 대학원 사회복지학 석사논문］

［77］湯山篤（2018）日本の低所得層の賃貸料補助. 国際社会保障レビュー, 5.pp.128–135.［原題：유야마쓰시（2018）일본의 저소득층 임대료 보조.국제사회보장리뷰, 5, pp.128–135.］

［78］湯山篤（2019）韓国と日本の公的扶助制度の変化過程比較研究—歴史的制度主義の観点から. ソウル大学校大学院社会福祉学博士論文［原題：유야마쓰시（2019） 한국과 일본의 공공부조제도 변화과정 비교연구 : 역사적 제도주의 관점에서.서울대학교 대학원 사회복지학 박사학위논문.］

［79］労働部（1996）労働白書1996年版. 原題：노동부（1996） 노동백서 1996 년판.］

［80］Eardley T, Bradshaw J, Ditch J, et al. Social Assistance in OECD Countries：Synthesis Report［R］. HMSO, 1996.

［81］Esping-Andersen G. The Three Worlds of Welfare Capitalism［M］. Princeton, NJ：Princeton University Press, 1990.

［82］Figari F, Matsaganis M, Sutherland H. Are European Social Safety Nets Tight Enough? Coverage and Adequacy of Minimum Income Schemes in 14 EU Countries［J］. International Journal of Social Welfare, 2013, 22（1）：3–14.

［83］Fleckenstein T, Lee S C. Democratization, Post–industrialization, and East Asian Welfare Capitalism：The Politics of Welfare State Reform in Japan, South Korea, and Taiwan［J］. Journal of International and Comparative Social Policy, 2017, 33（1）：36–54.

［84］Goodman R, Peng I. The East Asian Welfare States：Peripatetic Learning, Adaptive Change, and Nation-Building［M］//Esping-Andersen G. Welfare States in Transition：National Adaptations in Global Economies. NY：SAGE，1996.

［85］Gough I. Social Assistance Regimes：A Cluster Analysis［J］. Journal of European Social Policy，2001，11（2）：165-170.

［86］Guibentif P，Bouget D. Minimum Income Policies in the European Union［M］. Lisbon：European Commission，1997.

［87］Holliday I. Productivist Welfare Capitalism：Social Policy in East Asia［J］. Political Studies，2000，48（4）：706-723.

［88］Holliday I，Wilding P. Conclusion［M］//Holliday I，Wilding P. Welfare Capitalism in East Asia：Social Policy in the Tiger Economies. Basingstoke：Palgrave Macmillan，2003.

［89］Immervoll H. Minimum-Income Benefits in OECD Countries：Policy Design，Effectiveness and Challenges［R］. OECD Social Employment and Migration Working Papers，No. 100，2010.

［90］Immervoll H，Jenkins S，Königs S. Are Recipients of Social Assistance "Benefit Dependent"？Concepts：Measurement and Results for Selected Countries［R］. OECD Social，Employment and Migration Working Papers，No. 162，2015.

［91］Jessoula M，Kubisa J，Madama I，et al. Understanding Convergence and Divergence：Old and New Cleavages in the Politics of Minimum Income Schemes in Italy and Poland［J］. Journal of International and Comparative Social Policy，2014，30（2）：128-146.

［92］Korpi W，Parme J. The Paradox of Redistribution and the Strategy of Equality：Welfare State Institutions，Inequality and Poverty in the Western Countries［J］. American Sociological Review，1998，63（5）：661-687.

［93］Kvist J，Fritzell H，Hvinden B，et al. Changing Social Equality：The Nordic welfare Model in the 21st Century［M］. The Policy Press：Bristol，2012.

［94］Kwon H-J. Beyond European Welfare Regimes：Comparative Perspectives on East Asian Welfare Systems［J］. Journal of Social Policy，1997，26（4）：467-484.

［95］Matsaganis M，Ferrera M，Capucha L，et al. Mending Nets in the South：Anti-poverty Policies in Greece，Italy，Portugal and Spain［J］. Social Policy and Administration，2003，37（6）：639-655.

［96］Park B H. The Development of Social Welfare Institutions in East Asia：Case Studies of Japan，Korea，and the People's Republic of China，1945-1989［D］. Philadelphia：School of Social Work，University of Pennsylvania，1990.

［97］Rat C. The Impact of Minimum Income Guarantee Schemes in Central and Eastern Europe［M］//Cerami A，Vanhuysee P. Post-communist Welfare Pathways：Theorizing Social

Policy Transformations in CEE. Basingstoke: Palgrave Macmillan, 2009.

[98] Wang J, Van Vliet O. Social Assistance and Minimum Income Benefits: Benefit Levels, Replacement Rates and Policies Across 33 Countries, 1990 – 2009 [J]. European Journal of Social Security, 2016, 18 (4): 333–355.

韩国的反贫困政策

金贤京（韩国保健社会研究院）

一、引言

2020 年，韩国的代表性反贫困政策——国民基本生活保障制度迎来了施行的第二十个年头。在经历 1950 年朝鲜战争这一近代史上的重大事件后，韩国出于救助战争受害者的考虑，在国家层面出台了反贫困政策。该政策从最初的生活保障制度逐渐演变为一项国民基本生活保障制度，其地位和作用也得到了不断的发展和强化；政策对象则从战争受害者这一有限的群体逐渐扩大到老人、儿童、残疾人，进一步到有劳动能力的人群，保障内容从生活援助逐步扩展到医疗、住房、教育、就业等所有基本生活领域；且公共救助的政策性质也从"施予"的层面转变为明确的"最低生活保障国家负责"和"合法的社会福利权利"（김민곤等，2018），经历了现代化的制度发展史。此外，随着公共救助制度的不断发展，制度的范围也越来越宽泛，引入了基础年金、儿童津贴等各类津贴补助，以及以劳动贫穷层为救助对象的劳动所得子女专项税收优惠等收入支持的制度。

与其他国家一样，韩国的反贫困政策也随时代和环境的变化而变化，国家负有低保兜底责任的"贫困群体"也在不断发生变化。如何确定反贫困政策的对象？如何保障他们的生活？要保障到什么程度？相关的政策也在持续的讨论中不断变化和发展。从难以靠自己维持生计的儿童、老人和残疾人，到未来劳动力市场上面临不确定性的劳动贫困层，改变政策保护对象的时代呼声愈发高昂。尤其是，2020 年暴发的新冠疫情给整个经济和社会带来了危机，关于反贫困政策究竟应该"为谁"提供"怎样"的保护，国内外的相关争议更是不断发酵，这就需要更加审慎、精巧的制度设计。

因此，本文旨在探究韩国反贫困政策的现状，包括其政策内容、成果和挑战，并在此基础上为制度的发展提供参考。第二节主要考察了韩国国民基本生活保障制度这一代表性的公共救助制度，以及因就业危机、2020年经济危机而备受关注的劳动贫困层及相关政策。第三节对以上制度的成效展开分析，并提出政策改革的方向。

二、韩国主要的反贫困政策

（一）国民基本生活保障制度

国民基本生活保障制度（以下简称"基本生活保障制度"）是韩国反贫困政策的基础，该项公共救助政策旨在保障最低生活标准以促进自力更生，主要向符合一定标准的贫困人口提供包括生活救助、医疗救助、住房救助、教育救助等在内的各种现金和实物福利。以下将对基本生活保障制度的出台及主要变化、现行制度的政策内容及改革方向进行探讨。

1. 国民基本生活保障制度的出台及主要变化

自1961年出台生活保障制度以来，韩国的公共救助制度主要经历了三次重大变化：1982年对生活保障制度做了全面修订，1999年出台了基本生活保障制度，2015年开始实施定制型（针对型）的基本生活保障制度（김미곤等，2018）。

生活保障制度制定于1961年12月30日，自1962年1月1日开始施行，其保障对象为"65岁以上的老年人，18岁以下的儿童，孕产妇，因疾病、事故而丧失劳动能力的人，或因残障而不具备劳动能力的人"（生活保护法第3条，保障对象范围），旨在"为没有维生能力或生活困难的群体提供必要的保护，保障其最低生活水平并促进自力更生，以为社会福利的形成做出贡献"（生活保护法第1条，目的）（이태진等，2020）。① 然而，有评价认为生活保障制度未能提供足够的公共救助，故而在1982年对该项制度进行了全面修订（김미곤等，2018）。1982年对生活保障制度的全面修订旨在通过夯实公共救助的保障，引入能促进贫困群体自食其力的自立保护

---

① 《生活保护法》，2021年1月21日访问网页：http://www.law.go.kr/lsInfoP.do? lsiSeq = 1063#0000。

制度，但该自立保护制度对于拥有劳动能力但因失业等故致使生活陷入困难的人（自立保护对象）却并不提供生活补助（김미곤等，2018）。这就导致了在1997年和1998年爆发经济危机之际引发的大规模失业，以及随之而来的贫困问题不断扩散，而生活保障制度并未能针对这一问题发挥积极有效的作用。

为了帮助1997年末至1999年经济危机期间新增的贫困人口和失业者稳定生活，韩国出台了基本生活保障制度。基本生活保障制度与生活保障制度都是补缺型和选择型的福利制度，但基本生活保障制度的对象范围和救助种类都有大幅拓展（김미곤等，2018）。按照新制度的规定，如果家庭收入和财产收益这两项收入认定额（소득인정액，即收入评估值+财产收益换算值）没有达到国家规定的最低生活费标准，但满足赡养义务人的标准时，即可成为基本生活保障制度的受益对象，有资格享受生活、医疗、自立、教育、生育、丧葬和住房七种类型的保障。不过，为了促进有劳动能力的政策对象积极就业并退出保障队伍，该制度也同时规定了有劳动能力的政策对象领取生活救助的条件，即必须参加针对其制定的自立项目或是接受相关自立工作（이태진等，2020）。然而，严格的评定标准和运作造成的政策死角和贫困陷阱等问题（김미곤等，2018）仍有待解决。

2015年7月，基本生活保障制度的支付体系调整为定制型（针对型），从而制度结构发生了重大变化，从"综合兑付体系"转变为"分项兑付体系"，如图1所示。按照此前的"综合福利"制度设计，一旦被评定为政策保障对象即有资格享受所有类型的救助；但在改革后的"分项福利"中，政策对象将根据实际情况分别获得生活救助、医疗救助、住房救助和教育救助等几项代表性的福利支援，受益对象的评定标准和评选层次更加多样化，同时运营主体也出现了分离（김미곤等，2018）。改革之前，政策对象的评定是以最低生活费用为标准；改革之后则使用中位收入标准的一定比例确定相对贫困线，并以不同的相对贫困线为标准确定相应的政策受益对象（이태진等，2020）。中位收入标准是指国民家庭收入的中位数［修订法第二条（定义）第11项］，当收入认定额低于标准收入中位数的30%时可享受生活救助，低于40%时可享受医疗救助，低于43%时可享受住房救助，低于50%时可享受教育救助（保健福祉部，2020）。

图2显示了自2000年10月开始实施国民基本生活保障制度以来，政策内容和政策对象规模的主要变化。为了拓宽政策覆盖面，基本生活保障制

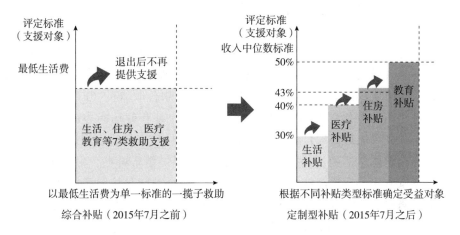

图1　2015年7月定制型（针对型）分项兑付福利改革概念

资料来源：保健福祉部（2017）。

度不断放宽赡养义务人的认定标准，并在将家庭资产换算为收入时降低了用于换算的财产所得换算率、提高了可扣减的基本财产金额（이태진等，2020）。

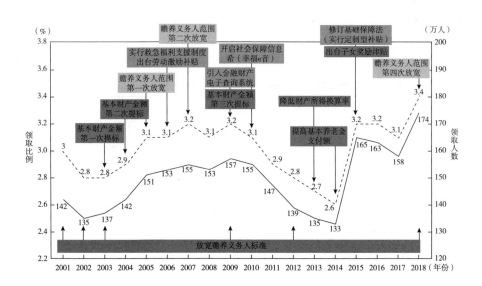

图2　国民基本生活保障制度的出台及变化

资料来源：이태진等（2020）。

2. 国民基本生活保障制度的主要内容及保障类型①

基本生活保障制度主要包括生活、医疗、住房和教育等保障内容，鉴于医疗保障主要是为达成医疗目的而提供实物福利，本部分主要对生活、住房和教育救助的福利内容加以解说。生活救助旨在通过提供生活费现金补贴来保障生计，现金补贴的数额为国民标准中位收入的30%与家庭收入认定额之间的差额；有条件的生活救助则是针对有劳动能力的受益对象，他们必须先参加自立项目才能领取生活救助。住房支持旨在保障住房稳定，该项补贴具体包括两类，一类是为房屋租户提供租金补贴，另一类是为自有房屋家庭提供修缮养护费用补贴。其中，租金补贴是按照居住地区②和家庭人口数量计算标准租金，并以此为上限进行不超过实际租金的补贴。修缮养护费则视住宅的老化程度，提供粉刷、采暖改造、屋顶维修等多项修缮补贴。教育补贴旨在为基本生活保障的领受人提供适当的教育机会，为领受家庭就读小学、初中、高中的子女提供入学金、学费、教材、教辅、学习用品等实物或现金支援。自2015年基本保障制度调整为定制型（针对型）补贴体系以来，生活补贴受益人的评定标准从2016年标准中位收入的29%提高至2019年的30%；住房补贴由2018年的43%提高至2019年的44%，2020年再提高至45%；教育补贴保持在50%。表1显示了不同年份各保障类型的评定标准所采用的标准中位收入的对应比例与金额，表2显示了住房补贴和教育补贴水平的逐年提升情况。

表 1　基本保障制度受益对象评定标准的变化（以 1 人家庭为准）

年份	标准中位收入的对应比例（%）			绝对数额（韩元/月）		
	生活补贴	住房补贴	教育补贴	生活补贴	住房补贴	教育补贴
2016	29	43	50	471201	698677	812415
2017	30	43	50	495879	710760	826465
2018	30	43	50	501632	719005	836053
2019	30	44	50	512102	751084	853504
2020	30	45	50	527158	790737	878597

资料来源：韩国保健福祉部各年度《国民基本生活保障事业指南》。

---

① 保健福祉部（2020）。

② 1级地区为首尔，2级地区为京畿/仁川，3级地区为广域市/世宗，4级地区为其他地市。

表2　基本保障制度中住房补贴与教育补贴的水平　　　　单位：韩元

年份	住房补贴　租金补贴 标准租金（以2级 地区1人家庭为准）	教育补贴		
		辅助教材费	学习用品费	教材费
2016	174000	（小）每年1次　39200 （中）每年1次　39200	（中）每年2次　53300 （高）每年2次　53300	（高）每年1次　131300
2017	178000	（小）每年1次　41200 （中）每年1次　41200 （高）每年1次　41200	（中）每年2次　54100 （高）每年2次　54100	（高）每年1次　全部
2018	187000	（小）每年1次　66000 （中）每年1次　105000 （高）每年1次　105000	（小）每年2次 50000 （中）每年2次 57000 （高）每年2次 57000	（高）每年1次　全部
2019	201000	（小）每年1次 132000 （中）每年1次 209000 （高）每年1次 209000	（小）每年1次 71000 （中）每年1次 81000 （高）每年1次 81000	（高）每年1次　全部
2020	225000	（小）每年1次 134000 （中）每年1次 212000 （高）每年1次 339200	（小）每年1次 72000 （中）每年1次 83000 （高）每年1次 83000	（高）每年1次　全部

资料来源：김현경等（2020）。

　　当一个家庭的收入认定额低于各保障类型的评定标准，且满足赡养义务人的条件时，便可被纳入受益对象。收入认定额是收入评估值和财产收益换算值的总和，其中，收入评估值是综合考虑家庭收入和不同家庭特征下的支出因素及劳动所得抵免额之后的金额，具体通过从实际收入（劳动收入、事业收入、财产收入、私人转移收入、赡养费、公共转移收入等）中扣减不同家庭特征下的支出费用和劳动所得抵免额后计算得出；财产收益换算值是从家庭的一般性财产和金融财产等中扣减基本财产金额后，按照不同财产类型所适用的不同换算率（住房类财产为每月1.04%，一般性财产为每月4.17%，金融财产为每月6.26%，汽车为每月100%）计算得出的数值。

　　近年来，为了扩大基本生活保障制度的包容性和普惠性，收入认定额涉及的各项要素均得到了稳步放宽，具体内容如下：2020年，生活、住房、教育补贴领取者的劳动所得抵免额提高至劳动和事业收入的30%；财产收入换算时扣减的基本财产金额从 2019 年的大城市 5400 万韩元、中小城市 3400 万韩元、农渔村 2900 万韩元分别提至 2020 年的 6900 万、4200 万、3500 万韩元；住房类财产的限额也有所放宽，2019 年为大城市 1 亿韩元、中小城市 6800 万韩元、农渔村 3800 万韩元，到 2020 年分别提至 1.2 亿、9000 万和 5200 万韩元（见表 3）。

表 3 基本财产金额及住房用财产限额的上调

年份	基本财产金额（韩元）			住房用财产限额（韩元）		
	大城市	中小城市	农渔村	大城市	中小城市	农渔村
2019	5400 万	3400 万	2900 万	1 亿	6800 万	3800 万
2020	6900 万	4200 万	3500 万	1.2 亿	9000 万	5200 万

资料来源：김현경等（2020）。

赡养义务人的标准也在持续放宽。关于生活补贴领取的抚养义务人标准，2017 年 11 月指出，若补贴领取人家庭和赡养义务人家庭中包含老年人或重度残疾人，因不具有抚养能力而将不再适用抚养义务人标准。这就使老龄子女赡养高龄父母的"老—老赡养"及残疾人家庭成员抚养残疾人的"残—残抚养"两大代表性群体成为受益对象。2018 年，住房补贴的抚养义务人标准被取消。2019 年和 2020 年，若赡养义务人家庭中包含老年人或重度残疾人、补贴领取对象家庭中包含重度残疾人，因不具有抚养能力而将不再适用生活补贴的抚养义务人标准。2021 年，老年人家庭和单亲家庭在领取生活补贴时也不再适用抚养义务人标准。韩国拟于 2022 年全面取消该项标准，以将所有家庭纳入保障范围（관계부처합동，2020）。

此外，2020 年 8 月发布的第二次基本生活保障整体计划（관계부처합동，2020）表示将强化保障措施，进一步减少保障死角，持续提升补贴水平。为提升住房补贴水平，该计划研究提出了将住房补贴的评选标准提高至标准中位收入 50%的方案，并提出分阶段提高住房补贴标准租金、对19~29岁的年轻人家庭单独提供住房补贴的计划。同时，考虑单人家庭的增加，为了加强对 1 人户的支持效果，分阶段修订调整家庭均等化指数，并将标准中位收入的统计测算数据从现有的家庭经济情况调查（统计局）变更为家庭金融福利调查，如表 4 所示。

表 4　基本保障制度家庭平均化指数修订方案

区分	1 人家庭	2 人家庭	3 人家庭	4 人家庭	5 人家庭	6 人家庭	7 人家庭
现行	0.370	0.630	0.815	1	1.185	1.370	1.556
调整后	0.400	0.650	0.827	1	1.159	1.307	1.447

资料来源：관계부처합동（2020）。

（二）面向劳动贫困层的反贫政策

本部分将主要对以有劳动能力的贫困阶层为对象的自立项目、计划于2021 年施行的国民就业援助制度和以就业困难群体为对象的劳动所得税抵免制加以介绍。

1. 自立项目

自立项目是以低收入群体为对象，旨在通过增强低收入群体的就业意愿和就业能力，帮助他们自立，从而使他们积极主动地克服贫困问题。自 20 世纪 90 年代末的金融危机以来，大规模的失业及企业倒闭导致有劳动能力者的贫困问题持续恶化，韩国因此制定了《基本生活保障法》，无论是否具有劳动能力，只要收入低于最低生活费用的人均属于该项制度的保障范围，并可领取最低生活保障。2000 年，自立项目正式制度化。按规定，具有劳动能力的基本生活保障受助者（有条件的受助者）需首先参加自立项目，才能申领生活补贴（정해식等，2020）。同时，自立项目不仅为有劳动能力的有条件受助者提供支援，而且也为有就业意愿的受助者及潜在的保障对象和边缘群体提供工作岗位和个案管理等自立援助，以促其脱贫，并激发其社会成员意识。可以说，自立项目在其中发挥了社会安全网的作用（정해식等，2019）。

自立项目主要包括直接提供工作岗位的自立劳动项目、劳动部主管就业援助项目中的就业成功一揽子计划[①]，以及资产形成援助项目。自立劳动主要向有条件的生活补贴领受者或有就业意愿的一般受助者及收入中位数50%以下的潜在保障对象等提供自立劳动事业团的就业机会。就业成功一揽子计划主要向标准中位收入 120%以下家庭的成员提供名为"参与津贴"的现金支持和就业援助服务，以帮助他们获得市场就业机会。自立项目的主要内容如表 5 所示。

---

① 此后整合为国民就业援助制度。

表5　自立项目的主要内容

	直接提供工作岗位	资产形成援助项目	就业援助项目（劳动部）
类型	自立劳动	希望再生（Ⅰ·Ⅱ）、希望再生（创造明天）存折、青年希望、青年储蓄账户	就业成功一揽子计划Ⅰ
援助对象	- 生活补贴受助者（有条件的受助者） - 一般受助者、潜在对象（收入中位数50%以下有就业意愿者）	在一般市场工作的受助者及潜在对象（收入中位数50%以下的家庭）	标准中位收入120%以下
项目内容	- 加入自立劳动事业团	当在职的受助者及潜在对象每月储蓄一定金额时，如退出保障申领，即可得到政府补助金的匹配与积累	就业诊断、提升意向→培养专业技能→介绍岗位提供阶段性定制型综合就业援助服务
2019年业绩	49000人	14000人	103000人
2020年目标	58000人	31000人	200000人
激励方案	- 自立成果补贴，最高70万韩元/月 - 希望再生（创造明天）存折支援 - 初创自立企业支援	以3人家庭3年为基准，储蓄累积平均为1700万韩元	参与津贴：25万~40万韩元/月 就业成功最高补150万韩元
基础设施	- 250个地区自立中心（市、郡、区单位/指定）	- 地方自治团体、韩国自立福利开发院	- 102所就业中心 - 417所民间委托机构
开始时间	2000年	2010年	2009年

资料来源：정해식等（2020）。

如图3所示，截至2019年末，参加以上三种自立项目的对象约有205000人，其中，自立劳动的参加者（含自立企业）达48903人，占全部自立项目参加者的23.9%。这其中，以参加自立劳动为申领条件的生活补贴领取者共3.5万，占全体生活补贴领取者（约123万人）的2.9%，占有劳动能力的受助者（约15万人）的24.3%。

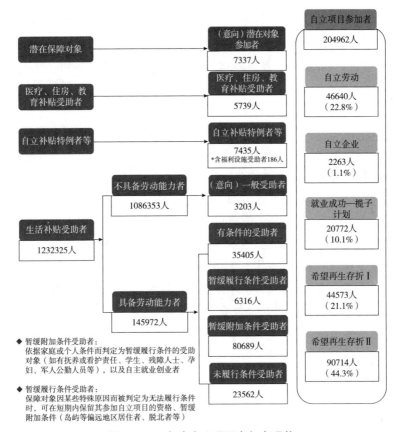

图 3　2019 年末自立项目参加者现状

注：具有劳动能力参加者的分类标准：

（1）有条件的受助者：具有劳动能力、在参加自立项目后领取生活补贴的受助者。

（2）暂缓履行条件受助者：有条件的受助者因某些特殊原因而被判定为无法履行附加条件时，在短期内保留参与自立项目资格的对象（岛屿偏远住户受惠者，脱北者，应考生，20 岁以上的小、初、高在校学生等）。

（3）暂缓附加条件受助者：由于家庭或个人条件而难以参加自立项目的对象（以下皆属于此对象：①需要抚养和监护护理未入学子女或病患、伤者的家庭成员；②大学生；③残疾人；④孕妇；⑤社会服务员等正在履行法律义务者）、通过劳动或就业每月收入超过 90 万韩元者、由于环境的变化而被判定需要时间来适应的对象（限期 3 个月）、被保健福祉部部长认定难以通过参加自立项目而获取生活补贴的对象。

（4）未履行条件受助者：未响应市、郡、区或自立项目实行机构的自立支援计划约谈邀请者，未达到自立项目最少参加时间者。

资料来源：정해식等（2020）。

自立项目帮助处在恶劣环境中的劳动贫困层通过就业实现自立，加入自立项目的保障对象从 2016 年末的 49870 人增至 2019 年的 59859 人。与此同时，自立项目也保障了具有劳动能力的受助者的劳动权利，并为他们提供了稳定的工作岗位，截至 2020 年，共有 1849 人进入 1211 家自立企业工作。

不过，由于自立能力较弱者就业能力也相对不足，所以，随着这类自立项目保障对象的增加，退出保障的申领者往往很有限。在全部的退出领取者中，有劳动能力的受助者所占的比例呈下降趋势，从 2016 年的 46.9% 下降到 2019 年的 44.2%。这是因为，一方面，劳动部主导的就业成功一揽子计划实施了 "就业优先支持项目"，并以自立能力较弱者为优先帮扶对象，促进他们加入自立就业。自立就业的补贴价如表 6 所示。另一方面，由于加入自立劳动的吸引力较低，部分具有劳动能力的保障对象积极性不高，从而出现了违约逃避自立劳动的现象。而参加自立劳动的补贴在降低，违约赔付的损失也较低，因此，放弃申领生活补贴，也不再履行参加自立项目条件的人数出现了猛增。如何提升自立项目的吸引力、提高参与的积极性成了一大课题（정해식等，2020）。

表 6　自立就业的补贴价

类别	2019 年补贴价（韩元/天）	2020 年补贴价（韩元/天）	增长率（%）	标准月收入（韩元）
市场准入类（福利/自立项目帮工类、实习类）	49440	52110	5.1	1354860
社会服务类（社会福利设施帮工类）	42790	45120	5.4	1173120
维持就业类	23970	24810	3.5	645060
实际费用	4000	4000	—	—

资料来源：保健福祉部（2020a）。

2. 国民就业援助制度

国民就业援助制度也被称为韩国型的失业救助制度，该制度于 2021 年首次实施。为了应对因失业而带来的收入损失等风险，韩国已经建立了就业保险这一制度安全网，且在持续扩大其保障范围，但仍有一些应得到保护的对象未能被覆盖到，解决这些盲点问题依旧是就业保险制度所面临的一项重大课题。特别是对于低收入家庭的就业者而言，他们很可能会因为缴费年限的原因而无法获得就业保险所能提供的保障。因此，社会需要为处于就业保险保障盲区的劳动者提供保护，通过就业服务和现金救助来帮助这些劳动者实现更好就业并自力更生的制度就十分必要。也就是说，迫切需要强化面向无法获得失业救助的那些失业者的消极的劳动力市场政策。因此，韩国社会针对这一问题开展了有关韩国型失业救助的讨论，即主要针对未加入就业保险或不符合失业救助领取条件的求职者的政策。

2021 年 1 月 1 日开始实行的国民就业援助制度是以"关于求职者就业促进和生活保障援助的法律"为基础的。顾名思义，该制度的首要目的是提供就业援助服务，并为低收入的求职者提供现金收入援助。制度运行上主要包括以下几方面内容：①加大对低收入群体的收入援助力度；②充实就业援助服务；③确保落实求职活动；④整合现有就业援助服务①。该制度的主要功能是提供就业援助服务，正如前文所述，出于强化消极的劳动力市场政策的需求，韩国开始了对失业救助的相关讨论；而相比此前的就业援助服务，该制度的区别主要在于加大了现金补贴。具体来看，新制度向低收入的求职者发放了 50 万韩元的求职激励补贴，为期 6 个月，以保障低收入群体在找工作期间的基本生活，这也是制度最大的变化。现有的就业服务主要集中在职业培训上，新制度针对这一问题做了补充和完善，要求充实就业援助服务和确保落实求职活动；此外，还将依据每一个求职者的就业难点提供个性化的就业援助服务，规定领取现金补贴的求职者有义务参加求职活动并加强监管，对不履行义务的求职者可限制发放补贴。最后，现有的"就业成功一揽子计划"和青年求职补助金制度是为参加职业培训提供现金补贴，带有求职补贴的性质；国民就业援助制度则是对这两项制度进行了整合，同时提供现金补贴和就业服务，从而确立了包含消极的劳动力市场政策性质在内的、具有代表性的积极的劳动力市场政策。

新制度的援助对象包括求职青年、长期失业者、经历过职场断层的女性、低收入的求职者，以及从事特殊劳动的工作者等就业弱势群体，根据家庭收入区分为不同的援助类型，其援助内容也相应有所不同，如表 7 所

---

① https://www.work.go.kr/kua/intro/kuaIntro.do.

示。低收入家庭成员属于Ⅰ类援助对象，可同时获得"求职激励补贴"和"就业援助服务"。家庭收入在中位数的50%以下、家庭财产不超过3亿韩元、本人在最近两年内有过100天或800小时以上的工作经历，且个人收入也在标准中位收入的50%以下的求职者即有资格申请该种类型的援助。

表7 国民就业援助制度的类型与资格要求

Ⅰ类	Ⅱ类（现有就业成功一揽子计划）
（1）资格审查型：15~69岁求职者中满足以下要求者：①家庭收入在中位数50%以下；②家庭财产在3亿韩元以下；③本人近两年内有100天/800小时以上的就业经历。 （2）选定型：资格审核类型中就业经历不符合者（另，18~34岁青年人的收入在中位数的120%以下）	（1）低收入群体：在收入中位数60%以下的15~69岁特定群体、月收入在250万韩元以下的特殊劳动从事者及小个体户等。 （2）青年人：18~34岁

资料来源：雇佣劳动部（2020）。

3. 劳动所得税抵免制

劳动所得税抵免制（Earned Income Tax Credit，EITC）即向有工作但收入低、生活困难的劳动者、经营者或宗教人士家庭提供劳动奖励，以此鼓励就业并支持实际收入的制度，具体依据家庭成员的构成及其劳动收入、事业收入和宗教收入的水平计算劳动所得税的抵免额。该项制度旨在激励就业，随着收入增加到一定水平，也就是说，工作越多时，劳动抵免的金额也会随之增加，从而达到制度设计的初衷。[①] 韩国于2009年首次实行劳动所得税抵免制，从2013年到2017年，共向909万个家庭支付了64385亿韩元的劳动奖励金（包括子女津贴）。[②]

劳动所得税抵免制是唯一给有工作但收入低的低收入家庭提供现金支持的制度。虽然有工作的贫困群体可以有条件地通过基本生活保障制度获得生活补贴，但能享受制度保障的劳动年龄群体所占的比例极低。如果是处于失业状态时，他们可以领取失业救济，或者通过新出台的国民就业援助制度获得现金补贴。因此，对劳动贫困群体而言，劳动所得税抵免制可以说是唯一可普遍获得现金给付的制度。韩国的社会安全网如图4所示。

---

① 《劳动所得税抵免与子女补贴指南》（手册）。

② https：//www. korea. kr/special/policyCurationView. do？newsId＝148855408.

	一般国民	劳动贫困群体	特困群体
双重 社会安全网	社会保险 （第一安全网）	X	国民基本生活 保障制度 （第二安全网）
三重 社会安全网	社会保险 （第一安全网）	劳动所得税抵免制 （第二安全网）	国民基本生活 保障制度 （第三安全网）

图4 韩国的社会安全网

资料来源：www. etaxkorea. net。

自2009年首次实行后，劳动所得税抵免制兑付的金额和受益的家庭数量持续增长，在2018年对制度进行大幅拓展后，2019年（归属2018年）实际共有529万个家庭获得了55800亿韩元的现金给付。劳动所得税抵免制的受益对象规模持续扩大，补贴上限和收入上限也在不断上调，主要的变化如图5和表8所示。

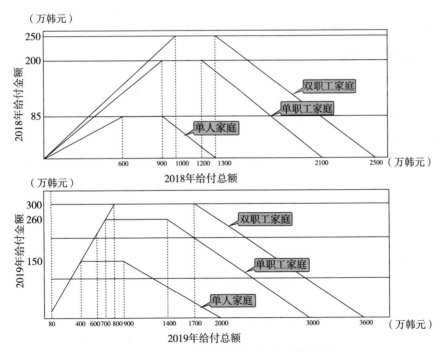

图5 2018年、2019年劳动所得税抵免制

资料来源：노대명等（2020）。

表8　劳动所得税及子女税收抵免制度沿革

区分	2018 年	2019 年
对象	劳动收入者、个体经营者	劳动收入者、个体经营者
劳动所得税抵免制		
收入基数（夫妻合计）	单人家庭：1300 万韩元 单职工家庭：2100 万韩元 双职工家庭：2500 万韩元	单人家庭：2000 万韩元 单职工家庭：3000 万韩元 双职工家庭：3600 万韩元
抚养家庭年龄要求	有配偶、子女未满 18 岁或父母已过 70 岁家庭；30 岁以上的单人家庭	有配偶、子女未满 18 岁或父母已过 70 岁家庭；无配偶或抚养子女的单人家庭
住宅	—	—
财产	1.4 亿韩元（1 亿韩元以上 50%）	2 亿韩元（1.4 亿韩元以上 50%）
最高抵免额	单人家庭：85 万韩元 单职工家庭：200 万韩元 双职工家庭：250 万韩元	单人家庭：150 万韩元 单职工家庭：260 万韩元 双职工家庭：300 万韩元
最高抵免额区间	单人家庭：600 万~900 万韩元 单职工家庭：900 万~1200 万韩元 双职工家庭：1000 万~1300 万韩元	单人家庭：400 万~900 万韩元 单职工家庭：700 万~1400 万韩元 双职工家庭：800 万~1700 万韩元
子女税收补贴		
收入基数（夫妻合计）	单职工家庭：4000 万韩元 双职工家庭：4000 万韩元	单职工家庭：4000 万韩元 双职工家庭：4000 万韩元
财产	2 亿韩元（1 亿韩元以上 50%）	2 亿韩元（1.4 亿韩元以上 50%）
最高抵免额	每个子女 50 万韩元	每个子女 70 万韩元
最高抵免额区间	单职工家庭：0~2100 万韩元 双职工家庭：0~2500 万韩元	单职工家庭：0~2100 万韩元 双职工家庭：0~2500 万韩元

资料来源：김현경等（2020）。

三、韩国反贫困政策的成果与挑战

为了掌握韩国主要反贫困政策的实际领取状况和运行成效，并检视相关制度所面临的课题，本节利用 2019 年家庭金融福利调查的数据对基本生

活保障补贴、劳动者子女税收补贴和整个公共转移性收入制度的效果进行了分析，并对相关结果予以呈现，如图6、表9至表14所示。家庭金融福利调查是韩国统计厅通过对家庭及个人进行调查从而收集的有关韩国收入与分配数据的官方正式统计资料。借助该数据可以掌握分属不同收入阶层的全体生产人口及劳动年龄（18～64岁）人口的公共转移性收入领取率、平均补贴额、领取者平均补贴额、初次收入和可支配收入的平均水平，进而客观地体现基本保障补贴和劳动所得税抵免制对贫困群体的包容性、普惠性和收入补贴金额。[①]这里的收入阶层是以劳动收入、事业收入、财产收入的总和即初次收入为基准划分为十等，领取率是指各等级中公共转移性收入大于0的个人所占的比例。贫困率是指家庭收入在贫困线以下的个人的占比，贫困线通过实际平均可支配收入中位数的30%和50%这两个标准来灵活衡量。贫困距比率（Poverty Gap Ratio）是表示贫困深度的值，贫困距（Poverty Gap）的定义是贫困线与线下贫困人口收入之间的差距，用贫困差距除以贫困人口总数（n）与贫困线（Z）的乘积，所得数值即贫困距比率（김태완等，2017）。

从全体生产人口各收入阶层的平均收入情况来看，2018年第一等级的年均初次收入为199万韩元，年均可支配收入为981万韩元，初次收入的水平非常低，而公共转移性收入为年均647万韩元，所占比重很大。在劳动年龄人口中，第一等级的初次收入为年均239万韩元，公共转移性收入为589万韩元，虽然低收入阶层的公共转移性收入较大，但初次收入稍高，公共转移性收入则相对较低。

基本保障补贴的领取率为3.8%，劳动者子女税收补贴的领取率为13.1%，覆盖的范围也相对更广。区分收入阶层来看，基本保障补贴的领取率第一等级为24.3%，第二等级为12.2%，主要集中在贫困阶层；而劳动者子女税收补贴的领取率在第二等级最高，为33.2%，其次为第三、第四和第一等级，领取率都比较高。劳动年龄人口的整体领取率低于生产人口的整体领取率，而低收入等级的领取率较高，这可能是因为低收入阶层中的劳动年龄人口所占比例较低的缘故。

---

① 该数据的局限性在于，为自立项目参与者提供的自立补贴被包含到劳动收入中，因此难以确认其与基本保障补贴的关联性。

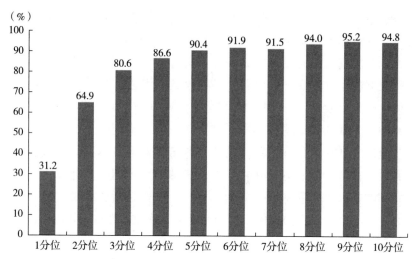

图6 各收入阶层生产人口与劳动年龄人口之比

资料来源：2019 年家庭金融福利调查原始数据。

表9 2018 年各收入阶层的平均收入 单位：万韩元

等级	全体生产人口		劳动年龄人口	
	初次收入	可支配收入	初次收入	可支配收入
1 等	199	981	239	906
2 等	1010	1333	1031	1226
3 等	1683	1767	1685	1712
4 等	2199	2123	2201	2088
5 等	2705	2527	2708	2500
6 等	3213	2958	3211	2946
7 等	3829	3446	3830	3429
8 等	4650	4080	4651	4081
9 等	5903	5006	5895	4998
10 等	9956	7889	9865	7827
整体	3534	3211	3948	3473

资料来源：2019 年家庭金融福利调查原始数据。

从全体生产人口各收入等级的平均补贴额及领取者平均补贴额来看，第一等级的基本保障平均补贴额为 111 万韩元，第二等级为 24 万韩元，对相应档位的个人收入整体上分别带来了 111 万韩元和 24 万韩元的增长效果。

劳动者子女税收补贴的平均补贴额与领取率的分布基本一致，第一等级为10万韩元，第二等级为22万韩元，第三等级为12万韩元；与第一等级相比，第二和第三等级的增收效应更大。从领取者的平均补贴额来看，一方面，虽然基本保障补贴的领取率较低，但领取者所领取的补贴金额较高，第一等级为456万韩元。另一方面，劳动者子女税收补贴的领取率虽然较高，但领取者的年均补贴金额仅为50万韩元左右，相当于基本保障补贴的14%。不过，劳动者子女税收补贴在2019年有了大幅提升，与此同时，领取率和领取者补贴额的水平可能将提高到两倍左右，因此在评价当前制度时需考虑这一变化。

表10 2018年各收入阶层的平均补贴额 单位：万韩元

等级	全体生产人口			劳动年龄人口		
	基本保障补贴	劳动者子女税收补贴	公共转移性收入	基本保障补贴	劳动者子女税收补贴	公共转移性收入
1等	111	10	647	208	17	589
2等	24	22	371	32	25	272
3等	3	12	261	4	13	215
4等	1	8	172	1	8	137
5等	1	5	142	1	5	115
6等	0	4	150	0	4	138
7等	0	2	127	0	2	109
8等	0	1	101	0	1	91
9等	0	1	97	0	1	84
10等	0	0	98	0	0	75
整体	14	7	217	12	6	150

资料来源：2019年家庭金融福利调查原始数据。

表11 2018年各收入阶层的领取率 单位：%

等级	全体生产人口			劳动年龄人口		
	基本保障补贴	劳动者子女税收补贴	公共转移性收入	基本保障补贴	劳动者子女税收补贴	公共转移性收入
1等	24.3	17.2	94.1	38.3	24.8	84.3

续表

等级	全体生产人口			劳动年龄人口		
	基本保障补贴	劳动者子女税收补贴	公共转移性收入	基本保障补贴	劳动者子女税收补贴	公共转移性收入
2 等	12.2	33.2	83.0	15.6	38.0	74.2
3 等	0.9	28.9	74.0	1.1	29.6	66.6
4 等	0.2	19.8	61.1	0.2	20.1	53.4
5 等	0.2	11.7	52.5	0.2	12.2	45.2
6 等	0.0	10.3	50.6	0.0	10.5	44.0
7 等	0.1	4.6	44.0	0.1	4.9	37.0
8 等	0.1	3.2	37.2	0.1	3.5	31.3
9 等	0.0	1.5	32.6	0.0	1.7	27.0
10 等	0.0	0.3	23.5	0.0	0.3	18.0
整体	3.8	13.1	55.3	3.1	12.7	44.1

资料来源：2019 年家庭金融福利调查原始数据。

表 12　2018 年各收入阶层领取者平均补贴额　　　单位：万韩元

等级	全体生产人口			劳动年龄人口		
	基本保障补贴	劳动者子女税收补贴	公共转移性收入	基本保障补贴	劳动者子女税收补贴	公共转移性收入
1 等	456	58	688	542	69	699
2 等	197	66	447	204	65	367
3 等	363	43	353	401	42	323
4 等	322	42	281	344	42	257
5 等	259	39	270	240	41	255
6 等	184	41	296	184	41	313
7 等	249	39	289	249	39	295
8 等	140	41	272	140	41	290
9 等	—	51	296	0	53	311
10 等	—	23	416	0	27	418
整体	368	50	392	390	50	341

资料来源：2019 年家庭金融福利调查原始数据。

从 2018 年公共转移性收入的减贫及再分配效果来看，当以可支配收入中位数的 30% 为贫困线时，加计基本保障补贴和劳动者子女税收补贴后，贫困率分别下降了 0.68 个和 0.25 个百分点，基本保障补贴的减贫效果非常显著。在贫困距比率方面，生活补贴金额较大、具有补充性质的基本保障补贴显示有压倒性的减贫效果。但是，当以可支配收入中位数的 50% 为贫困线时，劳动者子女税收补贴的减贫效果反而更为明显，这是因为基本保障补贴的领取者集中分布在 1~2 等的特困阶层，而劳动者子女税收补贴的领取者则广泛分布在各低收入阶层中。因此，当所想要提高收入水平的目标对象分属不同的收入阶层时，制度间的资源分配也会有所变动。这种变动也体现在分配效果上。可以看到，无论是 5 分位倍率、基尼系数，还是帕尔玛比值，基本保障补贴的再分配效果都比劳动者子女税收补贴的再分配效果更为明显，从反映收入最低的 40% 的人口所得的帕尔玛比值的减少情况来看，对其影响相对更大。

表 13　2018 年贫困率及贫困距比率的变化

	全体生产人口				劳动年龄人口			
	初次收入	基本保障补贴	劳动者子女补贴	公共转移性收入	初次收入	基本保障补贴	劳动者子女补贴	公共转移性收入
可支配收入中位数的 30%								
贫困率（%）	12.67	11.99	12.42	7.13	6.13	5.41	5.90	3.39
初次收入相对变化（%P）		-0.68	-0.25	-5.54		-0.72	-0.23	-2.75
贫困距比率（%）	8.00	6.72	7.83	2.52	3.28	2.28	3.14	1.24
初次收入相对变化（%P）		-1.28	-0.17	-5.48		-1.00	-0.14	-2.04
可支配收入中位数的 50%								
贫困率（%）	19.79	19.56	19.53	15.24	12.25	12.02	12.03	9.66
初次收入相对变化（%P）		-0.23	-0.26	-4.55		-0.23	-0.22	-2.59
贫困距比率（%）	11.24	10.29	11.02	5.97	5.57	4.77	5.38	3.25
初次收入相对变化（%P）		-0.95	-0.22	-5.27		-0.80	-0.19	-2.32

资料来源：2019 年家庭金融福利调查原始数据。

表14 2018年公共转移性收入的分配效果

	区分	初次收入	基本保障补贴	劳动者子女税收补贴	公共转移性收入
分配指数	5分位倍率	13.130	11.837	12.785	8.036
	基尼系数	0.411	0.406	0.410	0.374
	帕尔玛比值	3.113	3.033	3.083	2.539
初次收入相对变化	5分位倍率		−1.293	−0.345	−5.094
	基尼系数		−0.005	−0.002	−0.037
	帕尔玛比值		−0.081	−0.030	−0.575

资料来源：2019年家庭金融福利调查原始数据。

四、结论

韩国的反贫困政策是与以税收制度为基础的国民基本生活保障公共救助制度一同发展起来的。自2000年代后半期开始，减贫政策和制度渐次趋于多样化，包括基础养老金、医疗、教育和儿童津补贴，以及以劳动贫困层为对象的劳动所得税抵免制等。因此，为了更好地理解韩国的反贫困政策，本文对基本生活保障制度和面向劳动贫困层的减贫政策，即自立项目、国民就业援助制度和劳动者子女补贴税制等分别加以考察。

基本生活保障制度经历变革，从过去的生活保护制度到2000年的综合补贴制度和兑付体系，发展到现在基本形成了定制型（针对型）的专项补贴和兑付体系。制度也不断朝着消除保障盲区、扩大贫困人口覆盖范围、导入劳动激励机制的方向发展。为了保障具有劳动能力的贫困群体，自立项目自实行后不断扩大项目参与者范围，但有条件的受助者的比例一直较低，所以在基本生活保障制度的框架内并未充分惠及有劳动能力者。为了激励劳动贫困层就业并以此脱贫，引入了以退税形式给予现金支持的劳动所得税抵免制。该制度在性质上虽然是以就业援助服务为主，但同时推出的国民就业援助制度补充了消极的劳动力市场政策，并不断扩充政策，以进一步支援劳动贫困层。

同其他类型的公共转移性制度相比较，基本生活保障制度在性质上更偏重生计保障，因而其补贴金额也更高。然而，由于基本生活保障制度的初衷是针对特困人群，因此制度覆盖范围有限，包容性不强，2019 年基本生活保障制度的领取率仅为 3.7%。从其资格审查和筛选的性质来看，这种选择性制度的特性很难有大的改变。相形之下，劳动所得税抵免制覆盖了更大范围的低收入群体，但其补贴金额偏低；近年来随着制度的不断扩张，补贴水平有所提升，支付周期也逐渐提前，生活费用补贴的性质不断强化，减贫效果也不断增大。但与公共救助相比，该制度仍将保持广覆盖、低水平的帮扶特性。总而言之，一方面，基本生活保障制度对于缓解特困群体的贫困程度及降低贫困距比率有显著效果；另一方面，劳动所得税抵免制在提高边缘或潜在贫困人口的收入方面效果更佳。因此，今后韩国在完善反贫困政策时需要充分考虑不同制度的特点，进一步明确减贫政策的对象和目标，不断拓展相应制度，强化制度的适应性和包容性。

参考文献

［1］관계부처합동（2020）제2차 기초생활보장 종합계획（2021~2013）（안）.관계부처합동.

［2］김미곤 외（2018）주요국의 사회보장제도 11：한국의 사회보장제도.한국보건사회연구원.

［3］김현경 외（2020）주요 소득보장제도 효과 평가 연구.소득주도성장특별위원회·한국보건사회연구원.（待见刊）

［4］보건복지부（2020）2020년 국민기초생활보장사업안내.세종：보건복지부.

［5］이태진, 이원진 외（2020）국민기초생활보장제도의 효과 분석 – 시행 20년의 변화와 과제.한국보건사회연구원.（待见刊）

［6］정해식 외（2020）제2차 기초생활보장 자활급여 기본계획（2021–2023）수립 연구.세종：보건복지부·한국보건사회연구원.（待见刊）

［7］정해식 외（2019）자활사업의 정책효과 분석 및 평가방안 연구.세종：보건복지부·한국보건사회연구원.

［8］고용노동부（2020）국민취업지원제도 시행 관련 브리핑

［9］노대명等（2020）소득보장체계 재구조화 방안 연구：제도간 연계·조정을 중심으로.경제·인문사회연구회

第三部分

焦点议题讨论

韩国老年人贫困与收入保障：研判与课题

鲁大明（韩国保健社会研究院）

一、引言

目前，老年人贫困问题是韩国收入保障政策的最薄弱环节，也是其所面临的最大挑战之一。韩国国家统计局的家庭金融福利调查（가계금융복지조사）资料显示，截至 2018 年，按中等收入数的 50% 计算，韩国 65 岁以上老年人的贫困率为 43.4%，是经济合作与发展组织（OECD，经合组织）国家中最高的。然而，老年人贫困率居高的事实并不是最近以来才受到关注的。从韩国国家统计局通过家庭经济情况调查（가계동향조사）收集到的所有家庭的收入资料可以发现，早在 2006 年，韩国的老年人贫困率就约为 42%。与此同时，伴随老年贫困而来的严重社会问题也在各个领域相继得以证实。老年人为维持生计而捡废品的现象、老年人自杀率高[1]等一些为人所知的问题都说明了这一点。

然而，韩国政府在解决老年人贫困问题上所采取的措施的确并未取得多大的成效，这从老年人贫困率并未出现显著下降这一事实中即可看出。事实上，扩展解决老年人贫困问题的政策应该并不会太困难。韩国针对老年贫困群体的收入保障政策不同于针对劳动年龄群体的收入保障政策那样，不太可能因为会削弱他们的工作意愿或加深他们对福利的依赖而受到批评。此外，在加大针对解决老年人贫困问题的支出方面，民众整体上支持度都比较高。当然，也有部分人担心人口的老龄化会导致财政支出的大幅增加，

---

[1]　截至 2018 年，韩国老年人自杀率为 2.66‰，在 OECD 成员国中是最高的［韩国国家统计局（2019）：《2018 年死亡原因统计结果》，第 15 页］。

但无论如何，都必须以提高支出效率为方向进行制度改革，这是一个必须要应对的问题。尽管如此，提高公共养老金保障水平，同时加强财政可持续性的制度改革却进展缓慢，短期内也并未明确预见能够解决老年人贫困问题的政策方向。

其结果就是，随着韩国个体赡养制度的解体和老年收入保障制度的低水平发展，可以认为老年人贫困问题将可能长期化，贫困的老年人则不得不在各种低工资劳动中艰难地维持生计。因此，本文将首先对韩国社会的老年人贫困现状加以刻写与诊断，其次对主要的收入保障政策进行评估，最后对近期提出的一些替代性政策方案加以介绍。

二、韩国老年人贫困现状

韩国老年人的贫困率不仅在经合组织成员国当中是最高的，而且与其他亚洲国家相比也处于较高水平（노대명等，2018）。从近几年数据来看，在经合组织国家中，拉脱维亚和爱沙尼亚的老年人贫困率也比较高[①]，但韩国的老年人贫困率比这些国家还要高出4%~5%。此外，与其他年龄层的贫困率相比，韩国的老年人贫困率也显得尤为突出。图1显示了OECD主要国家的老年人贫困率与儿童贫困率、总体贫困率比较中呈现出的一些特征。与其他主要国家相比，韩国的总体贫困率并没有明显高出很多，但老年人贫困率却显然高出太多。

图2显示，自2006年以来，基于市场收入的老年人贫困率持续上升；而通过社会保障制度和税收制度等的调整后，基于可支配收入的老年人贫困率则保持在一定水平。对此可解释为：基于可支配收入的贫困率相对于基于市场收入的贫困率下降幅度越大，就表明通过社会保障制度和税收制度调节所带来的减贫效果越大（김순미，2018）。图中下部的柱状代表的是老年人贫困率下降的速度即贫困削减率，可以看到，制度的积极影响似乎在2014年略有提高。这与2014年7月实施基础养老金之后针对老年人的公共转移收入大幅增加有关。但是，与西方收入保障制度对于老年贫困的减贫效果相比，韩国的收入保障制度对于老年贫困的减贫效果非常低。

---

① 截至2018年，拉脱维亚和爱沙尼亚65岁以上老年人的贫困率估计分别为39.0%和37.6%（2020年11月15日访问网页：https：//data.oecd.org/inequality/poverty-rate.htmdptj）。

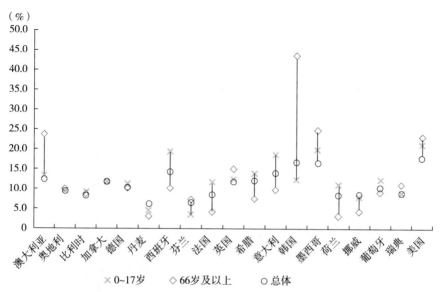

图1 OECD主要国家的总体贫困率、老年人贫困率和儿童贫困率

注：本图所引老年人贫困率的评估时间为2016~2018年，视不同国家而定。

资料来源：OECD. stat（2020）。

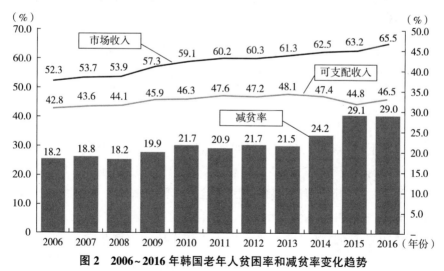

图2 2006~2016年韩国老年人贫困率和减贫率变化趋势

注：本图中贫困率分别按市场收入和可支配收入中位数的50%计算老年人口中贫困人口的占比。

资料来源：国家统计局的城市家庭趋势调查（도시가계동향조사）2006~2016年原始数据。

图3显示了2006年以来三个时点（2006年、2011年、2016年）韩国不同年龄群体的贫困率变化情况，各群体的贫困率变化趋势还是很明显的。

其中，20~64 岁劳动年龄组的贫困率相对于老年人贫困率一直保持在较低水平，并呈持续下降趋势。与此相反，65 岁以上老年群体的贫困率则始终保持在很高的水平，其中 75 岁以上老年人的贫困率还表现出持续上升的趋势，这意味着韩国老年人主要集中在低收入阶层①。

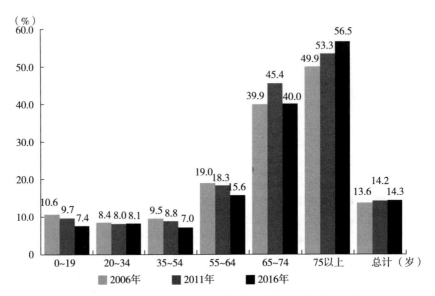

图3　2006~2016 年韩国不同年龄群体的相对贫困率变化情况

注：本图中贫困率是以可支配收入中位数的 50%作为贫困线而计算的。

资料来源：国家统计局的城市家庭趋势调查（도시가계동향조사）2006 年、2011 年、2016 年原始数据。

图 3 中不同年龄群体的贫困问题具有不同的特点，简述如下：①55~64 岁中老年人的贫困率相对较高，这意味着他们作为雇佣地位较低、就业状况较差的主要群体面临着明显的贫困风险。截至 2020 年，韩国社会中的劳动年龄群体平均退休年龄仅为 49 岁。而且，这些人重新找到与退休前相同工资待遇和劳动条件的工作、再次进入工作岗位的比例非常低。中老年人的就业不稳定和劳动收入下降就意味着未来他们可能会出现老年贫困问题。

————————————

① 此处有必要对人口老龄化和老年人家庭分离对工作年龄层的影响加以简要说明。由于与成年子女家庭的分离，老年家庭集中表现为 1~2 人的家庭，这个群体大多集中在低收入阶层，并因此压低了收入中位数。也就是说，并不是工作年龄层的实际收入有增加，而是由于老年贫困家庭有增加，显得工作年龄层相对富裕了。

②相对应地，65~74 岁老年人口的相对贫困率保持在较高水平。虽然相比 2011 年，该年龄段的老年人贫困率在 2016 年看似略有下降，但依然停留在 40% 的较高水平。由于婴儿潮一代的老龄化，老年人贫困率虽有望逐渐下降，但很难期待会出现大幅下降。③75 岁以上老年人的贫困率非常高，而且还在不断上升。在韩国社会，大多数该年龄群体的老人未能加入公共养老金制度体系，这表明这些老年人未能得到适足的收入保障。

表 1 分别显示了 2006 年、2011 年、2016 年三个时点在以收入中位数的 50% 为贫困线的情况下，以市场收入和可支配收入分别计算，相对贫困人口中不同类型家庭的占比及其变化情况。从中位数 50% 的贫困率变化趋势可以看出，无论是市场收入贫困率还是可支配收入贫困率，无老人家庭的占比都出现了明显下降，而老年家庭的占比则出现了明显上升。其中，单身老人家庭在全部贫困家庭中的占比，按市场收入计算是从 2006 年的 21.2% 上升至 2016 年的 37.2%；按可支配收入计算则从 21.6% 上升至 37.3%。同期，老年夫妻家庭的占比按市场收入计算是从 11.9% 上升至 15.6%，按可支配收入计算是从 11.6% 上升至 14.7%。这说明，老年家庭贫困率的上升对总体贫困率的上升产生了较大的影响。

表 1　2006~2016 年韩国相对贫困人口中不同家庭形态的占比及其变化趋势

单位: %

贫困线	收入基准	年份	具体家庭形态							总体贫困率
			无老人家庭	单身老人家庭	老年夫妻家庭	1 位老人+其他家庭成员	2 位老人+其他家庭成员	其他家庭	合计	
收入中位数的 50%	市场收入	2006	47.2	21.2	11.9	16.6	2.6	0.5	100.0	19.3
		2011	43.5	27.8	13.4	12.0	3.2	—	100.0	21.6
		2016	34.6	37.2	15.6	9.5	2.6	0.4	100.0	23.1
	可支配收入	2006	48.6	21.6	11.6	16.0	2.2	—	100.0	18.1
		2011	43.6	27.9	12.7	11.8	3.4	0.5	100.0	20.4
		2016	35.0	37.3	14.7	9.7	2.8	0.5	100.0	21.5

注：分别以市场收入和可支配收入的中位数的 50% 设定贫困线。表中的占比数值均为四舍五入后的结果，因此相加总和都在 100 左右，不为 100 整。

资料来源：国家统计局的城市家庭趋势调查（도시가계동향조사）2006 年、2011 年、2016 年原始数据。

三、老年人贫困率上升的背景及原因

韩国 65 岁以上老年人口占总人口的比例预计 2025 年将达到 20.0%（届时将进入超老龄社会），预计到 2040 年、2050 年将分别快速增至 32.8%、38.2%。与欧洲等一些西方国家的人口老龄化速度相比，这可谓是一个非常迅猛的变化。作为对照，欧洲 28 个国家 65 岁以上老年人口占总人口的平均比例预计将从 2015 年的 18.9% 增加到 2030 年的 23.9%，以及 2050 年的 28.1%。当然，人口的老龄化直接关系到劳动年龄群体对老年群体的社会抚养问题。表 2 列出了 OECD 主要国家和中国老年人口与劳动年龄人口的比例（老年抚养比）的实测值和预测值，OECD 国家的平均比率预测为 2020 年上升到 31.2%，2050 年上升到 53.4%，2080 年上升到 60.8%；而韩国则预计将从 2020 年的 23.6% 迅猛升至 2050 年的 78.8%、2080 年的 94.6%。这表明，在这些比较对象国家中，即使与人口老龄化速度相对较快的日本和意大利相比，韩国的情况也已是非常严重了。

表 2 1950~2080 年 OECD 主要国家和中国老年人口对劳动年龄人口的比例及展望

单位：%

国家	1950 年	1960 年	1990 年	2020 年	2050 年	2080 年
中国	8.5	7.6	10.2	18.5	47.5	60.6
日本	9.9	10.4	19.3	52.0	80.7	82.9
韩国	6.3	7.6	8.9	23.6	78.8	94.6
法国	19.5	20.8	24.0	37.3	54.5	62.2
德国	16.2	19.1	23.5	36.5	58.1	59.5
意大利	14.3	16.4	24.3	39.5	74.4	79.6
西班牙	12.8	14.6	23.1	32.8	78.4	74.4
瑞典	16.8	20.2	30.9	35.9	45.5	53.4
英国	17.9	20.2	26.9	32.0	47.1	55.1
美国	14.2	17.3	21.6	28.4	40.4	51.1
OECD 平均	13.9	15.5	20.6	31.2	53.4	60.8

资料来源：OECD（2019）Pension at a glance, p.175。

在此种人口老龄化发展的大背景下，目前韩国老年人的贫困问题主要由四个因素决定：①老年人家庭分离；②个体赡养系统的弱化；③老年人就业不稳定；④公共养老收入保障制度薄弱。当然，随着老年人口比重的上升，劳动年龄段的子女的老年抚养负担会加重，在这个过程中，得不到抚养的老年贫困人口可能会增加。不过，如果养老收入保障制度成熟到足以取代个人赡养制度，情况可能会有所不同。如果养老收入保障制度能实现普遍化且保障水平高，那么即使个人赡养制度消解，老年贫困问题也不会扩大。相反，老年人的贫困率可能低于工作贫困群体。德国和法国的情况就是如此。反之，如果养老收入保障对象覆盖面窄且保障水平低，老年人的贫困现象就会加剧。最具象征意味的例子就是韩国。

值得注意的是，在韩国，尽管由于人口的快速老龄化导致了个人赡养功能的下降，但与此同时未能构筑完善的公共收入保障和公共护理服务系统。1997年亚洲金融危机以来，就业不稳定、失业、收入中断等风险在劳动年龄群体中不断扩散蔓延，双职工人数迅速增加。这就对生活安排产生了影响，导致成年子女和老年父母之间的家庭分离情况有所增加。问题是在分户状态下，一方面不能指望成年子女向老人家庭进行个人收入的转移；另一方面公共收入保障制度也无法填补这一空白。如此一来，很多老年人自然而然就会成为贫困人口。传统的个人赡养格局即将迎来迅速的瓦解，老年单身家庭和老年夫妇家庭不断增加，以此导致老年人贫困率的上升。概括来讲，现在的老年一代是按照以往的抚养传统把孩子养大甚至到老、很早就把财产留给了孩子、得不到孩子的抚养且无法加入公共养老金的一代人。因此，叠加了以上四方面因素的老年人，只要失去了维持生计所必需的财产收入，就会很容易陷入贫困。这就是为什么韩国老年人的贫困率如此之高的原因。在这种情况下，老年人会试图通过经济活动来弥补收入的不足，故而出现了老年人就业率较高的现实。然而，高龄老人却很难再参与经济活动（노대명等，2018）。

（一）老年人家庭与成年子女之间的家庭分离加剧

影响老年人贫困的因素之一可以在家庭结构的变化中找到，特别是老年父母与成年子女之间的家庭分离增加（Ku and Kim，2018）。表3是根据韩国国家统计局家庭经济情况调查数据分析的家庭结构变化（2006~2016年）。可以大致确认以下几个趋势：①过去10年，单身老人家庭和老年夫妇家庭的比例不断增加。单身老人家庭的占比从 2006 年的 25.8% 增加到 2016 年的 38.5%，老年夫妇家庭的占比也从同期 16.6% 增加到 21.6%。②子女对老人的赡养在持续减少。供养 1 位老人的家庭占比同期从 49.0% 下降至 31.8%，供养 2 位老人的家庭占比同期由 8.2% 下降至 7.6%。③与高龄老人同住供养的比例尚保持在较高水平。

表3 2006~2016 年韩国老年人口家庭类型变化趋势 单位：%

年份	单身老人	老年夫妇	1 位老人+ 其他家庭成员	2 位老人+ 其他家庭成员	其他	合计
2006	25.8	16.6	49.0	8.2	0.5	100.0
2007	27.0	17.1	46.0	9.2	0.8	100.0
2008	30.5	17.0	42.5	9.6	0.5	100.0
2009	30.6	18.7	41.2	9.0	0.5	100.0
2010	29.8	17.6	43.6	8.4	0.5	100.0
2011	31.2	18.0	41.5	8.9	0.4	100.0
2012	33.3	19.3	37.8	9.4	0.2	100.0
2013	34.6	20.5	35.2	9.5	0.3	100.0
2014	36.1	21.3	32.7	9.3	0.6	100.0
2015	38.3	21.1	32.1	8.1	0.5	100.0
2016	38.5	21.6	31.8	7.6	0.5	100.0

注：表中占比数均为四舍五入后的结果，因此有些相加不是 100 整，但都在 100 左右。

资料来源：国家统计局的家庭经济情况调查（도시가계동향조사）2006~2016 年原始数据。

从韩国社会公民对赡养父母责任人意识的变化，可以预测家庭类型的变化对老年人贫困率产生了怎样的影响，以及老年人贫困率未来还将发生怎样的变化。1998 年，有 89.9% 的调查受访者表示赡养（老年）父母的责任在家庭，但这一比率到 2008 年下降到 40.7%，2016 年下降到 30.6%。相反，认为国家或社会有责任赡养（老年）父母的比率从 1998 年的 2.0% 上升到 2008 年的 47.4% 和 2016 年的 50.8%。另外，认为老年人应该对自己的生活负责的回答从 1998 年的 8.1% 略增至 2008 年的 11.9% 和 2016 年的 18.7%（김유경，2017）。与此同时，也需要关注老年人自身对这一问题的

态度。从回应情况来看，65 岁以上的老年人大多数认为，政府、社会和家庭应该共同应对这个问题，但也有超过 60%的人表示应该由他们自己和家人来解决这个问题。有意思的是，老人的态度在不同性别之间也存在差异，在回答认为应该由老人自己解决问题的人中，女性老人的比例比男性老人约低 10%（统计局社会调查，2014，2016）。对此，一个可能的解释是，这反映了女性老人参加公共养老金的比例较低。因此，从家庭结构的变化以及由此带来的认识变化来看，在老人的赡养责任上，韩国社会正在从强调家庭责任的阶段转向强调国家和社会责任的阶段。

（二）公共转移收入的增加与私人转移收入的减少相抵消

老年人贫困率上升的同时，公共转移性收入实则也在增加。但更现实的情况是，随着老年父母与成年子女家庭分离的加剧，子女对老年父母的私人转移性收入出现迅速减少，抵消了公共转移性收入增加的部分。一边是越来越多的老人家庭失去了来自子女的私人转移收入，另一边是有子女转移收入老人家庭的老人收入在增加，故而出现了两极分化加剧的情况（노대명等，2018）。当然，老人因为子女个人收入转移而来的老年家庭收入增加恐怕只是一种过渡时期的现象，整体来看，对老年家庭的私人转移收入预计会不断减少。事实上，即使在西欧福利国家，私人转移收入在老年家庭总收入中的占比也非常少，公共养老金和社会津贴的比例会高达 80%~90%；邻国日本的情况也是如此。

尽管如此，在韩国，公共转移收入在老年人家庭收入中的占比仍然很小。表 4 显示了韩国不同家庭类型中私人转移收入减少的趋势，包括具体金额和占比。这里需要注意的是单身老人家庭和老年夫妇家庭收入构成的变化。老年家庭的经常性收入有所增加，但从转移性收入总额占经常性收入的比重来看，2016 年较 2006 年和 2011 年均略有下降；特别是私人转移收入占转移收入总额的比重似有明显减少，单身老人家庭的该项比重从 2006年的 66.2%降至 2016 年的 32.7%，老年夫妇家庭同期则从 50.5%降至 23.7%。与此同时，公共转移收入占转移收入总额的比重出现明显上升。单身老人家庭的该项比重从 2006 年的 33.8%增至 2016 年的 67.3%，老年夫妇家庭同期则从 49.5%增至 76.3%。虽然公共转移收入比重在上升，但转移收入总额比重却在下降，由此可以看出，公共转移收入的增幅还是小于私人转移收入的降幅，出现了抵消。故此，尽管老年收入保障制度在加强，但老年人贫困率却始终没有下降。

表4 2006~2016年韩国不同类型家庭的公共和私人转移收入占比变化

	年份	无老人家庭	单身老人	老年夫妇	1位老人+其他成员	2位老人+其他成员	合计
经常性收入（1000韩元）	2006	2868	639	1035	2445	2595	2624
	2011	3620	670	1243	3181	3056	3235
	2016	4216	947	1668	3510	3269	3594
转移收入总额占经常性收入比例（%）	2006	7.0	71.0	63.0	15.9	19.0	9.9
	2011	7.7	72.1	61.5	17.0	19.3	10.8
	2016	7.6	65.4	58.7	20.6	29.1	12.5
私人转移收入占转移收入总额比例（%）	2006	70.2	66.2	50.5	54.5	44.4	64.5
	2011	57.0	49.1	33.7	34.5	27.8	49.3
	2016	60.1	32.7	23.7	20.4	24.1	42.8
公共转移收入占转移收入总额比例（%）	2006	29.8	33.8	49.5	45.5	55.6	35.5
	2011	43.0	50.9	66.3	65.5	72.2	50.7
	2016	39.9	67.3	76.3	79.6	75.9	57.2

资料来源：国家统计局的城市家庭趋势调查（도시가계동향조사）2006年、2011年、2016年原始数据。

（三）老年人经济活动与就业不稳的蔓延

在个体赡养制度削减、老年收入保障制度尚无法完全补足的情况下，对韩国老年人而言，参与就业就成了一种不可避免的选择。韩国65岁以上老年人口的就业率自2000年以来就一直保持在28%~30%的水平，这在经合组织国家中是最高的。可以作为参考的是老年就业者在就业总人数中的比例，从2003年的14.1%持续增长到2017年的22.5%（统计局经济活跃人口普查，2020）。西欧国家最近也一直在强调促进老年人就业，但韩国老年人的就业率已经非常高了。问题是老年人不得不长时间地参与劳动，他们的工作年龄也是经合组织国家中最高的。图4是对截至2018年老年男性和女性的法定退休年龄与实际退休年龄的比较。

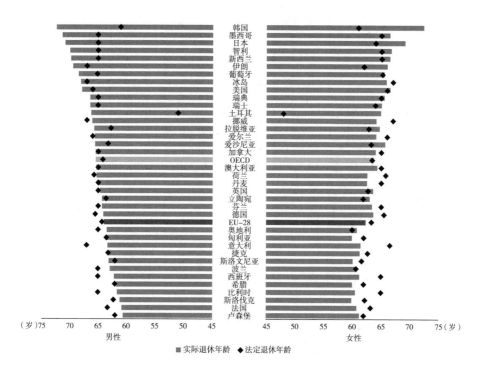

图4 2018年OECD国家法定退休年龄与实际退休年龄比较（分性别）

资料来源：OECD（2019）。

那么，韩国的老年人是如何工作的呢？图5显示了韩国各年龄段（以每5岁一个区间）的职业类型和就业情况的比例。从图中数据可以看出：①非经济活动人口的占比随年龄增长而上升，在55～59岁人群中为27.1%，在60～64岁人群中为39.4%，在65～69岁人群中为50.6%。这主要是因为随着年龄的增长，健康状况和就业机会等方面均会受到制约。②法定退休年龄对于老年人作为常规工作者参与就业的影响明显，55～59岁人群中常规工作者的比例就已开始下降，60～64岁人群中的比例从32.1%锐减至18.2%，65～69岁人群降至10.9%。③老年人就业中临时工占了较大比例。可以看出，65岁以上老年人就业者中个体经营者和临时工的比例较高。从图6可以看出一条趋势，即当一个常规工作者步入老年期后，平均小时工资会迅速下降；临时工和日工也有随年龄增长出现工资下降的趋势（노대명等，2020）。

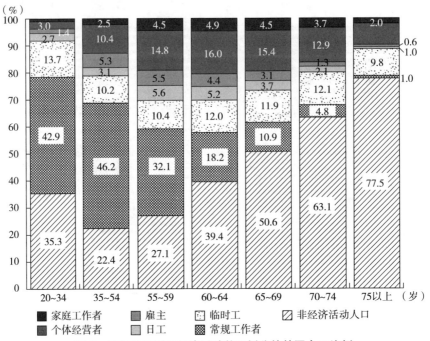

图5 按年龄组别和经济活动状况划分的韩国人口比例

资料来源：韩国统计局2020年8月经济活跃人口补充调查原始数据。

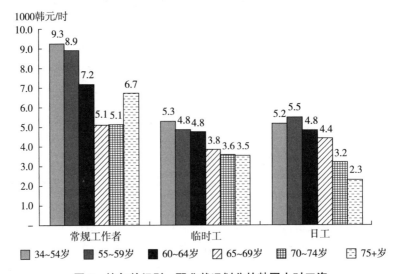

图6 按年龄组别、职业状况划分的韩国小时工资

注：小时工资为工资金额除以过去3个月的总工作小时数。

资料来源：韩国统计局2020年8月经济活跃人口补充调查原始数据。

也就是说，韩国的老年人在退休之后仍通过在劳动力市场上从事非正规雇佣劳动或个体经营等来弥补收入的不足，但由于工资低、工作岗位不稳定等因素，他们仍然处于无法摆脱贫困的境地。

四、老年收入保障的实际情况及存在问题

社会保障制度的核心功能是发挥"阶层之间和代际之间的黏合"，以保护全体公民免受经济社会的诸多风险。社会保障制度通过对在劳动年龄期间积极参与经济活动的群体部分地收缴税费和社会保障费用的方式来筹集资金，用以支持工作年龄群体本身及那些难以从事经济活动的人群（儿童和老年人）当中的贫困人口。因此，如果一个社会的儿童贫困率或老年人贫困率很高，那就说明社会保障体系未能很好地发挥作用。从这个角度来看，韩国老年人贫困率高就意味着韩国社会保障的"黏合剂"功能没有发挥作用。

图 7 显示了以 2018 年基准家庭收入数据为基础，不同年龄的人获得的公共转移收入（也称为福利给付），即扣除了个人缴纳税费和社保费用之后的金额（C&B_present）。如果某一年龄的该值为正（+），就意味着福利给付高于税费和社保缴费的支出；相反地，如果该值为负（-），则意味着税费和社保费的负担更高。但是，对于 20 岁以下的儿童和青少年来说，由于无法通过个人数据来确定他们的收入和支出，故将其保育和教育费用相对应的支出部分假定为效益（C&B_estimates）。从图中就能看出个体生命周期的差异。具体而言，在工作年龄阶段，税费和社会保险费的负担高于福利待遇；在儿童、青少年时期和老年期，能够获得更多教育、养老金和护理等方面的福利。问题是目前可用于面向老年人进行再分配的资金严重不足，这导致老年人贫困率居高不下。因此，要想将老年人家庭的收入提高到贫困线水平以上，就需要额外的福利支出和财政负担，即图中虚线所示（C&B to be increased）。

既是如此，韩国目前的老年人收入保障如何？表 5 显示了当前韩国代表性老年收入保障制度的特点。最具代表性的老年收入支持制度是以国民年金为核心的公共养老金（年金）制度、以老年人为对象的非保险收入保障计划的基础养老金制度，及以贫困人口为对象的国民基本生活保障制度。其中，国民年金制度的收入保障最高，基础养老金制度领取的老年人最多，而国民基本生活保障制度则为贫困老人提供了最后的收入保障。

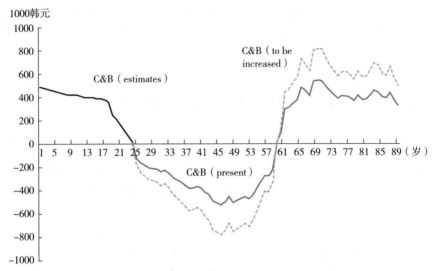

图7　扣除税费和社会保障缴费后的福利给付的年龄效益

注：缴费与福利（C&B）＝（税收＋社会保险费）－公共转移收入。

资料来源：韩国统计局的家庭金融福利调查2019年原始数据（基于2018年收入），笔者计算。

表5　老年收入保障制度的类型及特点

	类型	国民年金	基础养老金	基本生活保障
制度特点	制度类型	社会保险	社会津贴	社会补助
	政策目标	老年收入保障	老年收入补充	减缓贫困
	筹资来源	保险缴费	一般财政（税收）	一般财政（税收）
	制度对象	参保者	收入后70%	贫困层
	给付方式	按缴费比例	定额	补差
领取情况	受益比例	52%的老年人	68%的老年人	6%的老年人
	保障水平	收入替代率：40%	小额	标准收入中位数的30%
改革可能性	改革难易度	非常高	高	中等
	利益相关者	工作者与雇主	政府与老人	政府与贫困层
改革焦点		· 参保扩面 · 收入替代率与保费调整 · 收支平衡	· 提高保障水平、扩大覆盖范围 · 财政负担	· 扩大受益对象 · 财政负担

注：受益比例为2018年老龄年金、基础养老金和国民基本生活保障领取受益人占老年人口总数的比例。

资料来源：国民年金公团的《2018年国民年金统计年鉴》，保健福祉部的《基本生活保障制度领取者状况》。

（一）公共养老金

韩国的公共养老金制度由三种特殊职业养老金和国民年金组成。其中，特殊职业养老金是在 20 世纪 50 年代至 70 年代期间威权政府的领导下首次引入的。国民年金制度则是 1988 年开始推出的，但实际上直到 1997 年亚洲金融危机之后才发展完善为一项以全体国民为对象的年金制度。

表 6 显示了韩国过去几十年发展起来的四种公共养老金在 2016 年的状况。老年人口中领取公共养老金的比例为 44.6%，区分年龄段来看分别为：65~69 岁的领取率是 56.6%，70~79 岁的领取率是 48.3%，80 岁以上的领取率是 17.6%。而面向全体国民的国民年金的老年人领取率为 39.4%，从具体年龄段来看，65~69 岁的领取率为 51.2%，70~79 岁的领取率为 43.1%，80 岁以上的领取率为 12.9%。也就是说，仍然有很多老年人无法领取国民年金。所以，除非政府实施强有力的政策来鼓励公民普遍加入国民年金系统，否则问题将可能长期存在。

表 6　韩国公共养老金领取规模和养老金领取率（2016 年）

类别	65 岁以上	合计（1000 韩元）	给付金类型			养老金领取率（%）
			老龄年金（人）	残障年金（人）	遗属年金（人）	
全体	小计	3015717	2582009	17024	416684	44.6
	65~69 岁	1252444	1114930	8885	128629	56.6
	70~79 岁	1513895	1284155	7655	222083	48.3
	80 岁以上	249378	182924	484	65972	17.6
国民年金	小计	2664358	2292785	15381	356192	39.4
	65~69 岁	1132470	1006518	8051	117901	51.2
	70~79 岁	1348299	1148459	6923	192917	43.1
	80 岁以上	183589	137808	407	45374	12.9
公务员年金	小计	256695	216393	1498	38804	3.8
	65~69 岁	93741	85063	755	7923	4.2
	70~79 岁	122051	101814	673	19564	3.9
	80 岁以上	40903	29516	70	11317	2.9

类别	65 岁以上	合计 （1000 韩元）	给付金类型			养老金 领取率（%）
			老龄年金 （人）	残障年金 （人）	遗属年金 （人）	
军人年金	小计	52928	35710	102	17116	0.8
	65~69 岁	11307	9388	57	1862	0.5
	70~79 岁	23231	15692	40	7499	0.7
	80 岁以上	18390	10630	5	7755	1.3
私学年金	小计	41736	37121	43	4572	0.6
	65~69 岁	14926	13961	22	943	0.7
	70~79 岁	20314	18190	19	2103	0.6
	80 岁以上	6496	4970	2	1526	0.5

注：（1）按实时领取人数计算，不包括暂停领取养老金者。

（2）养老金领取率 =（各类养老金领取者人数/各年龄组推算人口）×100。

（3）私学年金是韩国专门面向私立学校教职员工设立的公共年金（编者注）。

资料来源：国民年金公团的《2016 年国家年金统计年报》，公务员年金公团的《2016 年公务员年金统计》。

（二）基础养老金

基础养老金源于敬老年金和基础老龄年金，但基础养老金和以前的制度有很大的不同，尤其是在制度理念上。以前的基础老龄年金带有社会救助制度的性质，而基础养老金的目标则在于建立更加普遍的收入保障体系。但是，关于要如何完善基础养老金制度，以及它最终会发展成什么样的制度，社会上还没有达成共识。如果基础养老金是社会救助或社会津补贴性质的话，就不会与现有的公共养老金制度发生冲突；但目前的基础养老金是以税收负担为基础而支付的最低限度的老龄年金，故而在与国民年金的关系调整上存在困难。

表 7 显示了韩国引入基础养老金以来的养老金领取率。截至 2017 年，领取人数为 482 万人，占老年人口总数的 67.7%。虽然法律规定应向收入后 70% 的老年人支付基础养老金，但在现实中的受益人群很难达到 70%。这是由于基础养老金是以收入认定额来确定受益对象的，而要想准确把握收入认定额后 70% 的老年人存在困难。

表 7　韩国基础养老金（老龄年金）领取情况（2011 年~2017 年）

类别	2011 年	2012 年	2013 年	2014 年	2015 年	2016 年	2017 年
65 岁人口（万人）	570	598	625	652	677	698	711
领取人数（万人）	382	393	406	435	450	456	482
领取率（%）	67.0	65.8	65.0	66.8	66.5	65.3	67.7

注：（1）2016 年领取人数：未区分领取类型。

（2）2017 年国家统计局估计值（2010~2060 年）。

资料来源：国会预算政策处保健福利委员会（2020），http：//stat. nabo. go. kr/fn03 - 99. jsp，2017. 9. 16. 노대명［摘自（2017）］。

（三）　国民基本生活保障制度

韩国社会中以贫困层为对象的代表性收入保障制度是国民基本生活保障制度。它是对 1999 年之前的生活保护制度进行调整而来的一项以人口经济状况调查为前提的代表性收入保障制度。《国民基本生活保障法》明文规定，无论有无劳动能力，都要按照贫困线政策对所有贫困人口进行收入保障，这一点被评价为该制度体现了公民社会权利。值得一提的是，随着 2014 年 12 月国民议会通过国民基本生活保障制度修正案，如今的基本生活保障开始实行"单项化"（分项给付）。截至 2017 年，国民基本生活保障制度支持 158 万人，占韩国总人口的 3.1%。这些领取者中也包括相当一部分老年人。如图 8 所示，截至 2016 年，约有 42 万名韩国老年人享受国民基本生活保障制度的支持。但是，基本生活保障制度有抚养义务人标准和资产标准，因此，有相当一部分的贫困人口享受不了该项福利。

关于国民基本生活保障制度，需要注意的一点是，该制度中生活补助保障的收入线约为中位收入的 30%。而考虑到贫困线的设定一般是中位收入的 40%~50%，因此，很难通过国民基本生活保障制度摆脱贫困。而且，如果是贫困人口还能获得其他的福利给付，这些福利给付在发放过程中也会被视为收入，而基本生活保障的补助是以补差的方式在标准线上扣除相应收入的补充支付金额。这说明，虽然基本生活保障制度旨在消除贫困，但其在缓解老年人贫困率上存在一定的局限性，相对于国际通用的可支配收入中位数的 50% 来讲，减贫影响较弱。

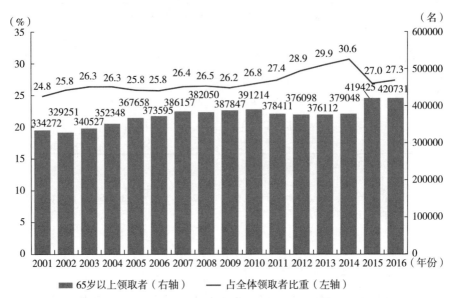

图 8　韩国国民基本生活保障制度领取对象中 65 岁以上老年人口的规模

资料来源：韩国保健福祉部于 2020 年发布的《国民基本生活保障制度领取者现状》。

（四）总体的收入保障效果

表 8 对 2017 年前述主要收入保障制度的政策效果，尤其是对在降低老年人贫困率方面的效果进行了汇总。表中分别以收入中位数的 30%、40%、50% 为贫困线基准，展示了各项制度的公共转移收入和税收对老年人贫困率产生了怎样的影响。首先，公共养老金使老年人贫困率降低 8%~10%。其次，基础养老金的减贫效果为 4%~8%。最后，国民基本生活保障的减贫效果为 0.5%~2%。也就是说，与其他国家相比，韩国相关制度在减少老年人贫困问题上的效果极弱，基于可支配收入的老年人贫困率仍然很高。因此，要大幅降低老年人的贫困率，有必要提高国民年金等公共养老金的适用对象和保障水平（收入替代率），同时在短期内改弦更张地提高基础养老金。此外，为使领取基本生活保障的老年人能够获得高于收入中位数 50% 的收入，应规定对基础养老金等其他公共转移收入进行扣除。

表 8　韩国公共转移支付政策对老年人贫困的减贫效果（2017 年）

	收入中位数的 50%	收入中位数的 40%	收入中位数的 30%
市场收入	56.6	49.8	41.9
+公共养老金	46.6	39.6	32.4
+基础养老金	42.5	34.8	24.5
+其他公共转移	40.7	32.6	22.2
+基本生活保障	40.2	31.7	19.9
+租税	42.2	33.0	21.7

注：已进行加权处理。

资料来源：韩国统计局的《家庭金融福利调查（2017 年）》。国家统计局 MDIS、RAS（AH18060104N）、鲁大明等（노대명 외）（2018）。

五、结语

　　长期以来，韩国解决老年人贫困问题的体制改革一直未有大的进展。或者更准确地说，虽然出台了各种政策，但并没有明显降低老年人的贫困率。在个体赡养体系急速收缩的情况下，不仅不能及时引入普遍保障最低收入的最低老龄年金，而且以老年贫困人口为对象的最后一张社会安全网——国民基本生活保障制度也未得到迅速扩展。基础养老金不仅出台较晚，且在降低老年人贫困率方面的效果也不大。虽然有人认为基础养老金在降低老年人贫困上的效果要大于其他收入保障制度，但这是一个非常不恰当的评价。与其他国家相比，目前韩国老年人的贫困率非常高，韩国老年收入保障政策的减贫效果却非常小。虽然要想降低以收入中位数的 50% 为基准的老年人贫困率会非常困难，但通过国民基本生活保障制度来降低老年人贫困率却进展缓慢。尤其是始终坚持要求家庭承担赡养义务的标准，这是一个很大的问题。其结果就是，许多实际上得不到赡养的老年贫困人口被排除在收入保障和社会照顾之外。

　　在韩国，老年人的贫困问题如此严重，围绕老年收入保障制度改革的一个核心争议点是未来国民年金的财政可持续性。虽然在相关改革中虑及国民年金的财政可持续性是非常重要的，但是忽视当前老年人的贫困问题，而只关注老年人未来的收入保障是绝对不可取的。可以说，目前韩国老年人的贫困问题主要需回应两大挑战：①需要制定对策，以便从根本上降低目前居高的老年人贫困率。②从长远来看，为了不让现在的中老年人在日后沦为高龄贫困人口，需要在推进老年收入保障制度改革的同时，做好面向老年人的就业雇佣对策。可以说，一直以来仅关注国民年金制度的财政可持续性问题而忽视解决老年人贫困问题，这才是韩国收入保障制度乃至韩国贫困对策面临的重大问题。

不过，通过促进老年人就业来解决老年人贫困问题的主张也存在很多问题。如前文所述，韩国老年人的就业率已经比其他国家都高了。尽管如此，老年人的贫困率仍然如此之高。这说明劳动力市场本身对老年人并不友好。因此，韩国社会首先应该加强对贫困老人的收入保障，继而营造老年人可以稳定、公平地工作的劳动力市场环境。基于此，韩国需改革国民年金等老年收入保障制度，并分阶段逐步推进老龄化改革。

消除韩国老年贫困的收入保障制度改革可以分为短期战略和长期战略。从短期来看，要改革国民基本生活保障制度，以保护所有老年人不陷入深度贫困状态。从长期来看，要在消除公共养老金死角的同时，推进公共养老金待遇水平合理化的改革。当然，在这个阶段，有必要对保障老年收入的社会救助、社会津贴及社会保险的角色作用进行一体化重构。

关于韩国国民基本生活保障制度的改革，可以提出以下几种可能方案：①对于生活补助对象的评定标准，建议取消抚养义务人标准。作为参考，就在笔者 2020 年 8 月撰写本文之际，韩国中央生活保障委员会刚刚宣布，计划从 2021 年开始分阶段取消生活补助申领的抚养义务人标准。②在评定标准中放宽资产标准。对此要考虑的是，究竟是依旧沿用目前这种以资产收入折算额为基础的收入认定额标准，还是采取收入标准与资产标准相分离、修改资产标准上限的方式，必须要做出选择。不过，如前文所述，即便完全解决了国民基本生活保障制度的覆盖盲区问题，也难以期待老年人贫困率有大幅下降。因此，为提高基本生活保障制度对于降低老年人贫困率的效果，有必要考虑允许重复领取基础养老金和基本生活保障金的情况。但也要考虑现实情况，允许重复领取不能是简单的重复领取，而是同时考虑到其他低收入老年人的收入水平，并采取扣除一定比例的方式。

如果要在实现消除贫困之上，以加强老年收入保障为目标，则需要进行多项制度改革，包括提高国民年金等社会保险的参保率、提高国民年金的收入替代率，以及统一法定退休年龄与开始领取国民年金的年龄等。另外，还需要指出的是，有必要认识到国民年金正在增强这一乐观论调的局限性。国民年金的领取者和平均领取额确实呈现出增加的趋势，但截至2018 年，领取 100 万韩元以上的老年人仅占 14%。从目前来看，预计这一状况还将持续一段时间。从长期来看，公共养老金将在保障老年收入方面发挥较大作用；但从短期来看，还需要在公共养老金之外采取其他措施来保障老年人收入。

总而言之，从长期来看，需要改革基础养老金制度。当然，考虑到国民年金制度的成熟度，基础养老金领取范围应该在改变目前没有任何缴费、完全依靠政府筹资（财政负担）的前提下分阶段逐步扩大。对于基础养老金的筹资方式，也要跳出税收的方式，基础养老金制度要从非缴费型的福利制度向以社会保险缴费为前提的非积累型老年收入保障制度发展。按照这一改革方向，将基础养老金制度确立为面向全体老年人的、普遍的老年收入保障制度，并综合考虑其与挂钩收入比例的公共养老金制度的关系，分阶段逐步调整保险缴费水平和付给水平。

参考文献

［1］강성호（2011）부양의식 및 공적이전소득의 사적이전소득 구축효과와 소득보장효과.재정정책논집, 13（1）, pp.113-144.

［2］김순미（2018）노인가구의 소득빈곤과 다차원빈곤에 관한 연구. Family andEnvironment Research, 56（2）, pp.175-193.

［3］김유경（2017）사회 변화에 다른 가족 부양 환경과 정책과제. 보건복지포럼, 2017년 10월 호.

［4］노대명 외（2018）빈곤해소를 위한 소득보장 강화방안 연구, 보건복지부·한국보건사회연구원.

［5］노대명 외（2018b）아시아 사회보장제도 비교연구 : 아시아 주요국의 노인빈곤 및고용 실태 비교연구, 한국보건사회연구원.

［6］노대명 외（2020）각 국의 고령화 단계별 대응방안 연구 및 향후 정책방향, 고용노동부.한국보건사회연구원.

［7］공무원연금공단（2016）공무원연금통계.

［8］국민연금공단（2016）국민연금통계연보.

［9］국민연금공단（2018）2018년 국민연금통계연보.

［10］국회예산정책처 보건복지위원회（2020）재정통계，（http://stat.nabo.go.kr/fn03-99. jsp，2020년 5월 14일 인출）.

［11］보건복지부.（2020）기초생활보장제도 수급자 현황.

［12］통계청.（2019）2018년 사망원인통계 결과（보도자료）.

［13］통계청.（2020）경제활동인구조사 2020년 8월 부가조사，원자료.

［14］통계청.（2020）도시가계조사 원자료：2006년~2016년.

［15］통계청.（각년도）사회조사，원자료：2014년，2016년.

［16］통계청.（2019）가계금융복지조사 2019년，원자료.

［17］Ku I，Kim C.Decomposition Analyses of the Trend in Poverty Among Older Adults：The Case ofSouth Korea［J］.Journals of Gerontology，Social Sciences，2018，75（3）:684-693.

［18］OECD. Pension at a Glance 2019［R］.OECD，2019.

日本老年贫困状况与收入保障政策[*]

四方理人（日本关西学院大学）

一、引言：日本老年人贫困率

日本是目前世界上人口老龄化率最高的国家，预计这一比例今后仍将持续上升。如图 1 所示，1980 年日本的老年人口抚养比（65 岁及以上人口对 18~64 岁人口之比）不到 15%，低于欧美各国；但 2020 年老年人口抚养比攀升至 50% 左右，居全球首位，1980~2020 年的 40 年间日本经历了快速的老龄化进程。此外，可以预见的是，这一人口老龄化的趋势还将持续下去，到 2060 年，日本的老年人口抚养比将超过 80%。在这一进程中，日本

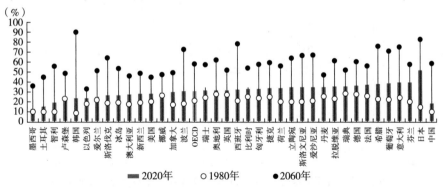

图 1　OECD 各国和中国老龄化率的变化

资料来源：OECD（2019）。

---

[*] 本文是日本学术振兴会（JSPS）科研经费"JP19K01699""JP18K01672"资助的成果。另外，根据日本统计法第 33 条，利用了厚生劳动省"国民生活基础调查"的调查表信息。

不仅面临老年人口规模的不断增长，老年人的贫困问题也日趋严重，这使财政负担压力趋高。另外，预计到2060年，韩国老年人口抚养比将超过日本达到90%，达到世界最高水平。届时，中国这一比例预计将达到58%，高于日本现在的水平。率先经历人口老龄化的日本已经采取了一系列针对老年人贫困问题的对策，其经验或可作为今后同样面临人口老龄化加剧的韩国和中国的参考和借鉴。

图2分别显示了20世纪80年代中期、20世纪90年代中期、2013年或最新三个阶段日本不同年龄组别的相对贫困率与OECD17个可比成员国的平均水平进行对比的情况。以等价可支配收入中位数的50%作为贫困标准计算获得相对贫困率。在"18岁以下""18~25岁""26~40岁"这三个相对年轻的年龄组，日本的相对贫困率与OECD国家的平均水平接近，且从20世纪80年代到最近几年一直在上升。与OECD国家的平均水平相比，日本"41~50岁"壮年组的相对贫困率在这三个时期始终都要高出5%左右，"51~65岁"壮年组的相对贫困率则要高出10%左右。特别需要注意的是，"41~50岁"年龄组在20世纪80年代中期到90年代中期的贫困率变化幅度较小，此后却出现大幅上升，这一点日本与OECD成员国都呈现同样的趋势。

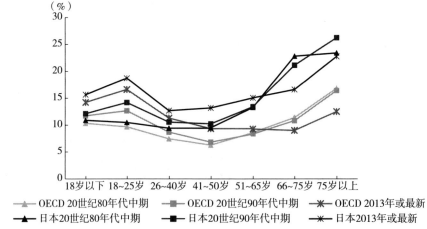

图2　各年龄组相对贫困率：日本和OECD17个成员国的平均水平

注：本图中17个OECD成员国是指加拿大（CAN）、德国（DEU）、丹麦（DNK）、芬兰（FIN）、法国（FRA）、英国（GBR）、希腊（GRC）、爱尔兰（ISR）、意大利（ITA）、卢森堡（LUX）、墨西哥（MEX）、荷兰（NLD）、挪威（NOR）、新西兰（NZL）、瑞典（SWE）、土耳其（TUR）、美国（USA）。

资料来源：OECD（2017）和OECD收入分配数据库（https://www.oecd.org/social/income-distribution-database.htm），笔者根据相关数据绘制本图。

在 66～75 岁的老年人中，日本所有三个时期的相对贫困率都要比 OECD 国家的平均水平高出 10% 以上。这一趋势在 75 岁以上的老年人中也是一样的。不过，日本和 OECD 国家 66～75 岁老年人的相对贫困率整体表现为下降趋势；但在日本，75 岁以上老年人的相对贫困率在 20 世纪 80 年代中期到 90 年代中期再到 2013 年或最新出现上升，此后到 2010 年代中期再出现下降，因此，该年龄组的相对贫困率在 20 世纪 80 年代中期和 2010 年代中期基本处于同一水平。而 OECD 国家 75 岁以上老年人的相对贫困率平均水平在 20 世纪 80 年代中期和 90 年代中期基本处于同一水平，到 2010 年代中期下降了 5% 左右，这一年龄组的相对贫困率的波动趋势在日本和 OECD 国家有所不同。

综上所述，日本与 OECD 17 个成员国家一样，按年龄组划分的相对贫困率呈现为年轻人和老年人较高、中年人较低的 U 型曲线。但是，日本的一个特点是，儿童和青年的相对贫困率与 OECD 17 个成员国家同年龄段的贫困率平均水平接近，但随着年龄的增长，日本的贫困率与 OECD 17 个成员国家的平均水平之间的差距越来越大，老年人的贫困率可以说处于很高的水平。此外，在 OECD 17 个成员国中，青壮年和中年人的贫困率在上升，老年人的贫困率在下降，故而近年来已出现年轻人贫困率高于老年人贫困率的情况。但在日本，75 岁以上老年人的贫困率一直以来都高于年轻人，20 世纪 80 年代中期和 2010 年代中期的贫困率相比也几乎没有差别。

本文将重点探讨日本老年人的贫困问题，主要涉及以公共养老金和公共救助为中心的收入保障制度。日本的公共救助是以收入在贫困线（最低生活保障标准）以下的家庭为对象的，但正如后文所述，因为每年都有经济状况审查（Means Test），只有不到 2% 的民众能通过经济状况审查并领取最低生活保障救济金。日本的公共养老金主要包括国民年金和厚生年金，要领取国民年金和厚生年金需要缴纳社会保险费。其中，国民年金为基础年金，20～59 岁的所有国内居民都强制参加，从 65 岁开始定额领取。厚生年金是按收入的固定比例缴费，且只有全职雇员方可加入，并根据其缴纳金额到龄领取。需要注意的是，加入厚生年金的全职雇员同时也必须加入国民年金，因此，厚生年金参保人在 65 岁以后，可以同时领取定额部分的基础年金和按收入比例缴费部分的厚生年金。

图 3 显示了日本公共养老金领取者的人均养老金领取额的变化。从性别来看，男性从 1997 年到 2017 年平均领取额的变化较小，而女性则有所增加。

从年龄组来看，80~84 岁男性的养老金领取额在 1997~2017 年有所增加，85 岁以上男性的养老金领取额在 2007~2017 年有所增加。不过，65~69 岁及 70~74 岁年龄段男性的平均养老金领取额在同期则出现下降。而与此同时，女性的养老金领取额在所有年龄段中都有所增长，尤其是在 2007~2017 年，80~84 岁和 85 岁及以上女性的养老金领取额出现了大幅上升。

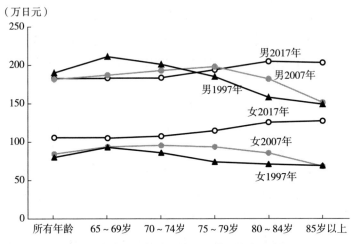

图 3 分性别和年龄组的平均养老金领取额

资料来源：厚生劳动省《年金制度基础调查（老龄年金领取者实态调查）》，笔者根据各年度数据绘制本图。

可以看出，不论是男性还是女性，75 岁及以上的中高龄老年人的平均养老金领取额都有所增加。但是，如图 2 所示，日本的一个明显特点是，75 岁及以上老年人的贫困率并没有显著下降。本文拟从制度变化和老年人收入因素对于降低贫困率的效果来探讨日本收入保障政策与老年人贫困之间的关系。

二、日本的公共养老金制度

本节尝试阐明日本的公共养老金制度。如前文所述，日本的公共养老金主要由国民年金和厚生年金组成。制度运行到现在，全职雇员在加入厚生年金的同时需全部加入国民年金；但在 1961 年国民年金制度刚开始实施时，两项制度是分离的，即企业全职雇员加入厚生年金，公务员加入共济年金（共济年金现已并入厚生年金），没有加入上述年金的个体工商户和无业人员则加入新启动的国民年金，由此实现了公共养老金制度覆盖日本全民的目标。不过，虽然国民年金按要求是强制加入的，但由于在征缴参保费的过程中出现了欠缴和逾期的情况，随之而来今后便会出现无年金者和低年金者等问题。

国民年金和厚生年金都是以累积方式开始的，但由于日本经济增长，生活水平持续上升，公共养老金的支付标准也在间断性地逐渐提高，而保险费的征缴水平却没有相应地适度提高，需要依靠后代的缴费支撑，因此实质上已经转为现收现付方式（被称为"修订累积方式"）。此外，国民年金的既往参保人主要为个体工商户，如图4所示，由于产业结构发生了快速的变化，导致受雇佣者增加而传统个体工商户减少，继而造成在国民年金制度中，作为养老金领取者的老年人在增加，而支撑这一制度的养老金缴费者在减少，国民年金的财政状况必然会恶化。

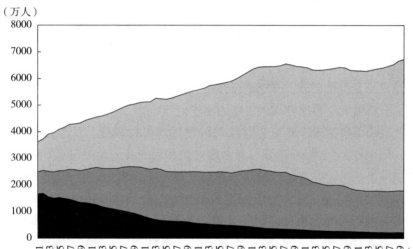

图4　不同产业的就业人数

资料来源：日本总务省《劳动力调查》，笔者根据各年度数据绘制本图。

因此，在1985年的制度修订中规定，加入厚生年金的全职雇员须同时加入国民年金，从而形成了目前20岁到59岁的所有国民都加入国民年金的制度。可以说，此次修订使老年人的国民年金领取可以依靠全部劳动人口的缴费来支撑，避免了由于产业结构和就业结构的变化而导致的国民年金财政危机。此外，当加入厚生年金的雇员有妻子时，在设计上会针对妻子的加入追加年金的金额，不过妻子可以自愿加入国民年金。根据此次修订，全职主妇在收入和劳动时间低于一定标准的情况下，可以免除缴纳保险费且到龄直接领取国民年金养老金，从而确保了女性个人的养老金权利（吉原健二，1987）。

20世纪90年代，老年人养老金待遇标准的提高致使养老金出现资金不足。针对这一问题，日本政府一直通过延迟养老金给付的起始年龄和提高劳动人口缴纳的保费水平来应对。然而，随着出生率的大幅下降和平均预期寿命的持续延长，日本的人口老龄化程度日益加剧，全社会开始普遍认为继续提高劳动人口的负担也是有限的。因此，在2004年进行的养老金改革中，明确规定了劳动人口缴纳国民年金保险费和厚生年金保险费率的上限。

针对这一改革，日本导入了"宏观经济浮动"机制，即通过给付水平来调整养老金财政，并根据劳动人口的人数变化以及物价和工资的增长幅度自动地平衡养老金。因此，如果少子—老龄化导致日本劳动人口减少，老年人的养老金给付额会随之减少。然而，考虑到"宏观经济浮动"机制有可能导致养老金给付水平的无限削减，因此，此次改革也承诺，养老金的给付水平不得低于目前劳动人口收入水平的50%。

此外，为了研究未来养老金财政的健全性和可持续性，日本每五年进行一次"财政评估"，以对未来与养老金财政相应的养老金给付水平做出预测，预测结果显示，养老金给付水平逐渐下降是不可避免的。根据2019年的"财政评估"情况，在标准模型（假设一定的经济增长以及女性和老年人的劳动力市场参与程度提高）下，养老金水平占男性平均税后到手工资的比重（收入替代率）将从2019年的61.7%下降到2047年的50.8%。按照这种标准设定，2004年改革提出的收入替代率在50%以上的承诺可以兑现。但是，假设日本经济发展出现停滞、实际GDP增长率为0%，则20世纪40年代中期的养老金收入替代率将很快降至50%；届时如果宏观经济浮动机制继续发挥作用，则20世纪50年代中期以后的收入替代率将低于45%。

除人口老龄化以外，劳动力市场的变化也影响日本的公共养老金制度。加入厚生年金的雇员仅限于全职雇员，并非所有雇员。因此，不仅是个体工商户和家庭雇员，即便是兼职雇员，也不能加入厚生年金。厚生年金所缴纳社会保险费的一半是由雇主负担的，而且到龄后所领取的年金金额不仅包括与国民年金中缴费相应的基础年金部分，还包括按薪酬比例缴费相应的给付部分，明显对参保人员有利。

如果个人没有加入厚生年金，且其配偶也没有加入厚生年金，则无论他们的收入如何，都需要强制性地缴纳固定数额的国民年金保险费。国民年金保险费的收缴率在1990年为85.2%，但自20世纪90年代后半期以后迅速下降，到2011年已降至58.6%；但此后收缴率又略有回升，2015年为63%。① 如果国民年金保险费有过欠缴的情况，到龄后也会根据欠缴的时长相应地减少其养老金给付额。如果20~59岁连续缴满40年，则可以在年满65岁后开始领取全额养老金；如果期间欠缴累积达到10年，则只能领取全额养老金的3/4。因此，如果欠缴时间较长，到65岁以后就会变成低年金者；另外，如果缴费时间不足10年，则会变成无年金者。

图5显示了仅加入国民年金的参保人（第一号被保险人）的就业类型分布情况。如前文所述，仅加入国民年金的参保人支付固定数额的保险费，而参加厚生年金的雇员的保险费则按固定费率缴纳，由劳资双方各负担50%。因此，相对而言，收入较低、仅加入国民年金的参保人的保险费负担较重。2014年，正规雇员、非正规雇员、临时雇员的比例加起来约为40%，高于无业和个体工商户的比例。此外，在每周工作超过30小时的雇员中（含正规和非正规），应加入厚生年金的比例接近20%。而从年金制度改革来看，2014年时，有义务加入厚生年金的雇员仅限于每周工作30小时以上的劳动者；但2016年以后进一步扩大到月收入在8.8万日元以上、企业规模在500人以上、每周工作时间在20小时以上的劳动者。这样做就是为了防止出现无年金者或低年金者的增加，所以年金制度的修订也在逐步扩大厚生年金的参保对象范围。尽管如此，实际上仍有很多受雇的劳动者未能加入厚生年金。由于保险费逆向递减（收入越高，社会保险费占比越小；收入越低，社会保险费占比越大），低收入阶层的保费负担过重，多数处于未缴费的状态（四方理人，2017）。此外，除了针对低收入者的保险费豁免制度，日本也完善了针对学生和低收入者的缓缴制度。②免缴或缓缴的保费

---

① 不过，保费收缴率上升的原因是，申请使用下述保费豁免或延缴的人数增加了（驹村康平，2013）。

② 以学生为对象的保费缓缴被称为"学生缴纳特例制度"。

可以在 10 年内缴纳。然而，在使用缓缴之后，除非当事人获得正规就业从事全职工作，否则不太可能补缴之前的保费；而如果不补缴，到龄领取的养老金给付额就将减少（四方理人等，2012）。像这样，非正规就业的扩大可能导致未来出现许多没有年金或者年金很低的老年人。

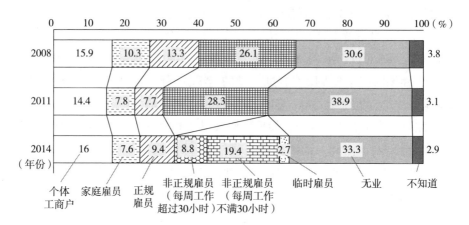

图 5 国民年金第一号被保险人的就业状态

资料来源：日本厚生劳动省（2015）。

三、生活保障制度与老年人

自日本建立覆盖全体民众的"国民皆年金"制度起，至今已有 60 多年，许多人缴纳保费的时间已经足够长，可以说日本的年金制度已相当成熟。虽然如此，即便制度也规定国民有义务缴纳养老金保险费，却仍会发生欠缴保费的情况，由此产生了低年金者或无年金者。事实上，从 20 世纪 90 年代后半期开始，保费的缴费率已经大幅降低；随着宏观经济浮动机制的引入，预计养老金替代率将进一步下降，未来的低年金和无年金状况将进一步加剧老年人的贫困问题。这些低年金者和无年金者中的大多数人都将有可能需要领取生活保障，尤其是其中的无年金者，他们的贫困问题是日本在解决老年人贫困和财政负担上面临的最为紧迫的重要课题。

图 6 显示了老年人领取生活保障的情况，主要包括 65 岁及以上老年人口中的生活保障领取者比例、总人口中的生活保障领取者比例，以及所有生活保障领取者中的老年人占比的变化情况。左轴表示生活保障（低保）

领取者的比例，右轴表示老年人的相关比例。

从总人口的生活保障领取情况来看，1955～1970 年从 2.16% 下降到 1.3% 之后趋于稳定；1985 年以后再次出现下降；1995 年达到一个非常低的水平，仅有 0.7%；此后又出现上升，至 2015 年为 1.7%。

从老年人的生活保障领取率来看，1955～1975 年有 3.5%～4% 的老年人领取了生活保障；之后随着公共养老金的充实，这一比例出现大幅下降，1995 年降至 1.5%。不过，与总人口的保障率变化态势趋同，老年人的生活保障领取率在 1995 年之后亦有所上升，2015 年接近 3%。

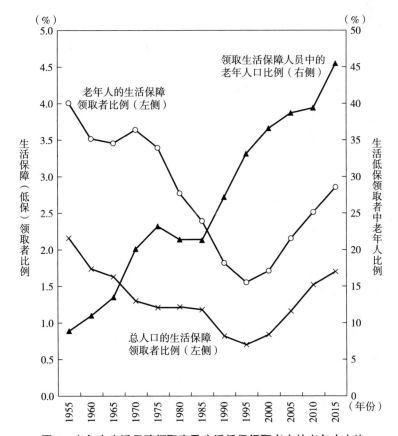

图 6　老年人生活保障领取率及生活低保领取者中的老年人占比

资料来源：日本国立社会保障与人口问题研究所《关于"生活保障"的公共统计数据一览》，日本厚生劳动省《被监护人全国同时调查》。笔者根据相关数据绘制本图。

从所有生活保障领取者中的老年人占比来看，1955 年领取生活保障人员中的老年人口比例在 10% 以下，随后持续上升，1975～1985 年略有下降，1985 年之后再次上升。可以清楚地看到，即便在老年人保障率下降期间，保障领取者当中的老年人口占比仍然呈现持续上升的趋势。这是由于 20 世纪 80 年代后期至 90 年代，劳动年龄人口很难获得生活保障，相应的生活保障率出现下降，从而领取生活保障的家庭中老年人口比例出现了上升（四方理人、田中聪一郎，2011）。而且，从 20 世纪 90 年代后半期开始，不仅人口老龄化加剧，而且老年人中领取生活保障的比例在上升，导致老年人家庭的生活保障领取率出现上升。相关数据显示，在 2015 年领取生活保障的人员中，老年人家庭所占比例达到了 45%。

然而，截至 2015 年，老年人的保障率仍在 3% 以下，仅为图 2 所示老年人贫困率的 1/8～1/6。日本的相对贫困率的贫困线标准与最低生活保障的标准接近，低于生活保障标准的家庭与相对贫困的家庭重叠超过 70%（山田笃裕等，2010）。因此，我们可以判断，收入低于贫困线标准但未领取到生活保障的老年人口有很多。

之所以出现这种情况的原因可能在于，申请生活保障需要通过经济状况审查。如要申领生活保障，申请人不仅要接受收入审查，其储蓄等金融资产和具有资产价值的自有住房及车辆等也都要经过严格的审查。有研究者对这种资产与贫困之间的关系做了分析，其研究表明，实际生活保障率与没有自有房屋或储蓄未达到一定标准且年收入低于生活保障标准的家庭的比例接近（山田笃裕等，2010；渡边久里子、四方理人，2019）。因此可以认为，有一定数量的老年人虽然处于贫困状态，但由于他们拥有资产等原因，故而无法申请领取生活保障。不过，20 世纪 90 年代中期以后，养老金金额有所增加，老年人口的贫困率没有上升，但领取生活保障的比例却在增加。我们将在下文通过测算老年人收入构成导致的贫困率来分析社会保障福利的减贫效果的变化。

四、收入保障政策对老年人减贫效果的变化[①]

本节将对构成家庭收入的各项收入因素的贫困率进行测量。不过，重要的是要区分老年人自身的收入和与他们共同生活的家庭成员的收入，即

———————————

① 本节由渡边久里子、四方理人撰写。

便两者有相同的收入构成。这是因为这不仅能够区分老年人自身的工作收入和养老金等社会保障福利，而且还能掌握共同生活的家庭成员内部的收入转移情况（Casey and Yamada，2002；Yamada，2002）。

本节将使用厚生劳动省《国民生活基础调查》中的个别数据。该调查自1986年以来每年实施一次，本文采用每三年一次的大型调查年度的数据①。另外，虽然采用的是1986年至2016年的年度调查数据，但由于所掌握的收入情况是各调查年度上一年的收入，因此，本节实际是对调查家庭在1985年至2015年的收入所进行的分析。

作为收入要素对贫困的影响的分析，以下将从六个收入阶段来测算相对贫困率。一是我们测算每个家庭中65岁及以上老年人劳动收入的贫困率（a）。二是用老年人的收入加上老年人的私人养老金和企事业单位收入得到老年人的市场收入，并测算其贫困率（b），用以表示老年人自身收入的贫困状况。② 三是在老年人市场收入的基础上加上公共养老金支付可得到老年人总收入并测算其贫困率（c），总收入贫困率（c）与市场收入贫困率（b）之间的差值可体现出公共养老金带来的减贫效果。四是如果在老年人市场收入的基础上加上其共同居住家庭成员的市场收入则可得到并测算基于家庭市场收入的贫困率（d）；老年人市场收入贫困率（b）与家庭市场收入贫困率（d）之间的差值可以认为是私人赡养带来的减贫效果。五是在家庭市场收入的基础上加上公共养老金和生活保障、儿童津贴等其他社会保障福利以及亲属汇款等，则可得到家庭总收入并测算其贫困率（e）。六是在家庭总收入基础上扣除税费和社会保险缴费等得到家庭可支配收入并测算其贫困率（f）。以此，本节对老年人自身的自助、公共养老金收入保障、老人与子女同住所得的私人赡养等的减贫效果以及每一类减贫效果各自的变化进行了验证。需要说明的是，分析对象不仅包括老年人是户主的家庭，还包括所有家中有老年人的家庭。

本节研究与其他既往研究的不同之处在于：一方面，a~c假设只有老年人自己生活的情况，是使用家庭中老年人人数的平方根作等价尺度。因此，

---

① 由于2010年和2013年的调查无法判别每户家庭成员的收入，因此分析时不区分老年家庭成员和非老年家庭成员的收入。

② 市场收入包括雇主/雇员收入、事业（经营）收入、农业/畜牧业收入、家庭劳动收入、财产收入、房租/地租、利息/股息、企业年金/个人养老金其他收入。

这些可以说是在假定所有老年人都自己生活情况下对相对贫困率的测算。[1]另一方面，d~f 是考虑到共同生活家庭的情况，与通常的分析一样，是使用家庭成员数量的平方根作为等价尺度的相对贫困率。此处需要说明的是，在所有情况下，相对贫困线都是根据每年的等价收入计算得出的。

    a   老年人劳动收入/$\sqrt{家庭内老年人人数}$

    b   老年人市场收入/$\sqrt{家庭内老年人人数}$

    c   老年人总收入（市场收入+公共养老金）/$\sqrt{家庭内老年人人数}$

    d   家庭市场收入（老年人市场收入+共居家庭成员市场收入）/$\sqrt{家庭人数}$

    e   家庭总收入（家庭市场收入+公共养老金+亲属汇款+其他社会保障福利收入）/$\sqrt{家庭人数}$

    f   家庭可支配收入（家庭总收入-税费及社会保险缴费）/$\sqrt{家庭人数}$

    在对比分析相对贫困率之前，我们认为需要先确认一下各收入因素在家庭收入中所占份额的变化。图 7 显示了 1985~2015 年有 65 岁及以上老年人家庭的等价家庭收入的构成比例，以扣除税费和社会保险费之前的家庭总收入为 100。[2] 一是老年人的劳动收入自 1985 年以来一直保持在 10%左右，2012 年开始有所上升，2015 年升至近 15%。这是因为 65 岁以上老年人的就业率虽然由于个体经营的减少而呈下降趋势，但又因为 20 世纪初后半期以来非正规就业的扩大而出现上升（四方理人，2019）。此外，由于老年人的资产收入和其他收入的增加，2015 年老年人的市场收入占比已经达到 20%，老年人自身的收入在增加。

    二是 1985 年，公共养老金的份额约为 10%，生活保障救济金等其他社会保障约为 2%。因此，当时的社会保障福利在老年家庭收入中所占的份额并不大。但此后，公共养老金的份额大体保持上升，2012 年约为 34%、2015 年约为 33%。与此同时，其他社会保障福利的份额微降至 2%以下，因

---

    [1] Casey 和 Yamada（2002）在假设老年人是单独生活的情况下，对未做等价处理的老年人个人收入进行了分析。

    [2] 这里的各项收入都未进行等价处理。

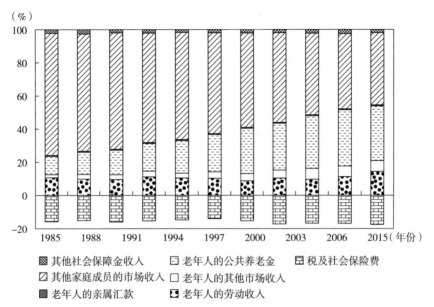

（%）

图 7   1985~2015 年有 65 岁及以上老年人的家庭中各收入要素的份额变化

此，老年家庭的社会保障福利几乎全部来自公共养老金。此外，其他家庭成员市场收入份额持续下降，1985 年约为 74%，2015 年约为 44%，下降了 30 个百分点。另外，任何年份的亲属汇款或馈赠的比例都微乎其微，这表明与子女共同生活的变化对收入份额产生了很大影响。

上述家庭收入的变化对于老年人贫困率有何影响呢？图 8 显示了 65 岁及以上老年人按不同收入要素分列的相对贫困率变化情况。首先，从老年人本人的劳动收入贫困率（a）来看，1985 年为 85%，2003 年升至 90%，此后这一比例略有下降，2015 年为 86%。其次，老年人劳动收入加上其他收入的市场收入的贫困率（b）与劳动收入贫困率的变化方向大致相同，但自 21 世纪初后期以来，与劳动收入贫困率相比出现大幅降低。除劳动收入外，老年人的市场收入在减少贫困方面发挥着越来越大的作用。最后，老年人市场收入加上公共养老金即老年人总收入的贫困率（c），在 1985 年为 60%，相比市场收入贫困率（b）低了 23 个百分点。此后，公共养老金的减贫力度不断扩大，2015 年甚至降低了 56 个百分点。

假设老年人的市场收入不加养老金，而加上其他家庭成员的市场收入，即家庭市场收入，其贫困率（d）在 1985 为 35%，比仅计算老年人市场收

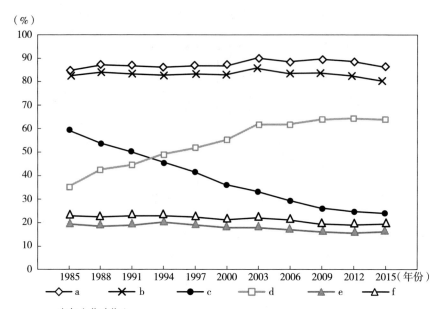

a 老年人劳动收入
b 老年人市场收入
c 老年人总收入（市场收入+公共养老金）
d 家庭市场收入（老年人市场收入+共居家庭成员市场收入）
e 家庭总收入（家庭市场收入+公共养老金+亲属汇款/馈赠+其他社会保障福利）
f 家庭可支配收入（家庭总收入–税费及社会保险费）

图8 65 岁及以上老年人按不同收入要素分列的相对贫困率变化

资料来源：渡边久里子和四方理人（2020）。

人的贫困率有大幅下降，低了 47 个百分点。不过，到了 2015 年情况有所变
化，家庭市场收入的贫困率是 64%，仅比老年人市场收入的贫困率低了 16
个百分点。故而可以看出，与家人共居的减贫效果在同一时期出现大幅下
滑。可以说，关于公共养老金和共同生活非老年家属的私人赡养的减贫效
果，1985 年后者的作用较大，但 1994 年前后发生逆转，前者作用加大，此
后公共养老金的减贫效果迅速增强。

市场收入加上公共养老金和亲属汇款以及其他社会保障福利（如生活
保障金、儿童津贴、就业保险金等）的总收入的贫困率（e）在 1985 年为
19%，2015 年为 16%。但是，扣除税费和社会保险费之后的家庭可支配收
入的贫困率（f）相比总收入的贫困率（e）略有上升。结果显示，以家庭
可支配收入来看，从 1985 年到 2015 年，老年人的可支配收入贫困率下降了
大约 3 个百分点。

　　由此可见，老年人劳动收入的相对贫困率自20世纪80年代至21世纪初基本上先期保持上升，之后转而下降。这是因为，随着个体工商户的减少，步入老龄期仍继续工作的老年人出现了减少的趋势；但2000年代以后，随着老年人口当中非正规就业人数的增加，老年人就业总数出现增加，故而开始领取养老金的年龄有所提高。但是，即使到2015年，仅以老年人市场收入计算的相对贫困率仍超过80%。此外，1985年，依靠共同生活家庭成员的赡养大大减少了老年贫困；但之后，家庭赡养对减贫的影响逐渐减弱，公共养老金对减贫的影响越来越大。

　　图9同样根据不同的收入要素，分别显示了65~74岁低龄老年人和75岁及以上中高龄老年人在不同收入阶段的相对贫困率的变化情况。如图2所示，从20世纪80年代中期到21世纪10年代，低龄老年人的可支配收入贫困率出现下降，但是中高龄老年人的贫困率并没有下降。这可以说是日本与其他发达国家相比的一个不同之处。

　　一是从仅以老年人劳动收入计算的相对贫困率（a）来看，65~74岁老年人的贫困率在整个20世纪90年代基本都在上升，到21世纪初的后期出现下降；75岁及以上老年人的该比率自20世纪初以来始终没有下降。可以认为，中高龄老年人的贫困率几乎没有受到老年人延迟退休年龄和扩大非正规就业的影响。

　　二是从老年人总收入即市场收入加上公共养老金后的相对贫困率（c）来看，1985年，65~74岁老年人的贫困率为50%，75岁及以上老年人的贫困率为74%。

　　三是从老年人市场收入的贫困率来看，1985年，公共养老金的减贫效果对于65~74岁的老年人来说是27个百分点，但对于75岁及以上的老年人来说只有17个百分点。

　　四是如果加上共居家庭成员的市场收入计算相对贫困率（d）而不加公共养老金的话，1985年时，65~74岁老年人的贫困率是38%，75岁及以上老年人的贫困率是32%。共居家庭带来的减贫效果对于65~74岁老年人来说约为40个百分点，对于75岁及以上老年人来说是60个百分点。

　　五是虽然公共养老金和共居家庭的减贫效果在低龄老年人和中高龄老年人之间有很大的差异，但从家庭可支配收入的相对贫困率（f）来看，65~74岁老年人的贫困率与75岁及以上老年人的贫困率在1985年基本相同，约为23%，就结果而言，低龄老年人和中高龄老年人的相对贫困率的水平却是大

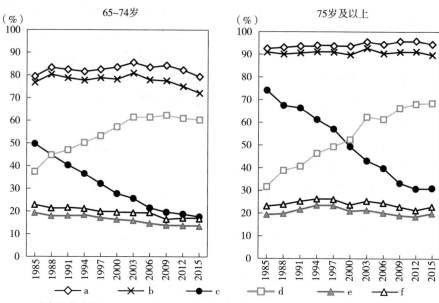

a 老年人劳动收入
b 老年人市场收入
c 老年人总收入（市场收入+公共养老金）
d 家庭市场收入（老年人市场收入+共居家庭成员市场收入）
e 家庭总收入（家庭市场收入+公共养老金+亲属汇款/馈赠+其他社会保障福利）
f 家庭可支配收入（家庭总收入–税费及社会保险费）

图9 不同年龄组老年人按各收入要素分列的相对贫困率变化

注：图中虚线部分是因为没有2009年和2012年不同家庭成员的收入数据，而做了线性插值。

资料来源：渡边久里子和四方理人（2020）。

体相当的。

以此来看，无论是65～74岁的老年人还是75岁及以上的老年人，公共养老金带来的减贫效果近年来都在增加，而家庭赡养的减贫效果却在减小。一方面，对于65～74岁的老年人而言，公共养老金的减贫效果的提升大于家庭赡养减贫效果的下降，以可支配收入测量的贫困率也在持续下降。另一方面，对于75岁及以上的老年人而言，20世纪90年代家庭赡养的减贫效果的下降幅度大于公共养老金的减贫效果的上升幅度，以可支配收入测量的贫困率出现上升；此后一直到21世纪初的中后期，公共养老金的减贫效果持续上升，而家庭赡养的减贫效果下降幅度相对较小，故而以可支配收入测量的贫困率有所下降。结果就是，75岁及以上老年人基于等价可支配收入的贫困率在1985年和2015年基本处于相同水平。

五、结语

本文通过分析日本的收入保障制度及其对老年人贫困问题的减贫效果，探讨了当前世界上老龄化最严重的社会的收入保障现状。在发达国家，儿童与劳动年龄人口的贫困率呈上升趋势，但老年人的贫困率呈下降趋势。日本也有类似的趋势，但75岁及以上老年人的贫困率在20世纪80年代和2010年代却基本保持在同一水平。

首先，日本公共养老金制度的划时代进展始于1961年《国民年金法》的实施，由此确立了覆盖全部人口的"国民皆年金"制度。现在的大部分老年人都是在领取自己缴纳保费的公共养老金。与此同时，尽管1985年的养老金改革在财政上对国民年金与厚生年金做了并轨，但是，领取厚生年金的老年人和只能领取基础一档年金的老年人在养老金数额上存在差距。此外，如果没有加入厚生年金的话，则视为未缴纳固定数额的国民年金①。特别是，随着非正规就业的增加，也出现越来越多的雇员因无法加入厚生年金而未缴纳国民年金保险费的情况。这种欠缴年金保费的问题，未来可能会作为老年人的贫困问题凸显出来。

其次，在公共养老金之外，还有作为收入保障制度的最低生活保障制度，但目前日本领取生活保障的国民比例不到总人口的2%。老年人的保障率在1955年为4%，之后迅速下降；1995年为1.5%，此后又出现上升；到2015年约为3%。此外，随着人口老龄化，在日本接受该项公共救助的人当中，约有半数都是老年人。与欧美各国一样，日本的公共养老金制度日趋成熟，老年人的贫困问题似乎有所减少；但从这里可以看出，老年人的贫困问题实则给最低生活保障制度增加了负担。

因此，为了考察公共养老金在多大程度上减少了老年人的贫困，我们对各收入要素对有老年人家庭的减贫效果进行了分析。在不考虑公共养老金和共居非老年家庭成员收入等的情况下，老年人自身市场收入的贫困率在所有时期都处于80%~90%的水平。公共养老金带来的减贫效果使老年人

---

① 参加厚生年金的雇员会从工资中自动扣减保险费，其中也包括国民年金的保险费；如果没有加入厚生年金的话，国民年金参保人需自行缴纳国民年金，所以会有欠缴或延缴等的情况。译者注。

的市场收入贫困率在 1985 年下降了 23 个百分点，2015 年下降了 56 个百分点。但是在此期间，由于共同生活成员的家庭赡养的减贫效果大幅下降，因此，从 1985 年到 2015 年，65 岁以上老年人的可支配收入贫困率仅下降约 3 个百分点。可以说，虽然公共养老金大幅减少了老年人的贫困，但由于同时期家庭共居形态的变化，减贫效果很大程度上都被抵消了。

这一趋势在 75 岁及以上的老年人中表现得更为明显。在 20 世纪 80 年代到 90 年代，由于家庭赡养变化带来的减贫效果的下降幅度大于公共养老金减贫效果的上升幅度，致使 75 岁及以上老年人口的可支配收入贫困率出现上升。自 21 世纪初的后半期以来，公共养老金的减贫效果增大，老年人的可支配收入贫困率有所下降，但 75 岁及以上老年人的可支配收入贫困率在 2015 年却仍与 1985 年的贫困率基本持平。

可以说，此前严重依赖家庭赡养的日本老年人的收入保障制度，随着公共养老金的成熟发生了很大的变化。但是，很难说老年人的贫困问题已经得到了消除，只能说家庭赡养水平在降低，所以不得不依赖最低生活保障制度的老年人在增加。

最后来看一下今后日本老年人的贫困与收入保障情况。由于宏观经济浮动机制，面临养老金水平大幅下降的不是现在的老年人，而是今后将要领取养老金的现在的劳动年龄人口。这一代人的非正规就业比例较高，很多人没有加入厚生年金，欠缴国民年金保险费的比例也很高。而与厚生年金部分相比，宏观经济浮动机制对基础年金部分的调整期间更长，所以对只有基础年金的老年人的影响也会更大，因此可以认为会出现很多的低年金者。此外，现年 40 多岁的一代人（第二次婴儿潮一代）人口规模非常庞大，他们不仅面临由于养老金替代率的下降而导致老年贫困的扩大这一担心，而且他们这一代的未婚率高、生育率低，所以很难想象他们如何依靠下一代进行家庭赡养。总之，日本老年人的贫困问题今后很可能会成为一个重大的社会问题浮现出来。

参考文献

[1] 渡辺久里子，四方理人（2019）所得・資産を用いた生活保護基準未満世帯の推移．三田学会雑誌＝Mita journal of economics，111（4），pp. 463-485.

[2] 渡辺久里子，四方理人（2020）高齢者における貧困率の低下—公的年金と家

族による私的扶養．山田笃裕編，高齢期を中心とした生活・就労の実態調査．政策科学総合研究事業（政策科学推進研究事業）H30-政策-指定-008.

　　[3] 厚生労動省（2017）生活保護制度の現状について（https：//www. mhlw. go. jp/file/05-Shingikai-12601000-Seisakutoukatsukan-Sanjikanshitsu_Shakaihoshoutantou/0000164401. pdf）.

　　[4] 吉原健二編著（1987）新年金法　61 年改革解説と資料．全国社会保険協会連合会.

　　[5] 駒村康平（2013）《日本の年金》，岩波書店.

　　[6] 山田笃裕，四方理人，田中聡一郎（2010）貧困基準の重なり--OECD 相対的貧困基準と生活保護基準の重なりと等価尺度の問題（Poverty standard by OECD，standard by "Seikatsu Hogo" in Japan，and equivalence scale），貧困研究，4，pp. 55-66.

　　[7] 四方理人（2017）社会保険は限界なのか？：―税・社会保険料負担と国民年金未納問題―．社会政策，9（1），29-47.

　　[8] 四方理人（2019）高年齢者における就労と貧困（Employment and Poverty among Older People）貧困研究＝Journal of poverty，23，16-26.

　　[9] 四方理人，村上正俊，稲垣誠一（2012）国民年金保険料における未納・免除・猶予・追納の分析．三田学会雑誌，104（4），569（63）-585（79）.

　　[10] 四方理人，田中聡一郎（2011）生活保護受給世帯のストック・フロー分析．三田学会雑誌，103（4），pp. 587-600.

　　[11] Casey B, Yamada A. Getting Older, Getting Poorer？：A Study of the Earnings, Pensions, Assets and Living Arrangements of Older People in Nine Countries［R］. OECD Labour Market and Social Policy Occasional Papers, No. 60, OECD Publishing, 2002.

　　[12] OECD. Preventing Ageing Unequally［R］. OECD, 2017.

　　[13] OECD. Pension at a Glance［R］. OECD, 2019.

　　[14] Yamada A. The Evolving Retirement Income Package：Trends in Adequacy and Equality in Nine OECD Countries［R］. OECD Labour Market and Social Policy Occasional Papers, No. 63, OECD Publishing, 2002.

中国农村老年贫困与收入保障政策

张文博（中国社会科学院）

一、引言

从整个生命周期的阶段变化来看，人们在步入暮年之际会同时面临身体机能和综合能力的下降，随之而来的是劳动性收入的下降。老年人口需要更多依靠非劳动收入，相比劳动年龄人口也更易陷入贫困。从中国国家统计局 2014 年至 2019 年公布的按户主年龄组分列的年度贫困数据来看，中国 60 岁及以上人群，尤其是 75 岁及以上人群的贫困程度明显更高。

过去十年，中国城乡 60 岁及以上人群的贫困缓解与收入增长整体上有了明显改善，生活水平有了很大提升，这与老年人口社会保障收入的改善有直接关系。尽管如此，老年人收入上的城乡差异仍然存在，且老年人口内部年龄组别之间的差异也较显著。特别是，由于职业获致和社会经济地位等的城乡差异，城市老年人口以社会保障收入为主要生活来源的人口占比不断上升，而农村老年人口仍需主要依赖自身劳动或家庭其他成员的供养。从中国城乡人口的分布和收入差异来看，农村人口不仅有着更高的老龄化率和高龄化率，且老年人口同时面临严重的经济脆弱和收入不足问题。因此，有必要从中国人口老龄化率城乡倒置和非劳动收入城乡反差的情境出发，检视中国农村老年人口的收入保障。

本文主要从农村老年人经济福利与贫困问题的关系出发，首先对中国农村老年人现状进行刻写，其次对老年人经济脆弱性上升面临的主要挑战做出探讨，再次对两种普惠型农村老年人口收入保障政策的施行情况加以分析，最后尝试对中国农村老年人口收入保障改善的可能面向进行思考。

二、中国农村老年人现状

2020 年，中国政府宣布历史性摆脱了绝对贫困，但绝对贫困的消除并不意味着贫困问题的彻底消失。在此之前，中国的绝对贫困人口主要生活在农村。在过去几十年不平衡、不充分的发展下，城乡差距以及与之相伴的城乡收入差距问题凸显，对于刚摆脱绝对贫困不久的农村人口，尤其是他们当中收入保障脆弱的老人而言，再次陷入贫困的威胁尚在。

（一）人口倒置：农村老龄化与高龄化

截至 2021 年末，中国 60 周岁及以上人口为 26736 万人，占全国人口的 18.9%，其中 65 周岁及以上人口为 20056 万人，占全国人口的 14.2%（国家统计局，2022）。中国已整体上进入中度老龄化社会，但这种老龄化程度却不可一概而论。

事实上，由于大量的人口城乡流动和快速的城乡社会转型发展，中国农村"空心化"现象日益凸显，早在中国整体迈入老龄化社会之际，中国乡村常住人口的老龄化程度就已经高于全国整体水平和城市老龄化程度。从 2000 年以来的三次人口普查数据可以看出（见表 1），2000 年第五次人口普查全国 60 岁及以上老龄化率为 10.46%、65 岁以上老龄化率为 7.10%，这两个指标均已达到国际通常的老龄化社会标准。但具体区分城乡地区来看：城市 60 岁及以上老龄化率为 10.05%，刚刚达到国际老龄化标准；65 岁及以上老龄化率为 6.67%，尚未达到国际老龄化标准。镇 60 岁及以上老龄化率为 9.02%，65 岁及以上老龄化率为 5.99%，均尚未达到国际老龄化标准。乡村的 60 岁及以上和 65 岁及以上老龄化率却已分别达 10.92% 和 7.50%，老龄化程度明显高于城市和镇。

而在十年后的 2010 年第六次全国人口普查中，乡村常住人口老龄化程度继续加深，60 岁及以上和 65 岁及以上老龄化率分别增至 14.98% 和 10.06%。镇常住人口老龄化程度明显加快，60 岁及以上和 65 岁及以上老龄化率分别增至 12.01% 和 7.98%。而同期城市常住人口中 60 岁及以上老龄化率相对仅有小幅增长，从 2000 年的 10.05% 增至 10.28%；65 岁及以上老龄化率反而出现小幅下降，且仍尚未达到国际老龄化标准。

再到 2020 年第七次全国人口普查时，中国整体逼近中度老龄化社会。

具体到城乡地区而言，城市 60 岁及以上和 65 岁及以上老龄化率分别增至 15.54% 和 10.77%，镇 60 岁及以上和 65 岁及以上老龄化率分别增至 16.40% 和 11.81%，乡村 60 岁及以上和 65 岁及以上老龄化率分别增至 23.81% 和 17.72%，相比 2000 年均有快速增长，尤其是乡村老年人口。且值得注意的是，乡村早已进入中度老龄化社会，高龄化率进一步上升，60 岁以上老年人中 80 岁以上高龄老人占到 13.74%。

表 1 2000~2020 年全国人口普查老龄化率变化情况 单位：%

年份	全国		城市		镇		乡村	
	60 岁及以上	65 岁及以上	60 岁及以上	65 岁及以上	60 岁及以上	65 岁及以上	60 岁及以上	65 岁及以上
2000	10.46	7.10	10.05	6.67	9.02	5.99	10.92	7.50
	—	—	—	—	—	—	—	—
2010	13.32	8.92	10.28	6.49	12.01	7.98	14.98	10.06
	↑2.86	↑1.82	↑0.23	↓0.18	↑2.99	↑1.99	↑4.06	↑2.56
2020	18.73	13.52	15.54	10.77	16.40	11.81	23.81	17.72
	↑5.41	↑4.6	↑5.26	↑4.28	↑4.39	↑3.83	↑8.83	↑7.66

注："↑"代表上升。

资料来源：根据第五次、第六次、第七次全国人口普查数据计算得出。

（二）收入反差：经济更脆弱的农村老人

自 2010 年农村居民人均纯收入增速（10.9%）超过城镇居民人均可支配收入增速（7.8%）以来，在过去十年的经济社会发展中，农村居民收入有较快增长，农村老年人的收入也相应有所提高，贫困率出现大幅下降。2012~2021 年全国居民可支配收入、增速与城乡比情况如表 2 和图 1 所示。

表 2 2012~2021 年全国居民可支配收入、增速与城乡比

	2012 年	2013 年	2014 年	2015 年	2016 年	2017 年	2018 年	2019 年	2020 年	2021 年
全国（元/年）	16510	18311	20167	21966	23821	25974	28228	30733	32189	35128
增速（%）	10.6	8.1	8.0	7.4	6.3	7.3	6.5	5.8	2.1	8.1
城镇（元/年）	24565	26955	28844	31195	33616	36396	39251	42359	43834	47412

续表

	2012 年	2013 年	2014 年	2015 年	2016 年	2017 年	2018 年	2019 年	2020 年	2021 年
增速（%）	9.6	7	6.8	6.6	5.6	6.5	5.6	5	1.2	7.1
农村（元/年）	8530	9433	10489	11422	12363	13432	14617	16021	17131	18931
增速（%）	—	—	9.2	7.5	6.2	7.3	6.6	6.2	3.8	9.7
城乡比（%）	2.88	2.86	2.75	2.78	2.72	2.71	2.69	2.64	2.56	2.5

注：（1）本表所列增速为扣除价格因素的实际增长率（比上年实际增长）。

（2）按国家统计局发布年度国民经济和社会发展统计公报，2012~2013 年农村居民收入统计口径为人均纯收入，分别为 7917 元/年和 8896 元/年，实际增长 10.7%和 9.3%；为与全国居民和城镇居民统计口径（可支配收入）保持一致，本表按照 2014 年统计公报公布的农村居民可支配收入增长情况推算出 2013 年的农村居民可支配收入，按照 2012 年的城乡比和城镇居民可支配收入推算出 2012 年的农村居民可支配收入。

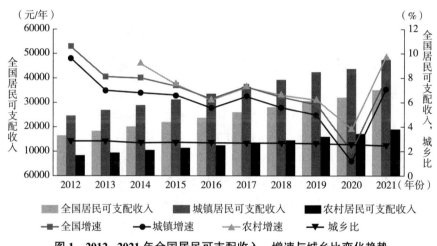

图 1　2012~2021 年全国居民可支配收入、增速与城乡比变化趋势

就目前从消费来研究关于中国老年人生活水平和贫困率的新近成果来看（Gong et al.，2022），研究者利用中国健康与养老追踪调查项目（CHARLS）2011~2020 年数据发现，在 2011~2020 年的十年间，中国 60 岁及以上人群的生活水平有了明显提升，以不变价格计算，消费增长了107%；同时贫困率也有大幅度下降，2011 年约为 35.6%，2020 年下降到约13.1%，而且，贫困的深度以及城乡间、年龄组别间的不平等也普遍出现持续下降（见表 3）。

表3　区分户口、年龄的中国老年人口贫困率（2011~2020年）　单位：%

户口	年龄	2011年	2013年	2015年	2018年	2020年	(2011-2020)/2011
全国	60~64岁	30.2	21.2	16.4	13.1	8.3	72.5
	65~74岁	35.1	24.4	22.2	18.6	14.5	58.7
	75岁及以上	41.7	34.8	31.4	23.6	16.7	60.0
城市	60~64岁	12.0	10.1	7.3	4.9	2.7	77.5
	65~74岁	13.9	13.6	8.0	6.3	4.2	69.8
	75岁及以上	23.6	22.5	16.0	10.5	6.6	72.0
农村	60~64岁	37.1	25.4	20.3	16.5	10.7	71.2
	65~74岁	45.3	29.6	28.7	23.7	18.7	58.7
	75岁及以上	49.9	42.2	39.1	30.0	21.5	56.9

资料来源：Gong等（2022）。

Gong 等（2022）指出，一方面，城乡老年贫困差异依旧。2020年农村老年人口贫困发生率约为16.9%，远高于城市老年人口4.5%的贫困率。另一方面，不同年龄组的老年贫困率差异显著。2020年全国60~64岁人口的贫困率为8.3%，65~74岁和75岁及以上人口的贫困率则分别为14.5%和16.7%。相比2011年，2020年全国老年人口贫困率的降幅以60~64岁人口最大，城市和农村分别达到77.5%和71.2%；但值得注意的是，在75岁以上人口中，贫困率降幅在城市和农村之间有不同表现。从区分城乡和年龄的中国老年人口贫困率来看，农村75岁以上老人的贫困率最高，十年间降幅最低；65~74岁老年人口贫困率的城乡差异最大。

整体上可以看到，老年群体的内部分化不断加大，老年人口的贫困分布在逐渐从地域关联型明显转向人口特征关联型，即老年贫困问题与地域的相关性明显减弱，而是更多显示出与年龄、婚姻、受教育情况等人口特征上的高度相关性（Gong et al.，2022），且基于性别、年龄、家庭等的人口特征对于老年人口的分化及其差距的影响日益凸显（刘二鹏、张奇林，2018）。他们当中的女性、单身者、低教育水平者及健康状况较差者更易发生贫困问题（Rissanen and Ylinen，2014）。尤其是，在生命周期的劣势累积（Crystal and Shea，1990）下，贫困的女性化（Moghadam，2003）问题在老年群体、高龄群体中表现得最为显著，老年与女性的双重弱势身份导致老年女性的贫困问题更加突出。

三、农村老年人收入脆弱性上升的挑战

在农村人口老龄化和高龄化程度不断加深的情况下，中国农村老人生活首先依靠家庭支持，其次依靠个人劳动，他们在收入上面临几个方面的脆弱性挑战。一是家庭支持在持续减弱，主要表现在居住安排和私人赡养两方面。二是老年人就业参与下降，劳动收入随年龄增长逐渐减少。三是公共养老保障双轨制下，农村老年居民收入难获充分保障，反而对私人赡养的转移支付产生挤出效应，部分抵消了公共转移支付收入对老人收入增长的积极效果，这一点在韩国、日本同行中也有同样的研究发现。

（一）家庭支持弱化

随着中国日益从相对固态的"乡土中国"转向流动的"城乡中国"，在人口的城乡转移和农村女性劳动力市场参与度的上升中，家庭居住安排出现显著变化，家庭户规模持续缩小，老年人家庭分离增多，老年夫妻家庭和独居老人家庭增长显著。

从全国人口普查数据来看（见表4），1990年第四次人口普查家庭户规模为3.96人，到2020年第七次人口普查时已锐减至2.62人；乡村地区的平均家庭户规模也发生了明显变化，从2000年的3.68人降至2020年的2.70人，相比全国和城市、镇的变化水平而言，乡村家庭户均规模20年的降幅最大（26.63%）。家庭户规模的变化与农村的空心化紧密相连，反映了传统农村扩大家庭在观念层和行动层的同向变化，同时提示了农村劳动力转移城市就业和家庭居住分离的变化趋势，一方面表现为家庭类型的变化，另一方面表现为居住状况的变化。

表4　1990~2020年历次全国人口普查家庭户平均户规模变化及降幅

指标	1990年（人）	2000年（人）	2010年（人）	2020年（人）	（2000年-2020年）/2000年（%）
全国	3.96	3.46	3.09	2.62	24.28
城市	—	3.03	2.71	2.49	17.82
镇	—	3.36	3.08	2.71	19.35
乡村	—	3.68	3.34	2.70	26.63

资料来源：第四次、第五次、第六次、第七次全国人口普查数据。

从家庭类型来看，对比第五次、第六次、第七次全国人口普查 65 岁及以上老年人口家庭类型变化情况（见表 5）可以看到，全国 65 岁及以上单身老人和老年夫妻家庭的占比出现显著上升，前者从 2000 年的 11.46%增至 2020 年的 22.53%，后者从 2000 年的 11.38%增至 2020 年 21.02%，两者占比合计已超过全部有 65 岁及以上老年人家庭的四成（43.55%）。再细分城乡来看，城市老年夫妻家庭占比高出单身老人家庭近 2 个百分点；而在镇和乡村，则是单身老人家庭占比高出老年夫妻家庭 2 个百分点以上。尤其是，乡村单身老人家庭的增长非常显著，从 2000 年的 10.70%增至 2020 年的 23.58%，20 年的增幅达到约 120.37%；老年夫妻家庭的增幅也高达约 97.28%。这表明，在乡村 65 岁及以上老人的家庭中，近 1/4 都是单身老人家庭，超过 1/5 都是老年夫妻家庭。

表 5　2000~2020 年全国普查 65 岁以上老年人口家庭类型变化情况 单位：%

指标		单身老人	老年夫妇	1 位老人+未成年家庭成员	老年夫妇+未成年家庭成员	有 3 个老人的家庭	其他
全国	2000 年	11.46	11.38	1.16	1.06	—	74.95
	2010 年	16.40	15.37	0.98	0.88	0.38	65.98
	2020 年	**22.53**	**21.02**	**1.03**	**1.06**	**0.59**	**53.77**
城市	2000 年	12.90	14.03	1.14	1.37	—	70.56
	2010 年	16.56	19.09	0.40	0.55	0.35	63.05
	2020 年	**20.72**	**22.68**	**0.58**	**0.70**	**0.63**	**54.70**
镇	2000 年	13.23	12.89	1.20	1.14	—	71.53
	2010 年	17.25	16.06	0.95	0.81	0.40	64.53
	2020 年	**22.80**	**20.25**	**1.25**	**1.10**	**0.65**	**53.94**
乡村	2000 年	10.70	10.28	1.15	0.94	—	76.92
	2010 年	16.07	13.53	1.25	1.05	0.39	67.71
	2020 年	**23.58**	**20.28**	**1.22**	**1.26**	**0.55**	**53.10**

资料来源：第五次、第六次、第七次全国人口普查数据。部分数据为四舍五入后的数，则对应总和在 100%左右。

再从居住状况来看，2020 年第七次全国人口普查数据显示，60 岁及以上老年人口在实际的居住安排中以老年夫妻同住占比最高，全国水平为 43.70%；老年夫妻同住与独居老人的占比合计为 55.68%，超过有老年人家庭的一半。而且，一个值得注意的情况是，无论是老年夫妻同住家庭还是独居老人家庭，占比上均是城市最低，镇次之，乡村则最高。反之，与子女同住的有老人家庭则是城市最高、乡村最低（见表6）。由此可推知，乡村老年人可以获得的家庭支持较城市和镇可能更少，他们面临更大的经济脆弱性和家庭非正式照料欠缺。

表6　2020年第七次全国普查60岁及以上老年人口居住状况变化　单位:%

指标	全国	城市	镇	乡村
独居（有保姆）	0.18	0.29	0.17	0.11
独居（无保姆）	11.80	9.98	10.90	13.51
与配偶同住	43.70	41.89	41.90	45.80
与配偶、子女同住	23.12	26.53	24.42	20.08
与子女同住	16.57	16.73	17.57	16.03
养老机构	0.73	0.86	0.91	0.55
其他	3.90	3.73	4.12	3.93
合计	100	100.01	99.99	100.01

资料来源:《中国人口普查年鉴2000》《中国人口普查年鉴2020》。

无论是家庭户均规模的变化，还是家庭类型和居住安排的变化，这些都侧面反映出传统社会的家庭支持功能在不断弱化，老年人依靠家庭供养日益变得不可为继，尤其是农村的单身或独居老人。

（二）劳动参与减少

老年人口的劳动参与存在诸多方面的影响因素，既有个人、家庭和社会的原因，也有公共政策方面的原因。在个人层面，身体因素和（或）经济因素直接影响老人的劳动参与率；在家庭层面，孝亲赡养和隔代抚育是影响老人劳动参与的重要原因；在社会层面，职场机会让渡和颐养天年认知等也都会影响老人的劳动参与；在政策层面，年龄限制与劳动保护缺失等则是更大的现实藩篱。

整体上，中国老年人口的劳动参与率在持续下降。历时来看，在2011年中国城市常住人口超过乡村人口之前，由于生活在农村且主要从事农业生产的人没有明确的"退休"概念，中老年人口的劳动参与还保持在一个非常高的水平。有研究数据显示，从1980年到2011年，中国55～65岁人群中，农村男性和女性的劳动参与率尽管有微弱下降，但仍维持在 90% 左右；城市的劳动参与下降则比较明显，男性降至不到 60%，女性则降至 50% 左右。在 65~75 岁人群中，农村男性的劳动参与率微弱下降，但基本维持在 80% 左右；农村女性的劳动参与率则从 90% 大幅降至 60%（赵耀辉，2014）。

从 2010 年和 2020 年的数据可以更清晰地看到这种趋势。从全国整体参与就业情况来看（见图 2），一方面，25 岁到 49 岁人群的劳动力市场参与处于高峰，2010 年均在 85% 以上，2020 年保持在 80% 左右；50 岁以上人群的劳动参与开始大幅下降，60 岁以上人群的劳动参与下降更是显著，且随年龄增长呈阶梯式下降。另一方面，在 2010 年到 2020 年全国劳动参与率整体下行的十年间，不同年龄段的就业率均出现下降，最明显地表现在 16~19 岁人群中，其原因主要在于受教育年限延长；其次便是 60~69 岁人群，降幅在 24%~30%。具体来看，60~64 岁人口就业率从 2010 年的 49.1% 降至 2020 年的 34.4%；65~69 岁人口就业率从 2010 年的 36.0% 降至 2020 年的 27.5%。另外，70 岁及以上人群就业率也有小幅下降，其中，70~74 岁人口就业率从 2010 年的 19.5% 降至 2020 年的 17.9%；75 岁及以上人口就业率从 2020 年的 8.1% 降至 2020 年的 7.0%。

总体上，随着劳动参与率的周期变化和年龄的增长，中国城乡老年人口的劳动参与在持续下降。

（三）养老保障不充分

对于全体老年居民而言，普惠式的公共养老收入保障尤为关键。但中国公共养老保障的收入改善效应在城乡老年居民群体中有着显著的差异，目前，大部分城市老人已能依靠养老金/离退休金为主要生活来源，而相比之下，农村老人还需大量依靠劳动收入来维持生计。这一点可结合"城市—镇—乡村"老年人口在日常生活中对于养老金收入和劳动收入的依赖程度进行对比观察。

2020 年第七次全国人口普查老年人主要生活来源相关数据显示（见表 7），整体上，首先是离退休金/养老金已成为中国城乡 1/3 以上老年人（占 34.67%）的主要生活来源，其次是依靠家庭其他成员供养作为主要生活来源的老人群体（占 32.66%），再次是以劳动收入为主要生活来源的老人群体（21.97%），最后依次是依靠其他收入作为主要生活来源的老人群体（5.52%）、依靠最低生活保障金作为主要生活来源的老人群体（4.29%）和依靠财产性收入作为主要生活来源的老人群体（0.88%）。

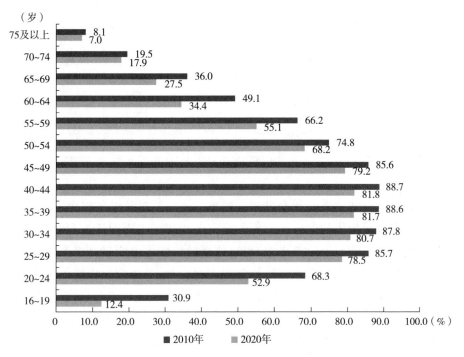

图 2　2010 年、2020 年全国人口分年龄段就业率变化

资料来源：《中国人口普查年鉴（2010）》《中国人口普查年鉴（2020）》。其中，第六次普查数据使用经济活动人口中的就业人口数据做计算。制图：华创证券张瑜团队。特别感谢陆银波高级研究员的数据支持。https：//baijiahao. baidu. com/s? id＝1763382302190781016&wfr＝spider&for＝pc。

表 7　第七次普查全国 60 岁及以上老年人口主要生活来源调查数据

指标	全国		城市		镇		乡村	
	人数（人）	占比（%）	人数（人）	占比（%）	人数（人）	占比（%）	人数（人）	占比（%）
总计	25523101	100	8584585	100	5101636	100	11836880	100
劳动收入	5607355	**21. 97**	629030	**7. 33**	1003583	**19. 67**	3974742	**33. 58**
离退休金/养老金	8848883	**34. 67**	5994356	**69. 83**	1619901	**31. 75**	1234626	**10. 43**
最低生活保障金	1095475	4. 29	130290	1. 52	211687	4. 15	753498	6. 37
失业保险金	1420	0. 01	282	0. 003	398	0. 008	740	0. 006

指标	全国		城市		镇		乡村	
	人数（人）	占比（%）	人数（人）	占比（%）	人数（人）	占比（%）	人数（人）	占比（%）
财产性收入	225698	0.88	55212	0.64	43510	0.86	126976	1.07
家庭其他成员供养	8335312	**32.66**	1484248	**17.29**	1895337	**37.15**	4955727	**41.87**
其他	1408958	5.52	291167	3.39	327220	6.41	790571	6.68

不过，区分城乡来看则会发现：城市、镇和乡村的老年居民对不同的收入来源有不同的依赖度。一方面，城市老年居民主要生活来源的排序与全国情况保持一致，但对养老金/离退休金的依赖水平明显高于全国水平，近七成（69.8%）的城市老年居民都以养老金/离退休金为主要生活来源；相比之下，镇老年居民当中有近1/3（31.75%），而乡村老年居民当中仅有一成稍多（10.4%）。另一方面，城市和镇老年居民对劳动收入的依赖度都排到第三位，也与全国情况保持一致，其中，以劳动收入为主要生活来源的老年居民在城市老年居民中的占比已不到一成（7.3%），在镇老年居民中的占比近两成（19.7%）；但与此形成反差的是，乡村老年居民对劳动收入仍有较高的依赖度，33.6%的乡村老年人仍需以劳动收入为主要生活来源。对于乡村老人居民而言，他们当中2/5以上的人更多需要依靠家庭支持来支持其生活所需，1/3以上的人更多需要继续参加农业劳动或其他劳动来支持其生活所需。

结合分城乡、分性别就业率（见表8、表9）来看，60岁及以上老年人口的劳动参与存在显著差别。其中，乡村各年龄段老年人口就业率均明显高于同年龄段的城市和镇老年人口。在不考虑男女家庭角色分工和劳动参与率性别差异的情况下，城乡老人就业率从高到低依次是乡村男性老人、乡村女性老人、镇男性老人、镇女性老人、城市男性老人、城市女性老人。就经济因素而言，老年人口的低劳动参与主要与其家庭收入增长和公共养老保障收入改善等方面直接相关。从城乡老年就业率差异可以大体推知，公共养老保障收入改善对劳动参与的挤出效应主要体现在城市老年居民和部分镇老年居民中。相比之下，农村老年人口的劳动参与减少更多应与身体状况变化直接相关，其养老保障的收入改善效应和劳动参与挤出效应不如城镇明显。

表8　2020年全国普查分城乡不同年龄段老年人口就业率　单位：%

年龄	全国	城市	镇	乡村
60~64 岁	34.43	13.79	32.72	53.23
65~69 岁	27.48	8.41	24.35	42.39
70~74 岁	17.89	4.15	14.40	28.02
75 岁及以上	7.02	1.41	5.45	11.39

表9　2020年全国普查分性别不同年龄段老年人口就业率　单位：%

年龄	全国		城市		镇		乡村	
	男	女	男	女	男	女	男	女
60~64 岁	43.39	25.45	19.63	8.17	42.54	22.96	63.62	42.37
65~69 岁	34.61	20.63	11.82	5.28	31.75	17.38	51.27	33.49
70~74 岁	22.97	13.08	5.74	2.72	18.91	10.20	35.03	21.13
75 岁及以上	9.64	4.89	1.98	0.95	7.56	3.74	15.45	8.02

所以，尽管转移性收入（养老金+低保金+家人供养）已成为城乡老年居民的主要生活来源构成（城市为88.6%、镇为73.1%、乡村为58.7%），但其来源和占比在城乡之间有明显差异：城市老年居民主要依靠政府财政转移收入，乡村老年居民则主要依靠居民间/家庭内部转移收入。鉴于乡村人口的财产性收入极少，所以乡村这种家庭内部的转移收入实则依仗的是其家庭供养者的劳动收入。简言之，农村老年居民的生活来源主要依靠其家人的劳动收入和其本人的劳动收入，相比城市，农村养老保障的收入改善作用尚不明显。

四、中国农村老年人口收入保障政策施行情况

在当前中国农村居民可享受的收入保障政策中，普惠性保障政策主要有新型农村社会养老保险（以下简称"新农保"）政策和高龄生活补贴制度（以下简称"高龄津（补）贴"）两种，待遇领取上前者覆盖所有参保群体中的60周岁以上人口，后者覆盖所有80周岁以上高龄人口，一些省市的高龄津（补）贴还包含部分80周岁以下人口，按年龄区间分档发放。选择性保障政策则主要有最低生活保障（以下简称"低保"）、特困人员救助

供养、五保供养、被征地农民社会保障、水库移民后期扶持、农村计划生育家庭奖励扶助等项，这些政策主要面向符合特定经济条件或处于特定生产生活状态下的农村人口，不同保障政策类型也有相应的差别化待遇给付。本节主要针对两种普惠性收入保障政策的施行情况简要加以论述。

（一）新农保政策

新农保被冠以"社会养老保险"之名，是国家面向农村居民老年期基本生活保障而组织实施的一项重要保险制度，但相比以个人缴费为主、完全个人账户的农村社会养老保险（以下简称"老农保"）的完全保险性质，中国当前的新农保政策更多具有"非缴费型养老金"（又称"社会养老金"或"零支柱养老金"）的性质，从其筹资模式和账户构成来讲，新农保的集体与政府补贴部分超过个人缴费部分；在待遇给付上，政府补贴式财政转移支付占较大比重。因此，新农保政策可被部分地视为最普遍地覆盖到中国最广大老年人的普惠式养老金"福利"。

具体而言，2003 年局地试点、2009 年正式启动推行的新农保通过个人缴费、集体补助、政府补贴相结合的筹资模式，建立了社会统筹与个人账户相结合的农村居民社会养老金。在个人、集体和政府三个筹资渠道中，个人缴费最初以每年 100~500 元等 5 档为标准分档自愿参保，2014 年正式与城镇居民合并为城乡居民社会养老保险（以下简称"城乡居保"），地方可根据当地经济社会发展水平和农村居民人均收入情况适当调整或增设缴费档位，各地档位设置有所不同，但个人缴费档位均有所调整，缴费上限明显提高，旨在引导增加个人缴费累积。整体上，农村居民的缴费水平相对偏低。村集体补助这一渠道则因各地村集体经济的强弱而有较大分化，集体经济较强的村一般会按照一定的缴费档位对个人缴费部分进行补助。

第三个筹资渠道是政府补贴。按新农保规定，政府对符合领取条件的参保人全额支付新农保的基础养老金，其中，中央财政对中西部地区按中央确定的基础养老金标准（每人每月 55 元）给予全额补助，对东部地区给予 50% 的补助。地方政府应当对参保人缴费给予补贴，补贴标准不低于每人每年 30 元；对选择较高档次标准缴费的，可给予适当鼓励，具体标准和办法由省（区、市）人民政府确定。对于农村重度残疾人等缴费困难群体，地方政府为其代缴部分或全部最低标准的养老保险费。地方政府也可以根据实际情况提高基础养老金标准，对于长期缴费的农村居民，可适当加发基础养老金，提高和加发部分的资金由地方政府支出。

从待遇领取条件来看，对于制度实施时已年满60周岁、未参加城镇职工基本养老保险的老人而言，不再单独缴费，直接按月领取政府补贴发放的基础养老金。对于制度实施时不满60周岁的参保人而言，个人账户缴费以最低档缴费每年100元、连续缴纳15年计，个人账户累计缴费最低仅有1500元，到龄开始领取养老金标准约为72.39元/月①；以后期调整后较高档缴费每年1000元、连续缴纳15年计，个人账户累计缴费为15000元，加上政府补贴及利息等，到龄开始领取养老金标准约为228元/月②。就前者而言，他们没有个人账户累积，所领取的养老金全部为基础养老金部分，实为针对60周岁以上全部农村老人的"非缴费型"普惠式老年福利津贴；就后者而言，如果是按照最低档缴存，纯个人账户累计的月计发金额所占比例不足20%；即便是按照最高档缴存，基础养老金部分的贡献率依旧超过25%。因此，由基础养老金和个人账户养老金组成的新农保养老金具有明显的福利性质；而如果是村集体补贴缴纳个人缴费、个人无自付，个人账户的累计金额则全部为补贴性质，没有个人缴费的保险性质。就筹资结构和支付结构而言，无论个人缴费档位的高低以及是否为集体补贴，参加新农保的中国农村居民在60周岁后都能按月领取到一笔国家普惠式的基础养老金。

一个人在到龄后可以领取的养老金的多少，主要取决于个人的缴费档位、缴费年限以及参保地基础养老金的高低。自新农保与城镇居民养老保险制度合并为城乡居民社会养老保险以后，个人缴费的档位经过调整后差距逐渐拉大，全国各地设置多个档位鼓励提高个人账户养老金水平，不同缴费档位之间的待遇给付也出现了明显差异，档位间的待遇差额从每月十几元到每月数百元不等。与此同时，城乡居民保险延续了新农保的福利性质，其更大的待遇差异表现在基础养老金部分，一方面中央基础养老金从

---

① 以最低档缴费15年计，养老金标准的计算公式为：［基础养老金55元+0多缴加补（缴费满15年后每多缴1年基础养老金增加1元）］+｜［（100个人缴费+30地方补贴）×15年+0（集体补助、社会及个人资助等）］+利息（按银行最新利率3%的不变数计算的复滚利息）｜÷139=72.39元/月。

② 以每年缴费1000元档、缴费15年计，养老金标准的计算公式为：［基础养老金55元+0多缴加补（缴费满15年后每多缴1年基础养老金增加1元）］+｜［（1000个人缴费+30地方补贴）×15年+0（集体补助、社会及个人资助等）］+利息（按银行最新利率3%的不变数计算的复滚利息）｜÷139=228元/月。

最初的 55 元/人月不断有所调整和提高；另一方面不同省、市根据财力和支持政策的不同，还会对基础养老金提供不同的地方补贴，因此，不同地区之间同一缴费档位对应的个人账户领取金额几乎没有差别，但参保地基础养老金水平却有显著差异。就此而言，尽管基础养老金部分是一项国家普惠式的养老福利金，但具体施行中实则又存在参保地之间的巨大差异。从表 10《中国经济周刊》采制全国 31 个省、自治区、直辖市的标准可以看出基础养老金部分的差异之大，每人每年补贴最低为 1236 元、最高为 15600 元；而同一省内不同城市之间的标准则根据当地经济发展水平、城乡参保居民结构与缴费水平、老龄化程度等因素而有了更大的差别。例如，排名第 10 的江苏省，省级层面的基础养老金标准仅为 187 元/人月，但其下辖的一些城市如南京为 535 元/人月，苏州更是在 2022 年 630 元/人月的标准上最新提至 2023 年的 655 元/人月。

表 10　2022 年全国各省（自治区/直辖市）级城乡居民保险基础养老金标准

单位：元/人月

排名	省（自治区/直辖市）	基础养老金	排名	省（自治区/直辖市）	基础养老金
1	上海市	1300	17	陕西省	130
2	北京市	887	18	江西省	123
3	天津市	307	19	湖北省	115
4	西藏自治区	215	20	吉林省	113
5	宁夏回族自治区	210	21	甘肃省	113
6	重庆市	200	22	河南省	113
7	海南省	199	23	河北省	113
8	广东省	190	24	山西省	113
9	青海省	190	25	贵州省	113
10	江苏省	187	26	安徽省	110
11	浙江省	180	27	辽宁省	108
12	山东省	160	28	黑龙江省	108
13	新疆维吾尔自治区	150	29	四川省	105
14	福建省	140	30	湖南省	105
15	内蒙古自治区	140	31	云南省	103
16	广西壮族自治区	131			

资料来源：综合各省份人力资源与社会保障厅；编辑制表为《中国经济周刊》采制中心。

截至 2022 年末，全国城乡居民养老保险领取待遇人数达到 1.63 亿人，月人均养老金增至 189 元（见表 11），是 2012 年城乡居保实现制度全覆盖时的 2.3 倍左右，[①] 其中绝大多数是农村老年居民。尽管相比城镇职工养老保险待遇水平逐年增长和调节机制，农村居民养老金的稳定增长和动态调节仍显步伐迟缓，但对照"低水平、广覆盖"的发展思路，对比历年变化亦可看到，城乡居保对于稳定增加农村老年居民收入有明显效果。尤其是 2018 年，人社部、财政部印发的《关于建立城乡居民基本养老保险待遇确定和基础养老金正常调整机制的指导意见》（人社部发〔2018〕21 号），提出完善待遇确定机制、建立基础养老金正常调整机制、建立个人缴费档次标准调整机制、建立缴费补贴调整机制、实现个人账户基金保值增值等几方面重点任务，具体调整方案则由各省落实，不同省份陆续科学、灵活地提高了省定基础养老金最低标准，各省间调整频率及额度也出现较大差距；与此同时，不同省、市对于不同年龄区间老人的地方补贴高龄加发和新设立参保人丧葬补助也有差异化的具体政策。

表 11　2012 年、2017 年、2022 年城乡居民基本养老金与可支配收入变化情况

指标	2012 年	2017 年	2022 年
城乡居民月人均基本养老金（元/月）	82	125	189
城乡居民年人均可支配收入（元/年）	16510	25974	36883
城乡居民月人均中央基础养老金（元/月）	55	70	98
农村居民年人均可支配收入（元/年）	8530	13432	20133

从图 3 可以看出，城乡居民人均可支配收入中城乡居民人均基本养老金的贡献率在基本保持稳定基础上略有上升，2012 年、2017 年和 2022 年三年占比分别约为 5.96%、5.78% 和 6.15%，作为主要转移性收入的养老金收入的增长对于提升农村居民可支配收入有着积极效应。但同时也需注意到，全国统一的中央基础养老金对农村居民可支配收入的贡献率有所下降，占比从 2012 年的 7.74% 降至 2017 年的 6.25% 再到 2022 年的 5.84%；而拉开显著差距的地方政府财力和资金补贴则相对发挥更为重要的作用，包括地

---

① 《夯实民生之基的勇毅前行——2022 年全国社会保障工作述评》，《中国劳动保障报》，http://www.mohrss.gov.cn/SYrlzyhshbzb/ztzl/rsxthfjszl/xw/202212/t20221226_ 492280.html。

方财政支持的 60 岁及以上居民基础养老金和 65 岁以上（不等）的高龄增加发放基础养老金。因此，建立并完善基础养老金调整机制，逐步缩小地区之间、省份之间的各级基础养老金差距就十分必要。2020 年中央一号文件指出，要建立城乡基础养老金调整机制，这将进一步完善农村居民养老金稳定增长和动态调节机制。2022 年初启动的基本养老保险全国统筹更是一项具有标志性的重大突破，预期将在原有中央调剂金制度积极作用基础上，更好地发挥中央基础养老金动态调整和地区拉齐作用。

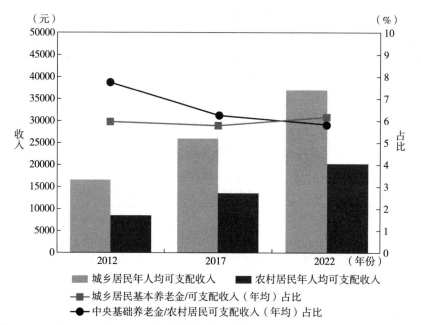

图 3　2012 年、2017 年、2022 年城乡居民基本养老金与可支配收入及相关占比变化

整体上，新农保制度是实现广大农村居民老有所养、增加老年收入的重大惠民政策，对于从保障全面和制度公平上改变城乡二元结构、逐步缩小城乡差距意义深远。但就目前的保障水平而言，其对农村居民养老仅具有基础保障作用，不仅在降低老年贫困风险、预防老年贫困方面的作用有限，还可能对子代和其他亲属的私人间转移支付产生挤出效应。

（二）高龄津（补）贴制度

高龄津（补）贴制度是面向高龄老人的一项福利制度。《中华人民共和国老年人权益保障法》（2009 年修正）中规定，要逐步增加对老年福利事业的投入，有条件的地方要建立高龄津贴制度等。2009 年，宁夏回族自治区贯彻党的十七大和十七届三中全会精神，按照"低标准、广覆盖、保基本、多层次、可持续"总体要求，创新高龄老人福利制度模式，积极探索建立低收入高龄老年人基本生活保障的长效机制，在全区建立高龄老人基本生活津贴制度，成为全国第一个建立高龄津贴制度的省区。高龄津贴制度的建立是对传统补缺型老年福利的重大变革，推动老年福利不断向非缴费型和适度普惠型福利发展。

高龄津（补）贴制度在建立之初仅面向 80 周岁以上老人，在全国的推行有一个发展过程。《民政部关于建立高龄津（补）贴制度先行地区的通报》（民函〔2010〕111 号）显示，2010 年在省级层面建立 80 岁以上高龄津（补）贴制度的仅有北京等 7 个省（区、市），其中按月向符合条件老年人计发高龄补贴的有北京、天津、黑龙江、上海、云南、宁夏等 6 个省（区、市）；同时，在省级层面尚未建立，但在地级层面建立 80 岁以上高龄津（补）贴制度的有山西省长治市等 21 个市（区、州、盟、县），其中有 11 个是按月发放。截至 2010 年底，全国共有 576.4 万高龄老人实际领取高龄老年津贴。

2011 年，民政部将"推动进一步建立高龄老人补贴制度"列入年度民政工作要点（见《民政部关于印发 2011 年民政工作要点的通知》（民发〔2011〕1 号）），当年全国共有 14 个省份全面建立高龄津（补）贴制度。2014 年，财政部、民政部、全国老龄办印发《关于建立健全经济困难的高龄失能等老年人补贴制度的通知》（财社〔2014〕113 号），提出全国范围内建立覆盖广泛、内涵丰富、衔接紧密的经济困难的高龄、失能等老年人补贴制度，推动实现基本养老服务均等化。截至 2017 年底，全国所有省市均已建立经济困难高龄老年人的津贴制度。

不过，需要注意的是，一方面，虽然全国所有省市均已建立了上述不同类型的高龄老年人津贴制度，实现了制度上的全覆盖，但仅有一半的省市的高龄津贴制度是全面普惠的，即全省所有市县区、所有到龄老年人口均可享受该项补贴；还有近一半的省市则是部分普惠的，其中有些是由于辖区内部分市县区尚未启动该项制度，有些是由于在年龄线之外还有别的条件约束，如上述执行第二类制度设计的省市，均尚未能实现高龄津补贴制度的全面普惠。另一方面，从省市层面而言，全国的高龄津贴水平存在较大差异。

总体而言，作为一项普惠性的老年福利制度设计，高龄津贴制度的实验对于农村老年人，尤其是高龄者的收入改善作用还是有一定的积极效应的。从表12的待遇领取人数来看，城乡高龄津补贴的领取率基本在85%以上。

表12　2015～2021 年中国老年人口及老年福利领取人数增长情况

指标	2015 年	2016 年	2017 年	2018 年	2019 年	2020 年	2021 年
60 岁+人口（万人）	22200	23086	24090	24949	25388	26402	26736
65 岁+人口（万人）	14386	15003	15831	16658	17603	19064	20056
80 岁+人口（万人）	2617.3	2755.3	2880.2	2972.3	3066.8	3580.1	3778.8
高龄补贴（万人）[*]	**2155.1**	**2355.4**	**2682.2**	**2955.6**	**2963.0**	**3104.4**	**3246.6**
比上年增长（%）		9.30	13.90	10.80	-0.03	4.77	4.58

注：60 岁及以上人口数、65 岁及以上人口数为各年度统计公报数据，2020 年为第七次全国人口普查数；80 岁及以上人口数为各年度全国1%人口抽样调查样本数据推导得出。2015 年抽样比为1.55‰；2016 年为全国人口变动情况抽样调查样本数据，抽样比为0.837‰；2017 年为全国人口变动情况抽样调查样本数据，抽样比为0.824‰；2018 年抽样比为0.820‰；2019 年抽样比为0.780‰；2021 年抽样比为1.058‰。

[*] 由于有些省将高龄补贴对象放宽到 65 岁或 70 岁，因此高龄补贴人数可能有大于 80 岁的人数。

五、中国农村老年人口收入保障改善的可能面向

过去四十多年来，中国城乡社会沿着"先富带动后富"发展路径不断取得巨大成就。至2020 年，中国如期完成全面脱贫攻坚目标任务，中国农村彻底解决绝对贫困问题，开始转向全面推进实施乡村振兴国家战略和实现共同富裕总体目标。但是，在农村经济快速发展、城乡收入总体差距明显缩小的过程中，仍有两大问题需要重点关注：一是城乡分项收入相对差距在扩大；二是农村内部的收入差距也在持续扩大。从非劳动收入在城乡居民人均可支配收入中的占比变化即可看到这种相对收入差距扩大，而受此影响最大的便是生活在广大农村的居民，尤其是他们当中的老年人口。

对于农村老年居民的收入增长和生活改善而言，主要由转移性收入构成的非劳动收入具有显著的积极意义。但从现状来看，在保障制度与政策设计上，农村居民主要参加/享有的城乡居民社保与城镇职工社保之间有明显的待遇差距，甚至与农村低保水平之间也有较大差距，且各地的基础养

老金补贴差异化明显；农村和城市高龄老人均可享受的高龄津（补）贴也存在制度覆盖和补贴水平上的城乡差异。反映在全国调查老年人主要生活来源（七普）上，这种差距很是直观：一方面，城市老年居民当中有近七成以养老金/离退休金为主要生活来源，但乡村老年居民当中仅有一成稍多（10.4%）；反过来，城市老年居民当中仅有不到一成（7.3%）的人以劳动收入为主要生活来源，但乡村老年居民中还有超过三成（33.6%）。另一方面，尽管转移性收入已成为城乡老年居民的主要生活来源构成，但城市和乡村在转移性收入的来源上有明显差异，城市主要依靠财政转移收入，乡村则主要依靠居民间/家庭内部转移收入。这种反差表明，乡村老年居民的社会保障水平过低，所以不得不更多依靠家人供养和个人的劳动收入。而若想要改变这种状况，需要着力思考拓展和提升农村居民转移性收入的渠道和标准，包括政府财政转移和集体分红等渠道，不断缩小养老金替代率上的城乡差距，才能切实提升农村老年人的收入，改善他们的生活水平，尤其是他们当中那些身体机能退化或综合能力较弱的老人。

首先需要持续适度提高农村居民的社会保障和老年福利水平，缩小城乡之间以及不同福利项目之间（如新农保和低保）的政府财政转移性收入差距。就目前而言，一方面，针对以农村居民为主要参保对象的城乡居保，不断完善基础养老金动态调整机制，持续适度提高基础养老金水平，特别是在全国统筹工作任务下，利用调剂金逐步提升中央基础养老金标准；相对拉齐地方基础养老金标准是缩小城乡间、地区间养老保障和老年福利的一个重要方向。另一方面，国际社会近年再度热议的全民无条件基本收入概念①或许可以提供一些更具突破性的思路。无条件基本收入的倡导者认为，无条件基本收入可以真正实现"全覆盖、保基本"意义上的社会正义、自由与经济安全感，同时不但无损于就业，反而能在释放个人潜能的基础上提高就业的质量、激发经济活力和动能（斯坦丁，2020；帕里斯和范德波特，2021）。依据艾斯平－安德森（1990）关于"商品化""去商品化"以及"社会工资"的论述，基本收入不仅能促进作为劳动力的个体的去商品化，同时还能促进原本被排除在就业市场以外的个体的商品化。基于此，相对于"积极劳动力市场政策"视角下的压迫性"积极福利国家"，基本收

---

① 无条件基本收入即"给所有人定期发放一笔现金收入，以个人为基础，没有经济状况审查或工作要求"。

入在可以同时提供民众安全性与灵活性的意义上，被视为一种解放性的"积极福利国家"，对于已主要退出劳动力市场的老年人口而言是一种更为友好的福利政策和收入保障方案。

其次要结合县域城镇化全面推动乡村振兴，不断壮大集体经济规模、提升集体性社会分红和福利水平。作为农村社会最重要的生产资料，土地不仅有其自然属性、经济属性，更有其社会属性和文化属性；它也不单纯表现为一种经济关系，而更多是一种社会关系（张文博，2014）。托马斯·潘恩早在 200 多年前就已在其《土地正义》中指出，土地是属于人类的共同财产，因此共同体成员对由土地财产而聚集的"集体社会财富"具有声称社会分红的"社会权利"①。在农村，通过土地财产系统壮大集体经济、实现共同富裕，发挥集体经济组织的作用是很重要的一个方面。不过，不同于传统社会的救助型或补缺型福利，也不同于当前阶段政府财政转移普惠式福利的兜底保障，在目前中国城乡发展阶段下，村集体分红在改善局地收入分配、强化共同体社会团结的基础上，更多类似于"锦上添花"，是一种富者愈富的动力机制。因此，如何通过集体经济组织做大"蛋糕"、分好"蛋糕"，如何通过集体性社会分红为村民提供必要的乃至优厚的社会保障和福利服务，不断提升老年居民收入和服务供给，这是实践者和研究者需要重点思考的问题。

最后要着力推动建设健全农村居民财产性收入增长的机制。中国城乡居民可支配收入中财产性收入的占比在稳步提升，但是这部分的增长主要表现在城镇居民的收入中，占比已经超过 10%，而且还在直追经营性收入。但在目前农村居民的收入构成中，财产性收入可谓是微乎其微。因此，稳定提高农村居民的财产性，是缩小城乡收入差距、促进共同富裕的一个重要抓手。事实上，农村还有大量资源未被盘活，尚待有效加以利用；农民的土地承包经营权、宅基地使用权等关键财产也并未完全释放其价值，亟待深化土地要素市场化改革，重点包括宅基地制度改革、健全完善土地征用机制、推动集体土地股权改革等几个方面，进而推进农民财产释放价值，整体推动农民财产性收入增长。这一方面的突破对于当前农村老年人口而言，在收入保障与改善上也具有一定的可期性。

---

① 盖伊·斯坦丁.《基本收入》[M].陈仪，译，上海：上海文艺出版社，2020：34。

参考文献

［1］菲利普·范·帕里斯，杨尼克·范德波特. 全民基本收入：实现自由社会与健全经济的方案［M］. 成福蕊，译. 桂林：广西师范大学出版社，2021.

［2］盖伊·斯坦丁. 基本收入［M］. 陈仪，译. 上海：上海文艺出版社，2020.

［3］国家统计局. 全国年度统计公报（2021）［EB/OL］.［2022-02-08］. http：//www. stats. gov. cn/tjsj/tjgb/ndtjgb/.

［4］国家统计局. 普查数据［EB/OL］. http：//www. stats. gov. cn/tjsj/pcsj/.

［5］国家统计局. 中国统计年鉴［EB/OL］. http：//www. stats. gov. cn/tjsj/ndsj/.

［6］刘二鹏，张奇林. 农村老年贫困：一个分析框架及解释［J］. 当代经济管理，2018，40（6）：41-45.

［7］赵耀辉. 中国的人口老龄化问题与退休政策［R］. 第16届NBER-CCER "中国与世界经济年会"系列简报之四，2014.

［8］郑秉文. 非缴费型养老金："艾伦条件"下农村养老保险制度变迁与改革出路［J］. 华中科技大学学报（社会科学版），2020，34（3）：2-18.

［9］郑超，王新军. "新农保"政策对老年人扶贫绩效的影响研究［J］. 财经研究，2020，46（3）：124-138.

［10］中华人民共和国民政部. 民政事业发展统计公报（2018-2021），社会服务发展统计公报（2010-2017），民政事业发展统计公报（2001-2009）［EB/OL］. https：//www. mca. gov. cn/article/sj/tjgb/.

［11］张文博. 村庄集体土地利用与农村社会发展——以关中W县城镇东、西两村为例［R］. 中国社会科学院博士后研究工作报告，2014.

［12］考斯塔·艾斯平-安德森. 福利资本主义的三个世界［M］. 郑秉文，译. 北京：法律出版社，2003.

［13］Crystal S, Shea D. Cumulative Adavantage, Cumulative Disadvantage, and Inequality Among Elderly People［J］. Gerontologist, 1990, 30, 437-443.

［14］Gong J Q, Wang G W, Wang Y F, et al. Consumption and Poverty of Older Chinese：2011-2020［J］. The Journal of the Economics of Ageing, 2022, 23.

［15］Rissanen S , Ylinen S. Elderly Poverty：Risks and Experiences－A Literature Review［J］. Nordic Social Work Research, 2014, 4（2）：144-157.

韩国儿童多维贫困
现状及相关研究[*]

柳政熹（韩国保健社会研究院）

一、前言

儿童在物质上的贫困并不能以货币收入不足这一单一维度的定义来充分地加以解释。生活在贫困状态下的儿童会经历多个维度的匮乏和相对剥夺，包括他们成长和发展所必需的物质、精神和情感等方面。其结果就是，作为韩国社会成员中同等重要的组成部分，儿童应当享有的基本权利无法得到保障，他们将来的发展潜能必然会受到限制。因此，儿童贫困的特征表现为物资匮乏与剥夺的多维性，具体涉及儿童在生存和生活中所必需的财物和服务、健康和儿童护理、教育、文化、安全和居住环境等多重因素的可及性问题。

仅以收入水平判断贫困与否的局限性在于，难以准确地反映儿童贫困的多维度特征和变化。当因对贫困的理解有限而不能准确地把握儿童的贫困状况时，贫困儿童的数量有很大的可能会被低估，从而导致政府出台的相关干预措施的效果不佳。因此，多维度的儿童贫困测量和调查数据可以作为收入贫困数据的补充。为了确保儿童的权利得到保障，并使他们能有效获得对其成长和发展必不可少的财物和服务等，实质性地提高各类资源的可及性，最重要的就是要明确地掌握哪些儿童需要政策的支持和保护，他们的真实生活条件和父母、家庭环境如何，他们所经历的贫困与剥夺的

---

　　* 本文是作者根据其在 2020 年韩国保健福利论坛上发表的论文《韩国儿童多维贫困的现状和政策研究》（韩国保健社会研究所）修改和补充完成的。

主要特征为何，以及他们的现状如何。

本文将从多维贫困与剥夺（Multidimensional Deprivation）的角度，结合以收入为基础得出的儿童贫困率，综合分析韩国儿童所经历的物质贫困现状，并进一步讨论该如何制定有效解决儿童贫困问题的政策。

二、从儿童贫困率看韩国儿童的贫困现状

（一）儿童贫困率

2016 年，韩国国家统计局将衡量收入分配指数的基础数据由家庭经济情况调查数据调整为家庭金融福利调查数据。因此，2016 年之后韩国的儿童贫困率数据就与此前的数据不可避免地出现了断裂。2016 年韩国儿童的相对贫困率为 15.2%，是家庭经济情况调查贫困率 6.7% 的两倍多。2015 年韩国儿童贫困率接近 OECD 国家平均水平的一半，2017 年使用新调查数据后的贫困率则要高于 OECD 国家的平均水平。不过可以确认的一点是，从整体来看，即使所采用的调查数据不同，贫困率都呈现为持续下降的趋势（见图 1）。

由于关于收入分配的官方统计调查数据的变化和时间上的中断，故而无法简单地对 2016 年前后的韩国儿童贫困率进行直接的比较，在做出相关解释时也需要特别留意到这一点。从相关统计数据来看，基于收入的韩国儿童相对贫困率要高出一倍多。这可以通过官方统计数据来源的差异以及行政部门相关资料在对接中的差异等主要原因来加以解释。

韩国的家庭金融福利调查是一项年度调查，以每年的 3 月 31 日为节点实施调查，以 2 万户家庭、约 5.6 万名家庭成员为调查对象，采用轮换样本的抽样调查方式，每年更换 20% 的样本。2016 年进行的家庭金融福利调查通过行政材料补充了收入和公共转移支出数据，提高了调查数据的准确性。也就是说，对于诸如收入等比较敏感、应答较低、在调查中通常难以采集到准确数据的问题，通过结合韩国国税局和保健福利部等部门的相关行政数据来对家庭金融福利调查数据进行有效的替代和补充（韩国国家统计厅、金融监督院、韩国银行，2019）。结果显示，相比此前的调查收入，根据新调查方法测量得出的平均收入有所上升。随着平均收入的提升，设定在收入中位数 50% 或 60% 的相对贫困线（Poverty Threshold）也有所提高，这可

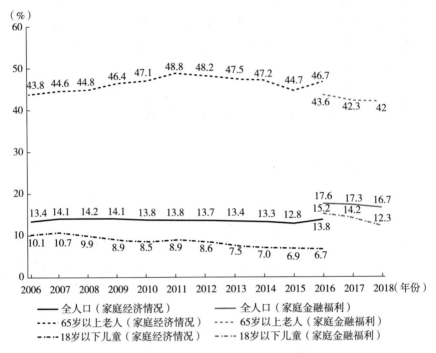

图1 基于收入的相对贫困率（2006~2018年）

注：（1）本图中的儿童贫困率是以17岁及以下儿童中家庭收入低于可支配收入中位数50%的比例来计算的。

（2）2016年之后的数据是基于韩国官方统计数据家庭金融福利调查计算得出的。参见 Lee Hyun-Joo, Park Hyung-Jon, Lee Jeong-Yun, 2019（李贤珠、朴贤贞、李宗允，2019年贫困统计年鉴）；Lee Hyun-joo, Lee Joo-mi, 2018（李贤珠、李珠美，2018年贫困统计年鉴）；Ryu Jeong-Hee, 2020（柳政熹，韩国保健社会研究院）。

以解释为儿童相对贫困率上升的主要原因之一。根据相关调查数据，实际的儿童贫困率可能在6.7%~15.2%，要想获取更准确的收入资料，还需要配合使用行政部门的数据，进一步完善调查数据。

（二）从国际比较视野看韩国儿童贫困现状

从2016年的数据来看，韩国儿童的相对贫困率为15.2%，比总人口的贫困率17.6%低2.4%，比OECD国家的平均儿童贫困率（13.1%）高2.1%（见图2）。

儿童的贫困情况因家庭类型而异。韩国单亲家庭的儿童贫困率为

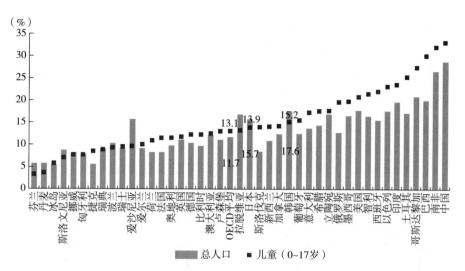

图 2　总人口和儿童的收入相对贫困率

注：各个国家/地区的儿童相对贫困率均是基于 2016 年或更近年份的调查数据。

资料来源：OECD 社会福利统计：收入分配。

56.6%，不仅高于 OECD 国家的平均水平（32.5%），而且与中国、墨西哥和巴西等非 OECD 国家相比也处于较高的水平（见图 3）。

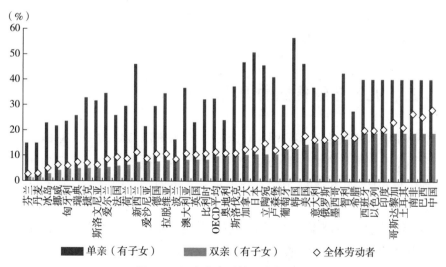

图 3　不同家庭类型的儿童贫困率

注：各个国家/地区的儿童相对贫困率均是基于 2016 年或更近年份的调查数据。

资料来源：OECD 社会福利统计：收入分配。

此外，儿童贫困率与父母的经济状况密切相关。父母双方都失业的家庭儿童贫困率为 57.8%，这是父母双方中至少有一人参与经济活动的家庭的儿童贫困率（14.0%）的四倍。父母的就业状况对儿童贫困率的影响也很大，大多数 OECD 国家中也出现了非常大幅度的差异（见图 4）。

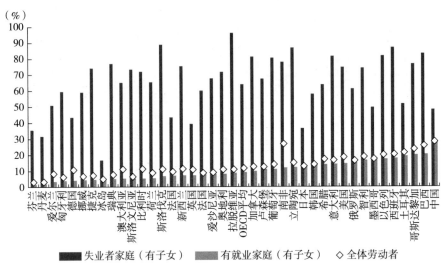

图 4　不同就业状态家庭的儿童贫困率

注：各个国家/地区的儿童相对贫困率均是基于 2016 年或更近年份的调查数据。

资料来源：OECD 社会福利统计：收入分配。

三、儿童多维贫困的现状

基于收入测量的儿童贫困率仅反映了儿童资源短缺的一个侧面，并不能全面反映因物质资源缺乏与剥夺所导致的多维后果。为了更加全面、综合地了解儿童贫困的实际情况，在测量收入贫困率的同时，有必要更多维度地了解儿童生活的物质贫困程度和实际水平。为此，本节将基于韩国 2018 年"儿童综合状况调查"来分析儿童物质贫困和多维剥夺的状况及特征，并在此基础上讨论解决儿童贫困问题的政策意涵。

（一）儿童多维贫困测量的方法论探讨

联合国可持续发展目标（UN The Sustainable Development Goals，SDGS）

1.2 中提出，有必要采用货币或非货币等多元途径来解决儿童多维贫困问题。儿童多维贫困问题的测量主要有两种方法，但这两种方法不仅在测量物质贫困时的目标群体有所不同，而且在测量贫困时采用的指标也有所不同，因此测算出的多维贫困结果也表现不同（见表 1）。

表 1　儿童多维贫困测量方法

	多维贫困指数 （MPI）	多维重叠剥夺分析 （MODA）
概念框架	基本需求/能力	儿童权利
分析单位	家庭/成人	儿童
儿童年龄	不作区分	区分年龄段，如 0~5 岁、6~11 岁、12~17 岁等
每个维度的指标数量	每个维度包含 2~6 个指标	每个维度包含 1~2 个指标
权重	每个维度权重相同 每个维度的指标权重相同	每个维度权重相同 考察个人经历剥夺的维度的数量
多维贫困线	计算各家庭指数（0 到 1） 按节点定义贫困家庭（如 0.33）	计算每个儿童的剥夺指数（0 到最大值，每个维度有所不同） 0 和最大维数之间的贫困指数 没有界定贫困儿童的节点
关键指标	贫困人口比例（Headcount）/贫困深度（Intensity）、深度调整后的贫困率（Intensity-adjusted Headcount）	贫困人口比例、贫困深度、深度调整后的贫困率
是否使用货币测量	否	否
主要机构	联合国开发计划署（UNDP）、牛津贫困与人类发展计划（OPH）	联合国儿童基金会（UNICEF）

资料来源：Hjelm 等（2016），Guio 等（2018）。

第一种研究方法是由牛津贫困与人类发展计划（Oxford Poverty and Human Development Initiative）开发的多维贫困指数（Multidimensional Poverty Index，MPI）。MPI 是一种通用的测量工具，类似于将每天 1.25 美元等值的生活费设为贫困基准线，已在全球 100 多个国家/地区得到应用（Hjelm et al.，2016）。该测量工具虽然包含有针对适用家庭的儿童的项目，但它并不是一个以儿童为中心的测量工具。通过 MPI 可以测算出生活在经受多维贫困的家庭中的儿童比率，从而得出儿童多维贫困率。

第二种研究方法是由联合国儿童基金会开发出的多维重叠剥夺分析（Multiple Overlapping Deprivations Analysis，MODA）方法（De Neubourg et al.，2013）。这种调查分析方法的提出是基于这样一种问题意识，即儿童多维贫困的实际遭遇与成人多维贫困的遭遇是不一样的。而且，即使在儿童群体中，不同年龄和发育阶段的儿童之间的群体差异也非常大，例如，1岁儿童的多维贫困与 17 岁儿童的多维贫困就需要有不同的测量方法。基于这种认识，联合国儿童基金会沿用了 2009 年欧盟收入和生活水平统计（European Union Statistics on Income and Living Conditions，EU-SILC）中所使用的物质剥夺分析工具并做调整，提出了 14 个儿童剥夺指数（Adamson，2012）。不仅如此，联合国儿童基金会也根据《联合国儿童权利公约》（the Convention on the Rights of Child，CRC）中规定的儿童生存、发展、被保护和参与社会活动等诸权利，开发出了这个以儿童为中心的多维贫困测量工具（MODA），该工具目前已在 40 多个欠发达国家得到了应用。MPI 是通过设定分界线，以指数的方式显示经受多维贫困的儿童比例。与 MPI 相比，MODA 则以两个以上的剥夺指标为基础，进一步测量了多维剥夺和贫困儿童的比例，并显示了各维度剥夺的整体分布。此外，MODA 旨在通过分析不同维度剥夺因素之间的重叠程度（Degree of Overlap），以此了解最脆弱儿童的被剥夺方面和需求特征，并据此制定具体的政策干预方案。

（二）采用儿童多维重叠剥夺分析的必要性

为了更全面地了解儿童多维贫困的特征，从 2013 进行的第二次"儿童综合状况调查"开始，对包括 14 项联合国儿童基金会儿童剥夺指数在内的儿童剥夺水平（Child Deprivation）做了调查。构成儿童剥夺指数的 14 个剥夺项目旨在对经济较发达社会中的儿童多维贫困率做出测量，具体包括对儿童成长和发展中所必需的财物（Possessions）、服务（Services）、机会（Opportunities）等方面剥夺情况的测量（见表 2）。儿童剥夺指数是指在全部 14 个问题中有两个或两个以上问题回答为"否"的儿童的数量占儿童总数的比例。韩国 2018 年"儿童综合状况调查"结果显示，0~17 岁儿童的剥夺指数为 31.5%，较 2013 年的 54.8% 有大幅下降。整体来看，不同年龄组儿童的剥夺水平无显著差异，其中父母代为作答的 0~8 岁儿童组与儿童本人直接回答的9~17岁儿童组的剥夺程度相近，均为31%左右。

表2 不同年龄段儿童的剥夺指数分布

剥夺项目	0~8岁儿童		9~17岁儿童		0~17岁儿童	
	数量（人）	指数（%）	数量（人）	指数（%）	数量（人）	指数（%）
0	997	54.8	1343	53.5	2340	54.1
1	253	13.9	372	14.8	625	14.4
2	215	11.8	278	11.1	493	11.4
3	132	7.3	201	8.0	333	7.7
4	104	5.7	123	4.9	227	5.3
5	44	2.4	64	2.5	108	2.5
6	19	1.0	34	1.4	53	1.2
7	11	0.6	29	1.1	40	0.9
8	13	0.7	17	0.7	30	0.7
9	7	0.4	24	1.0	31	0.7
10	8	0.4	12	0.5	20	0.5
11	10	0.6	7	0.3	17	0.4
12	2	0.1	3	0.1	5	0.1
13	2	0.1	1	0.0	3	0.1
14	3	0.2	2	0.1	5	0.1
合计	1821	100.0	2510	100.0	4331	100.0
贫困指数	31.3		31.7		31.5	

注：本表为应用个人的标准化权重进行分析的结果。

资料来源：2018年"儿童综合状况调查"原始数据。

如图5所示，尽管韩国儿童多维剥夺程度与2013年相比有所改善，但与OECD国家和29个欧洲国家相比，韩国儿童的剥夺率都是最高的。用以比较的数据来自2009年EU-SILC，该项调查涵盖了欧洲29个国家12.5万户有1~16岁儿童的家庭，调查了对象家庭的儿童剥夺指数（Adamson，2012）。相关比较数据显示了OECD国家的儿童贫困率（截至2017年）和欧盟国家的儿童剥夺指数（2009）。尽管有调查时期和调查对象国的差异，但在儿童剥夺程度上，除匈牙利为31.9%外，韩国2018年调查的儿童剥夺水平为最高（31.5%）。在瑞典、芬兰、英国和德国等大多数欧洲国家，儿童的剥夺指数都比较低，均在10%以下；波兰、葡萄牙和希腊等国的儿童剥夺水平较高，均超过20%。此外，从多个国家的调查数据来看，儿童多维贫困率与基于收入测量的儿童贫困率均显示有差别；就韩国的情况而言可以确认的是，相比于基于收入测量的儿童贫困率，儿童多维贫困率要相对高出很多。

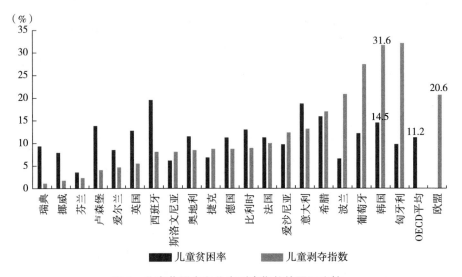

图5 儿童贫困率和儿童剥夺指数的国际比较

注：儿童剥夺指数和儿童贫困率的比较对象国有所不同。儿童剥夺指数的比较对象国为欧盟 SILC 2009 中包含的 29 个欧洲国家，调查的基准时点为 2009 年，目标对象为 1~16 岁的儿童。韩国儿童剥夺指数的计算是对调查对象的年龄做了调整，对 1~16 岁儿童相关数据做了分析，但调查以 2018 年为基准时点，与比较对象国仍存在差异。儿童贫困率是以 OECD 成员国为比较对象国，调查的基准时点为 2017 年。

资料来源：2018 年"儿童综合状况调查"的原始数据、Martorano 等（2013）。

　　儿童的多维贫困率显著不同于基于收入的儿童贫困率。为了更深入地理解儿童多维贫困的实际情况，不仅有必要借助剥夺指数分析经历多维贫困的儿童的比率，还需要对这些儿童所遭遇的多维贫困的领域进行分析；以构成儿童生活质量的核心领域为标准对不同剥夺项目进行归类和区分，从而更具体地了解儿童所经历的多维贫困的特征，进而有可能采取多元的政策来对儿童多维贫困加以有效的干预。下文将使用儿童 MODA 的方法，尝试去发现韩国儿童会在哪些领域经历多重的不足，并对儿童剥夺的情况是否存在人口社会学特征上的差异进行调查。

（三）儿童多维重叠剥夺分析方法

本文在分析中使用了 2018 年韩国"儿童综合状况调查"的原始数据。韩国"儿童综合状况调查"是根据《儿童福利法》第 11 条的规定，自 2008 年起每五年进行一次的法定调查，旨在通过全面掌握韩国儿童的生活和成长环境实际状况，为制定相关儿童政策提供必要的基础资料。2018 年的"儿童综合状况调查"是在经过前期调查和相关专家审议后，使用经过统计变更审批确认的调查表，通过 TAPI（平板电脑辅助面访）的方式对 2500 个普通家庭和 1500 个低收入家庭直接进行了面访。调查对象为面访家庭中 0~18 岁（未满）的儿童。其中，家中儿童在 0~8 岁时以儿童父母为主要调查对象；9~18 岁（未满）儿童则会同时访问儿童与其父母。调查的主要内容包括家庭基本情况、儿童健康状况、发展与教育、人际关系、养育与关爱、休闲与活动、安全与危险行为、社区环境、物质环境、儿童主观幸福感等。

本文使用联合国儿童基金会 Innocenti 编制的 14 项儿童剥夺指数（Child Deprivation Index）作为分析儿童和儿童家庭物质剥夺水平的变量。该 14 项构成儿童剥夺指数的剥夺项目，主要是来测量经济较发达社会中儿童成长和发展所必需的财物、服务和机会等的剥夺情况（见表 3）。儿童剥夺指数是指在全部 14 个项目中有两个及两个以上项目回答为"否"的儿童数量占总儿童数量的比例。

不过，联合国儿童基金会使用的儿童剥夺指数在测量儿童家庭住房和医疗保障相关方面的剥夺情况时存在一定的局限性，为此，韩国的调查中做了一些补充，对儿童父母的调查增加了一部分剥夺指标，最终调查中的儿童及儿童家庭剥夺指标整合为 20 项。关于家庭剥夺指标，韩国在 Townsend（1979）提出的初始指标的基础上，结合本国实际情况做了一些补充和调整，最终整合为 31 个剥夺项目，并在 1999 年起进行的韩国最低生活成本测量调查中一直有使用。本文分析时选取了其中与住房和医疗保障相关的 6 个事项（Yeojin Yeo，2017）。

表3 儿童家庭剥夺项目 (20 项)

儿童剥夺领域 (Dimension)	儿童剥夺具体事项	
饮食 (Nutrition)	每天吃三餐	儿童剥夺相关询问
	每天至少吃一次肉或鱼	
	每天吃新鲜的水果或蔬菜	
衣着 (Clothing)	除别人穿过的旧衣外, 还有自己的新衣服	
	至少有两双鞋	
教育 (Education)	拥有适合儿童年龄和发展水平的书籍	
	可付费参加学校或托育机构组织的活动或现场学习	
	做学校或托育机构的作业或阅读相关书籍时, 有安静、足够大、光线充足的空间	
	有户外活动的设备	
	在家能上网	
文化休闲 (Leisure)	定期有经常性的休闲活动	
	居室内有一定的娱乐或游戏设备	
	经常有机会邀请朋友到家里一起玩或吃饭	
	有举行生日派对和其他家庭活动的机会	
居住环境 (Housing)	有过因未缴电费、电话费和水费而停电、停机、停水的情形	家庭剥夺相关询问
	可根据家庭成员的数量和年龄来合理分配房间	
	不是住在阁楼/屋塔房或地下、半地下的房间	
医疗保健 (Health Care)	本人或家人有过不起医院的情况	
	牙痛时可以随时去看牙医	
	可以购买医生开的处方药品	

(四) 多维重叠剥夺分析的结果

1. 有多少儿童和青少年经历过剥夺

如表4所示, 在20项儿童剥夺项目中, 经历过两项或两项以上剥夺事项的儿童比例为34.68%, 每两名儿童中就有一人表示曾经历过剥夺。从剥夺水平的年龄分布来看, 0~5 岁儿童的水平最高, 为 37.35%; 12~17 岁的高年级儿童水平与 0~5 岁的接近, 为 37.11%; 6~11 岁儿童的水平最低, 为 29.43% (见图6)。之所以有这种不同年龄段之间的偏差, 一个可能的原因在于，调查使用的 20 个剥夺事项并未能反映出儿童在不同发育阶段的特征。

表 4　儿童剥夺项目汇总与儿童剥夺指数　　　　　单位：%

剥夺项目总数	全体儿童	0~5 岁	6~11 岁	12~17 岁
0	51.13	49.18	56.07	48.36
1	14.19	13.47	14.50	14.53
2	12.89	14.15	11.97	12.65
3	7.24	7.44	7.19	7.11
4	5.12	7.03	3.38	5.09
5	3.41	3.50	2.16	4.46
6	1.70	1.18	1.49	2.34
7	1.04	1.14	0.84	1.13
8 个以上	3.25	2.89	2.43	4.35
剥夺指数	34.68	37.35	29.43	37.11

注：本表为应用个人权重标准化处理的分析结果。

资料来源：2018 年儿童综合状况调查原始数据。

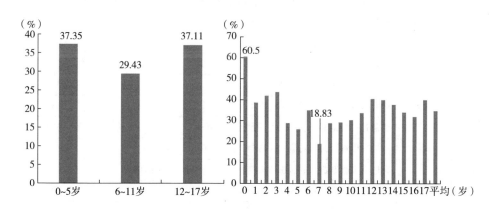

图 6　不同年龄段儿童剥夺率分布

注：应用个人权重标准化处理的分析结果。

资料来源：2018 年儿童综合状况调查原始数据。

2. 儿童在哪些领域会经历重复的剥夺

如表 5 所示，从剥夺项目整体来看，缺乏兴趣爱好、体育和社团活动等常规休闲活动的儿童比例最高，达到 26.04%。其次，儿童经历剥夺的水平从高到低依次为：缺少邀请朋友一起玩或吃饭的机会（15.25%）、在家不能上网（15.14%）、缺少家庭集体活动等机会（11.73%），文化休闲领域的不足尤为突出。另外，饮食领域中新鲜水果和蔬菜以及肉类或鱼类等食物摄取不足的情况也相对较多。

表 5　不同剥夺项目的儿童家庭剥夺水平　　　　　　　　单位：%

剥夺领域	具体剥夺事项	剥夺水平
饮食	每天吃三餐	5.23
	每天至少吃一次肉或鱼	9.41
	每天吃新鲜的水果或蔬菜	9.75
衣着	除别人穿过的旧衣外，还有自己的新衣服	3.51
	至少有两双鞋	3.65
教育	拥有适合儿童年龄和发展水平的书籍	8.3
	可付费参加学校或托育机构组织的活动或现场学习	5.13
	做学校或托育机构的作业或阅读相关书籍时，有安静、足够大、光线充足的空间	2.60
	有户外活动的设备	7.73
文化休闲	在家能上网	15.14
	定期有经常性的休闲活动	26.04
	居室内有一定的娱乐或游戏设备	9.02
	经常有机会邀请朋友到家里一起玩或吃饭	15.25
	有举行生日派对和其他家庭活动的机会	11.73
居住环境	有过因未缴电费、电话费和水费而停电、停机、停水的情形	3.22
	可根据家庭成员的数量和年龄来合理分配房间	4.81
	不是住在阁楼/屋塔房或地下、半地下的房间	3.64
医疗保健	本人或家人有过去不起医院的情况	3.25
	牙痛时可以随时去看牙医	1.97
	可以购买医生开的处方药品	1.55
儿童剥夺指数（经历2项以上事项的剥夺）		34.67

注：应用个人权重标准化处理的分析结果。

资料来源：2018 年儿童综合状况调查原始数据。

如图 7 所示，从不同的儿童剥夺领域的分布情况来看，文化休闲领域的不足非常明显，其次从高到低依次为饮食、教育、居住环境、衣着、医疗保健领域。

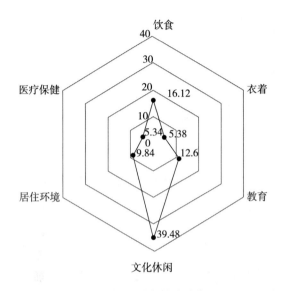

图 7　儿童剥夺领域分布

注：应用个人权重标准化处理的分析结果。

资料来源：2018 年儿童综合状况调查原始数据。

如图 8 所示，从儿童剥夺领域的重叠程度来看，有单一领域重叠剥夺经历的比例为 24.51%，有两个领域重叠剥夺经历的比例为 14.33%，有三个领域重叠剥夺经历的比例为 5.62% ，有四个及以上领域重叠剥夺经历的比例为 4.25%。

图 9 显示了不同儿童剥夺领域的重叠分布情况，从中可以发现一个有意义的趋势。在衣着等剥夺程度越低的剥夺领域，出现两个以上剥夺领域重叠的可能性会越高；而在文化休闲等剥夺程度越高的剥夺领域，出现两个以上剥夺领域重叠的比例相对越低。不同剥夺领域中出现两个以上剥夺领域重叠现象的比例从高到低依次为：衣着、医疗保健、教育、居住环境、饮食、文化休闲。可以理解为，在各剥夺领域所涵盖的事项内容中，绝对贫困的特征越强，发生重叠剥夺的比例就越高。

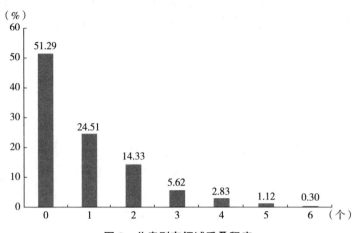

图8 儿童剥夺领域重叠程度

注：应用个人权重标准化处理的分析结果。

资料来源：2018年儿童综合状况调查原始数据。

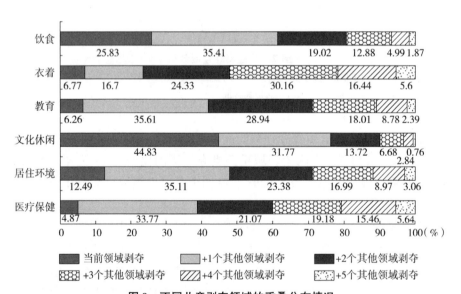

图9 不同儿童剥夺领域的重叠分布情况

注：应用个人权重标准化处理的分析结果。

资料来源：2018年儿童综合状况调查的原始数据。

3. 经历多维剥夺的儿童有哪些特征

如表6和图10所示，从儿童的人口经济社会学特征来看儿童剥夺程度时，会发现儿童年龄、收入水平、居住地区、家庭类型、父母工作状况、住房类型与儿童的剥夺领域之间存在高度相关性。

首先，从不同年龄儿童的剥夺领域差异来看，0~5 岁婴幼儿在文化休闲领域的缺乏程度较高，但这可以理解为测量工具局限性带来的结果，如"邀请朋友聚会的机会""户外活动设备""定期经常性娱乐活动"等部分调查事项未能充分考虑或切实反映婴幼儿发展阶段的特点。调查结果显示 0~2 岁婴幼儿的剥夺指数整体偏高，但可能需要考虑相关调查事项相对而言并不适合测量 0~2 岁儿童的真实生活状况与剥夺情况。还需要注意的一点是，就读小学的 6~11 岁低龄儿童在所有六个领域的剥夺程度均低于就读中学（初、高中）的 12~17 岁较大年龄儿童，特别是在文化休闲领域，不同受教育阶段的剥夺程度差异非常显著。

其次，处于不同收入阶层的儿童在不同领域的剥夺经历也呈现显著差异，这种差异在具体剥夺事项的绝对贫困特征越强的剥夺领域表现得越发明显。例如，在医疗保健领域，收入中位数 50% 以下家庭的儿童的剥夺率约是收入中位数 50% 以上家庭儿童的 3.8 倍；在衣着生活领域约为 2.8 倍；在居住环境领域约为 2.3 倍。

从儿童剥夺的地区差异来看，一方面，生活在大城市的儿童在食物和居住环境方面的剥夺率最高，生活在中小城市的儿童在文化休闲方面的缺乏现象突出。这种不同地区之间在剥夺领域上的差异反映了大城市住宅过于密集、食品支出相对较高。另一方面，生活在农村、渔村地区的儿童在医疗保健、衣着生活和教育领域的剥夺率最高。可以看出，教育、医疗资源和基础设施的不足，以及随之而来的低可及性，导致了相关地区儿童在这些领域的剥夺率较高。

不同家庭类型的儿童经历的剥夺差异与儿童家庭收入水平的差异同样显著。在绝对贫困属性较强的医疗保健领域，单亲或祖孙家庭儿童的剥夺水平约是双亲家庭儿童的 3.4 倍。此外，单亲或祖孙家庭儿童在衣着、教育、居住环境领域的剥夺率分别约是双亲家庭儿童的 2.9 倍、2.8 倍、2.5 倍。

父母是否为双职工对儿童剥夺情况的特征同样也有类似结果。研究发现，与父母为双职工或单职工家庭的儿童相比，家庭成员均无稳定收入家庭的儿童几乎在所有领域都经历了更高的剥夺水平。尤其是在医疗保健、教育领域，家庭成员均无稳定收入家庭的儿童的剥夺率均约是其他有稳定收入家庭儿童的 3 倍以上。

最后，不同住房类型之间的儿童的剥夺经历也有所差别。按自有住房、全租房、缴纳保证金的月租房等区别来看，租房或免费住所等其他住房中生活的儿童经历的剥夺水平较高；月租房家庭的儿童在文化休闲领域的剥夺水平最高，而其他住房类型家庭的儿童在衣着、饮食和教育领域的剥夺水平相对较高。

表6　社会人口学特征分类的儿童多维贫困现状

		饮食	衣着	教育	文化休闲	居住环境	医疗保健
全体儿童		16.12	5.38	12.6	39.48	9.84	5.34
儿童年龄	0~5岁	11.26	5.45	14.71	44.01	8.63	4.72
	6~11岁	15.83	4.58	9.77	32.15	9.15	5.32
	12~17岁	20.48	6.05	13.35	42.23	11.47	5.87
收入水平	收入中位数50%以上	15.12	4.60	11.50	38.26	8.79	4.24
	收入中位数50%以下	26.13	13.21	23.57	51.65	20.34	16.35
居住地区	大城市	17.38	5.46	12.06	37.7	11.42	6.49
	中小城市	15.45	4.84	12.87	41.47	8.73	4.15
	农、渔村	13.41	9.36	13.94	34.67	8.62	7.58
家庭状态	双亲	15.01	4.82	11.34	38.37	9.02	4.64
	单亲	33.07	13.88	31.67	56.31	22.27	15.85
父母工作情况	父母均工作	16.78	4.17	12.85	40.49	9.87	5.33
	父母一方工作	14.26	6.30	11.02	37.49	9.20	4.73
	其他	37.53	17.73	38.53	54.15	22.11	18.07
住房状态	自有住房	13.77	4.99	10.8	36.6	7.95	3.54
	全租房	16.24	3.56	11.94	37.54	10.03	5.14
	月租房（保证金）	25.66	11.69	21.8	59.3	18.93	14.62
	其他	35.53	12.89	29.23	49.99	14.03	12.67

注：（1）收入阶层划分以本次调查样本家庭收入中位数为标准而设定，具体用总收入除以家庭成员人数的平方根得到均等化指数。因此，本分析中低于收入中位数50%的家庭与基于所有家庭收入中位数测量得出的儿童贫困率不同。全体样本家庭中有0.9%（36人）未回答有关收入的问题。

（2）父母工作情况一项不仅限于有配偶家庭，其中的"其他"一类包括无收入的有配偶家庭（50户）和丧偶、离婚或分居家庭（35户）。

（3）应用个人权重标准化处理的分析结果。

资料来源：2018年儿童综合状况调查原始数据。

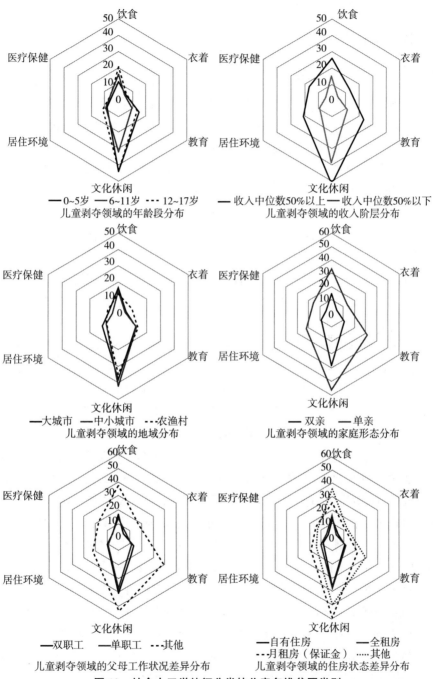

图10 社会人口学特征分类的儿童多维贫困类别

资料来源：2018 年儿童综合状况调查原始数据。

四、结语

贫困是在多个维度经历资源匮乏的结果，即包括衣食住行在内的生计、健康、医疗、教育、文化、休闲等多个领域复合地经历剥夺或排斥的现象，因此需要一种能综合多维度的研究方法。通常基于收入测量的贫困指标存在局限性，即当前收入并不能全面反映真实的生活水平，还有如其他资产、储蓄等能决定生活水平的其他资源需要考虑。特别是在儿童贫困问题上，由于儿童在不同年龄阶段所经历的不同领域的匮乏和排挤都会对他们的成长乃至成年期生活产生负面影响，因此准确地诊断并掌握儿童所经历的贫困的广度和深度，并根据这些实证研究结果进行政策干预非常重要。

针对于此，本文使用 2018 年韩国儿童综合状况调查对韩国儿童的多维剥夺水平进行综合分析，借以综合诊断韩国儿童的贫困现状和实际情况。相关结果和启示如下：

首先，从基于收入的儿童贫困率来看，韩国因国家官方统计数据来源的变更，即 2016 年从家庭经济情况调查调整为家庭金融福利调查，故而在统计的时间线上出现了中断。2016 年，韩国儿童相对贫困率为 15.2%。尽管统计数据来源发生变化，但韩国儿童相对贫困率呈持续下降趋势，2017 年和 2018 年分别降至 14.2% 和 12.3%，降幅明显。

其次，2018 年儿童综合状况调查结果显示，基于联合国儿童基金会的 14 个儿童剥夺项目，18 岁以下儿童的剥夺率为 31.5%，这与 2013 年儿童综合状况调查的结果相比有显著下降。尽管如此，与 OECD 成员国及 29 个欧洲国家相比，韩国儿童多维剥夺的水平在这些国家中属于最高的。此外，韩国儿童的物质剥夺水平与基于收入测量的儿童贫困率存在较大差异，与基于收入的儿童贫困率相比，经历多维剥夺的儿童比例高出一倍以上。

再次，为了更深入地理解收入贫困率与多维剥夺率之间的差异，以及儿童剥夺率逐年下降的趋势，本文采用联合国儿童基金会的儿童 MODA 框架，对儿童经历的多维剥夺情况进行了分析。为补充完善 MODA 框架中在住房和医疗等相关剥夺领域的缺失，韩国方面的研究人员在 2018 年儿童综合状况调查的家庭剥夺指标中增加了 6 个相关问题，重新整合成共计 20 个具体项目的儿童与儿童家庭剥夺问卷并进行调查分析。

从调查情况和分析结果来看，每 2 名儿童中就有 1 人至少经历过一项剥夺，经历过两项或两项以上剥夺的儿童比例为 34.68%。从儿童经历剥夺的不同领域来看，文化休闲领域的剥夺最为突出，其次从高到低依次是饮食、教育、居住环境、衣着、医疗健康领域。从儿童剥夺领域的重叠情况来看，24.51% 的儿童经历过单一领域的剥夺，14.33% 的儿童经历过两个领域的剥夺，9.87% 的儿童经历过三个领域的剥夺。从儿童剥夺领域的重叠类型来看，出现两个以上领域重叠剥夺情况的，经历衣着领域不足的儿童比例最高，其次为医疗健康、教育、居住环境、饮食、文化休闲领域，比例依序降低。这可以解释为，所属剥夺领域的绝对贫困特征越强，其与其他剥夺领域发生重叠的可能性就越大。

从人口经济社会学的角度来看，不同特征的儿童经历的剥夺之间的差异非常明显。不同年龄儿童在剥夺领域上的差异几乎表现为年龄越大儿童剥夺率越高的特征。在所有六个剥夺领域中，12～17 岁较大龄儿童的剥夺水平均较高，特别是在文化休闲领域，不同教育阶段的剥夺水平差异明显。此外，儿童在不同领域经历剥夺的情况会因收入阶层、家庭类型以及父母是否为双职工等情况而出现显著差异；低收入家庭、单亲或祖孙家庭及家庭成员没有稳定收入的家庭的儿童经历剥夺的比例较高。这反映了资源性贫困与跨越不同领域的多维剥夺之间的高度相关性。这种儿童个体剥夺经历的差异，在与社会经济地位相关的剥夺领域如医疗保健、衣着生活等主要由绝对剥夺项目构成的领域中表现得尤为明显。

最后，基于儿童多维剥夺实际情况的分析结果，制定多维度的儿童贫困预防政策以及与之相关的长短期干预策略，以促进儿童的生活条件和成长环境趋于平等，这一点尤为重要。来自低收入家庭和单亲或祖孙家庭的儿童，不仅会因收入水平较低而经历物质性贫困，而且在日常生活中还会经历社会关系、文化休闲、教育、梦想与机会等多维度的剥夺与排斥。为了更好地解决这个社会问题，需要制定相关政策来缓解由多维剥夺指标构成的物质性贫困及多维贫困问题。例如，为单亲、祖孙家庭等弱势家庭提供住房支持，以及采取措施加强教育资源投入，并丰富其文化资本；等等。

参考文献

[1] Ryu Jeong-hee, Lee Sang-jung, Jeon Jin-ah, Park Se-kyung, Yeo Yeo-jin, Lee Joo-yeon... Lee Bong-ju. 儿童综合状况调查 [R].世宗: 韩国保健福祉部、韩国保健社会研究院, 2019 [류정희, 이상정, 전진아, 박세경, 여유진, 이주연, ...이봉주. 2019. 아동종합실태조사. 세종: 보건복지부, 한국보건사회연구원.].

[2] Yujin Yeo. 韩国儿童贫困的发展趋势及影响 [J].问题与焦点, 2017（336）: 1-8, 韩国保健社会研究院 [여유진. (2017). 아동빈곤의   추이와   함의.한국보건사회연구원.이슈앤포커스, 336호, 1-8].

[3] Hyun-Joo Lee, Hyung-Jon Park, Jeong-Yun Lee. 2019年贫困统计年鉴 [R].世宗: 韩国保健社会研究所院2019（이현주, 박형존, 이정윤. 2019. 2019 빈곤통계연보.세종: 한국보건사회연구원）.

[4] Hyun-Joo Lee, Mi-Joo Lee. 2018年贫困统计年鉴 [R].世宗: 韩国保健社会研究院, 2018（이현주, 이주미. 2018. 2018 빈곤통계연보. 세종: 한국보건사회연구원）.

[5] 韩国国家统计厅, 韩国金融监管局, 韩国银行. 2019年家庭金融福利调查结果, 2019（통계청, 금융감독원, 한국은행. (2019) .2019년 가계금융복지조사 결과）.

[6] Adamson P. Measuring Child Poverty: New League Tables of Child Poverty in the World's Rich Countries [R]. Unite for Children, UNICEF Office of Research Report (No. inreca660), 2012.

[7] Bradshaw J, Martorano B, de Neubourg C. Children's Subjective Well-Being in Rich Countries [R]. Innocenti Report Working Paper 2013-03. UNICEF Office of Research, Florence, 2013.

[8] De Neubourg, Chai J, de Milliano M, et al. Step-by-Step Guidelines to the Multiple Overlapping Deprivation Analysis (MODA), Innocenti Working Papers no. 2012-10, 2012.

[9] Guio A C, Gordon D, Marlier E, et al. Towards an EU Measure of Child Deprivation [J]. Child Indicators Research, 2018, 11 (3): 835-860.

[10] Hjelm L, Ferrone L, Handa S, et al. Comparing Approaches to the Measurement of Multidimensional Child Poverty [R]. Innocenti Working Paper 2016-29 UNICEF Office of Research, Florence, 2016.

[11] Hudson J, Stefan K. Fairness for Children-A League Table of Inequality in Child Well-being in Rich Countries [R]. United Nations Children's Fund, 2016.

[12] Martorano B, Natali L, De Neubourg C, et al. Child Well-being in Advanced Economies in the Late 2000s [R]. Innocenti Working Papers, 2013.

［13］ OECD. OECD Income Distribution Database ［EB/OL］. ［2022－10－27］. https：//stats. oecd. org/Index. aspx? DataSetCode＝IDD.

［14］ Thévenon O. Tackling Child Poverty in Korea ［R］. OECD Social, Employment and Migration Working Papers No. 219, 2018.

［15］ Thévenon O, Thomas M, Yajna G, et al. Child Poverty in the OECD：Trends, Determinants and Policies to Tackle It ［R］. OECD Social, Employment and Migration Working Paper No. 218, 2018.

［16］ UNICEF. Child Poverty in Europe and Central Asia Region Definitions, Measurement, Trends and Recommodations ［R］. UNICEF, 2017.

从贫困角度分析影响儿童
学习能力与成绩的因素

五石敬路（日本大阪公立大学）

一、前言

本文旨在综合分析影响儿童学习能力与成绩（日语称"学力"）的决定性因素。日本以往主要针对旧同和地区（译者注：日本原有等级制度中最低的、"秽·非人"阶层特定居住区，后被规划来同化的部落民社区），经由教师及地区通力配合，为学习成绩不好的儿童提供校内外支援。然而，经历了 20 世纪 90 年代初的泡沫经济崩溃、1998 年的经济危机，年轻人就业难问题受到全社会广泛关注，尼特族和飞特族成为热门词汇。2000 年以后不断有人指出，导致儿童学习能力与成绩低下的原因不在于心理状况，而是受社会影响、因生活穷困所致。

2013 年 6 月，日本制定了《儿童贫困对策推进法律》（或《儿童贫困对策法》），并于 2014 年 1 月开始施行。日本政府根据该法在内阁会议上通过了《儿童贫困对策大纲》，各都道府县地方政府开始依据该大纲制订相关工作计划。2013 年 12 月，日本政府进一步制定《生活穷困者自立支援法》，并于 2015 年 4 月开始实施，由此全国范围的地方政府开始积极为儿童提供学习支援。

本文所用数据均为京都府全国学习能力与成绩及学习状况调查结果。在前文所述政策指导下，京都府于 2015 年 3 月制定《儿童贫困对策推进计划》（2020 年进行修订），该计划呼吁"根据不同生活阶段实施支援"，旨在构建贯穿整个婴幼儿期到高中阶段的系统化体系，从经济、学习、生活等各个方面采取全方位援助措施。

本文并未对反映学习能力与成绩的考试结果和各项要素作单独分析，而是使用了同时包括考试结果和各项要素的数据库进行回归分析，通过控制各变量，检验了显著性差异。其中，各项要素指收入、家庭类型、日常生活规律、学习量、兴趣和目标、健康状况、学校和地区。

本文主要包括四部分：第一部分对现有研究进行考察；第二部分对所使用数据进行概要说明；第三部分进行回归分析；第四部分是总结分析，阐述了仅将考试结果作为分析对象的局限性。

二、现有研究考察：区分收入的影响和其他因素的影响

现有研究中经常有报告指出，家庭收入与学习能力和成绩密切相关，这应该也是学校及福利工作者的实际感受。国立大学法人御茶水女子大学（2018）对2017年日本全国学习能力与成绩及学习状况调查结果进行分析，得出了家庭经济状况与儿童学习能力和成绩之间存在极强相关性的结论。关于收入低是否直接影响学习能力与成绩的问题，研究者之间存在争议。

贫困在儿童生活中的表现是多方面的，有可能存在与贫困密切相关的第三因素会同时影响学习能力和成绩，在这种情况下，虽然看起来贫困与学习能力和成绩具有相关性，但这只是表象，实际上那个第三因素可能才是影响学习能力与成绩的"祸首"。比如，小原和大竹（2009）指出，虽然研究结果对父母收入与儿童教育成果之间的相关性并没有定论，但收入较高的父母倾向于花更多时间陪伴孩子，这表明，与其说是低收入直接导致学习能力与成绩低下，不如说是由于低收入的父母没有更多时间陪伴孩子，陪伴时间过短才是真正导致儿童学习能力与成绩低下的"祸首"。

上述结论不仅是分析方法的问题，也能为政策制定提供重要思路。如果收入本身是重要的相关因素，则提高抚养者收入的政策将行之有效；如果父母与孩子的相处时间才是重要因素，则应该优先考虑改变父母的生活时间分配。如果小原和大竹的结论正确，那么提高父母收入即便能改善家庭的经济贫困状况，只要父母的时间分配依旧照常，儿童的学习能力与成绩就极有可能并不会得到提高。

（一）家庭环境

儿童的家庭环境不仅包括父母收入、学历和职业等家庭社会经济地位

（Family Socioeconomic Status，FES），还包括父母对儿童的教育参与度、家庭结构等，其中与 SES 挂钩的研究较多。SES 之所以重要是因为，从政策角度来说，如果父母是贫困的，就会影响儿童的教育，产生贫困的代际传递，破坏了社会中机会平等的理念。

如前文所述，有研究认为贫困会影响儿童学习能力和成绩的原因是收入本身；也有研究认为收入只是一个背景因素，直接影响儿童学习能力与成绩的因素另有所在，收入只是会对这个因素造成影响。比如，如果父母富裕，则更有条件为家里购买书籍、置办电脑，或将孩子送去补习班或兴趣班等，为孩子提供校外的教育机会（Bassok et al.，2016）。此外，Cappelen 等（2016）指出，SES 高的儿童更倾向于积极参与需要较高认知能力的竞争，这表明，与其说 SES 会直接对学习能力和成绩造成影响，不如说它会改变儿童的心态。

野崎祐子等（2018）利用日本全国学习能力与成绩及学习状况调查（2013 年）的结果进行国际比较分析证实，在日本，虽然家庭收入与儿童的学习能力和成绩在统计学上存在正相关关系，但其影响并不显著，即使考虑了校外教育支出、父母学历和家庭环境等因素也是如此。卯月和末富（2016）也利用同一调查结果进行了分析并发现，在排除家庭结构及父母学历影响后，家庭收入高确实对学习能力与成绩发挥着正面效果，但父母的感知教育负担水平作为参数牵制了家庭收入的影响力，即使家庭收入与校外教育支出在同一水平，如果父母感到教育费的负担偏重时，儿童的学习能力与成绩也会偏低。这些结果表明，分析影响学习能力与成绩的决定性因素时，如果仅考虑收入水平、却无视家庭环境等其他要素，可能会导致过分地高估收入的影响。

在教育学及心理学领域，有一系列研究讨论了父母参与教育的方式是否会影响子女的学习能力与成绩（Shute，2011；Wilder，2014）。本文所指的参与方式有两种：一种是与孩子聊起学校发生的事或是检查作业等发生在家庭里的教育参与；另一种是积极参加 PTA（Parent Teacher Association）等校内活动。Wilder（2014）调查现有相关研究后发现，整体上，父母的参与度与儿童的学习能力和成绩呈相关性，且不同的参与方式显现出不同程度的相关性。比如，如果父母对儿童的学习能力与成绩有很高的期望，则相关性较强；如果父母是通过陪伴或帮助完成家庭作业的方式参与，则相关性较弱。

关于家庭结构的影响，小原和大竹（2009）分析国际现有相关研究后发现，单亲（单亲母亲或单亲父亲）或其他类型的家庭结构对教育成果的影响并不大，这并不是否认单亲家庭儿童学习能力与成绩普遍较低的情况，只是说结合其他因素统计分析后，并无法论证家庭结构与学习能力和成绩有显著关系。即使同出自单亲家庭，其生活条件也各不相同，有的家庭经济富足，有的家庭有足够多的时间与孩子相处，并非单亲这种家庭结构本身会对儿童的学习能力与成绩造成影响。后面还会提到，将考试结果和单亲作为预测变量加以分析后也会发现，两者并无显著相关性，单亲家庭结构并不一定会对儿童的学习能力与成绩造成负面影响。

（二）学校和地域

有关儿童学习能力与成绩决定性因素的研究始于美国的《科尔曼报告》（Coleman et al.，1966）。该报告认为，成绩差距受学校条件的影响较小，大多是与儿童所处的社会经济背景有关。然而，近年来，有研究通过对大量数据进行整理分析后指出，学校或社区会影响儿童的学习能力与成绩（Reardon et al.，2019）。

分析方法上需要留意的是，如果一个地区的儿童学习能力与成绩低下，其原因可能是 SES 偏低的家庭较多，也可能是由学校或地区本身的问题所致，必须要独立区分这两种情况。研究的困难在于如何设定代表学校和地区情况的变量。比如，学校的变量可以包括教育预算、教师人数和经验、特殊课程及项目的准备等；社区的变量可以包括体育俱乐部等课后活动场所、安全的公园和操场，以及高质量的学前育儿计划（Sampson et al.，2008；Burdick-Will et al.，2011；Wodtke et al.，2011；Chetty et al.，2015）。

将学校和地区的影响与各个家庭的 SES 分开论证也有政策上的意义。如果一个社区或学校的儿童学习能力与成绩低下是因为 SES 低的家庭聚集，那么可以考虑制定提高地区内各个家庭 SES 的政策；如果是社区或学校存在问题，如犯罪增多及治安恶化等导致儿童学习能力与成绩下降，则需要在支持每个家庭的同时，采取措施改善地区及学校环境（Sharkey，2010）。

在日本的现有研究中，很多都论及了与学校相关举措的效果，但它们忽视了控制学校以外的变量，所以问题究竟是出自学校还是学校以外无法定论。国立大学法人御茶水女子大学（2018）在分析全国学习能力和成绩及学习状况调查结果时就出现了这种情况。

北條雅一（2011）在分析学校举措的效果时对学校以外的变量做了控制，其结论与《科尔曼报告》类似，即认为，家庭环境对学生的学习能力与成绩起决定性的作用，学校方面的影响则不大。篠崎（2008）也指出，ICT（信息通信技术）设备及图书储备等物资的多寡、校长的自由裁量程度等学校运营方面的变量与学习能力与成绩的好坏或参差不齐现象并没有显著关系。

还有研究认为，在某些条件下学校教育是有效果的，不可一概而论、全盘否定。妹尾涉和北條雅一（2016）指出，在平均 SES 低的学校，缩小班级规模对于提高学习能力与成绩有正向影响；而在平均 SES 高的学校，则未发现班级规模与学习能力和成绩有明显的相关性。此外，野崎等（2011）指出，教育预算与考试平均分数之间没有显著关系，但与成绩较差群体的分数参差不齐现象存在显著关系。这些分析结果表明，SES、成绩偏低学校的教育预算及班级规模影响学习能力与成绩。Akabayashi 和 Nakamura（2014）研究发现，缩小班级规模整体上没有什么效果，但在较富裕社区对提高国语成绩有正面效应。

总的来说，自《科尔曼报告》以来，大部分现有研究都认为学校单方面的效果很小；但近年来随着大规模数据利用的普及，也有研究指出，学校及社区有着独特的影响。可以说，目前对此众说纷纭，并无明确结论。

（三）儿童的性格及健康状况

儿童的学习能力与成绩是否由先天智商决定，学术上并无定论。近年来的一个新兴研究领域——表观遗传学，研究在 DNA 碱基序列不发生改变的情况下，基因表达的可遗传性变化。比如，处于饥饿状态的孕妇生产的小孩长大后更易肥胖，且罹患糖尿病等生活习惯病的风险也更高。也就是说，遗传信息也会受到后天环境的影响。

最近的研究进展表明，认知能力以外的其他因素会强烈影响儿童的未来，由于这些因素是通过后天习得的，因此，干预措施可以发挥良好的效果（Akee et al.，2018）。这种观点与加里·贝克尔等学者的人力资本理论形成鲜明对比，后者只关注认知能力（Becker，1964）。詹姆斯·赫克曼认为，在早期教育阶段，对非认知能力及动机等认知以外的因素进行干预将行之有效（Heckman，2000）。心理学将人的性格分为五类，统称为五大人格特质（Goldberg，1990）。虽然不同学派对五大人格特质的解释有些出入，但一般来说包括诚实、开放性、协调性、外向性等维度。现有研究指出，在这五大特质中，"诚实"尤其与学校成绩有明显相关性，且会影响未来的收入及健康水平（Almlund et al.，2011；Heckman and Kautz，2014）；但究竟哪一种性格特质的影响力更大，似乎也因性别及文化背景而异（李婵娟，2014）。

还有许多研究表明，健康状态和体能也会影响儿童的学习能力与成绩。He 等（2019）综合分析发现，成绩与肥胖（BMI）之间存在较弱但却显著的相关性；Martin 等（2018）也指出，通过改善儿童的肥胖状况可以提高他们的成绩。在体能方面，西浦（2017）在梳理相关研究后指出，几乎所有报告都说明体能好的儿童学习能力与成绩也更好；而仪间和关（2019）则指出，体能与学习能力和成绩之间没有很强的相关性，许多因素都会影响体能和学习能力与成绩的提升。

由于缺乏合适的数据，日本在这一领域还没有足够多的研究成果，各学派也未能获得一致的见解。

三、数据概要

（一）学习能力与成绩考试

本文主要使用 2015 年至 2017 年的全国学习能力与成绩及学习状况调查数据。该调查以全国范围内的小学六年级学生和初中三年级学生为对象实施调查。本文从京都府抽取了 20 所学校的调查数据进行分析，由京都府每年实施抽选工作，各年度抽取的学校并不完全相同。此外，各校的数据样本由各校分别抽取，每种数据各抽取几人份由各校自行判断。所涉科目为小学六年级国语 A、国语 B、算术 A 和算术 B，初中三年级国语 A、国语 B、数学 A 和数学 B，分析时计算各年级各科目内的偏差值，并计算每位学生的算术平均值。

调查对象学生为低保家庭、准低保家庭或单亲家庭的儿童，其中，单亲家庭包括低保家庭和准低保家庭。表 1 显示了调查对象人数。

表 1　调查对象人数

年份	小学生	低保家庭	初中生	低保家庭
2015	394	51	669	73
2016	404	52	759	56
2017	367	36	645	41
总计	1165	139	2073	170

表 2 和表 3 分别显示了 2017 年小学六年级学生和初中三年级学生各科目平均正确率的调查结果，并与京都府的整体平均值进行了比较。结果显示，不管是小学六年级学生还是初中三年级学生，低保家庭学生在所有科目上的正确率都明显偏低，准低保家庭与单亲家庭比较接近，但与京都府整体相比，依然处于较低水平。对比京都府的整体结果与本调查的样本结果可以发现，与小学六年级学生相比，初中三年级学生整体上呈现与京都府平均水平差距扩大化的趋势。

表 2　小学六年级各科目平均正确率（2017 年）　　单位：%

		国语 A	国语 B	算术 A	算术 B
京都府整体		74.7	57.8	80.0	47.3
本调查样本	低保家庭	60.7	37.8	59.3	26.4
	准低保家庭	70.0	48.9	70.0	37.3
	单亲家庭	**68.7**	**48.9**	**68.0**	**38.2**

表 3　初中三年级各科目平均正确率（2017 年）　　单位：%

		国语 A	国语 B	数学 A	数学 B
京都府整体		77.8	73.3	66.1	48.7
本调查样本	低保家庭	60.6	50.0	36.7	30.0
	准低保家庭	69.4	62.2	54.2	39.3
	单亲家庭	**69.7**	**61.1**	**52.2**	**38.7**

图 1 和图 2 分别显示了小学六年级学生和初中三年级学生各科目考试结果的分布情况，使用不同颜色区分京都府整体和低保家庭学生的考试结果分布情况（前者为"府全体"，后者为"要保护"），各科目的分数未经过

任何处理，直接显示考试结果。低保家庭学生的考试成绩分布与京都府整体考试成绩分布相比明显偏左，即分数偏低；部分低保家庭的学生虽然取得了与京都府平均水平相当或是更高的分数，但大多数学生的分数都偏低。

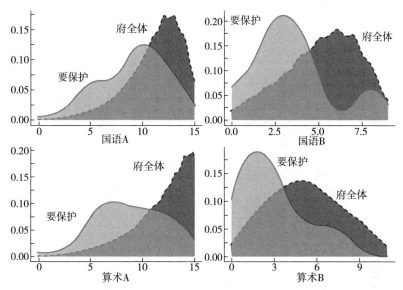

图1 小学六年级各科目考试结果分布（京都府整体和低保家庭）

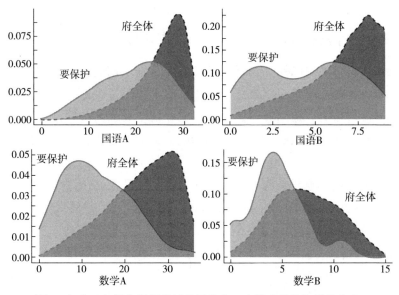

图2 初中三年级各科目考试结果分布（京都府整体和低保家庭）

图 3 为小学六年级学生和初中三年级学生各科目偏差值的平均值分布情况，用不同颜色区分低保家庭（即"要保护"）和其他家庭（准低保家庭和单亲家庭，"要保护以外"）学生的考试结果，可以看出，低保家庭学生的分布明显偏左，整体上分数偏低的学生居多。

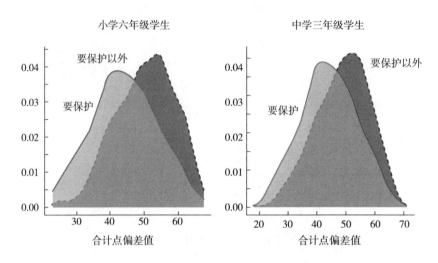

图 3 小学六年级学生和初中三年级学生各科目考试结果偏差值的
平均值分布情况（低保家庭和其他家庭）

（二）生活规律程度、学习量、兴趣和目标

除统计科目考试以外，该调查还对学生实施了问卷调查。调查内容与学生的日常生活、学习量、家庭相关，采用主成分分析法考察了主要成分是否会对学习能力与成绩产生影响。本节分析主要通过问卷调查结果推测学生的日常生活受其家庭 SES 状况的影响，及其对学生性格产生的进一步影响。

该项调查的问题结构每年都有变化，本文仅选取 2015 年至 2017 年所使用的 13 个相同的问题进行分析，具体问题及选项如表 4 所示，选项后的赋分即为得分。例如，第一个问题"是否每天都吃早餐"，如果选择"完全是"，则计 1 分。主成分分析基于相关矩阵，其结果如表 5 和表 6 所示。

表4　学生问卷的调查问题

编号	问项	选项和得分
Q1	是否每天都吃早餐	完全是（1分）　　大部分是（2分） 少数是（3分）　　完全不是（4分）
Q2	是否每天都在同一时间就寝	完全是（1分）　　大部分是（2分） 少数是（3分）　　完全不是（4分）
Q3	是否每天都在同一时间起床	完全是（1分）　　大部分是（2分） 少数是（3分）　　完全不是（4分）
Q4	是否认为自己有可取之处	完全是（1分）　　基本是（2分） 应该是（3分）　　完全不是（4分）
Q5	是否有将来的梦想及目标	完全是（1分）　　基本是（2分） 应该是（3分）　　完全不是（4分）
Q6	平时（周一至周五）每天平均花费多少时间视听电视、录像及DVD	4小时以上（1分）　　3小时以上、4小时以下（2分） 2小时以上、3小时以下（3分） 1小时以上、2小时以下（4分） 1小时以下（5分）　　完全没有视听（6分）
Q7	平时（周一至周五）每天平均花费多少时间使用手机打电话或传邮件、上网	4小时以上（1分）　　3小时以上、4小时以下（2分） 2小时以上、3小时以下（3分） 1小时以上、2小时以下（4分） 30分以上、1小时以下（5分） 30分以下（6分）　　没有手机（7分）
Q8	学校课堂以外，平时（周一至周五）每天平均花费多少时间学习	3小时以上（1分）　　2小时以上、3小时以下（2分） 1小时以上、2小时以下（3分） 30分以上、1小时以下（4分） 30分以下（5分）　　完全没有（6分）
Q9	周末等休息日，每天平均花费多少时间学习	4小时以上（1分）　　3小时以上、4小时以下（2分） 2小时以上、3小时以下（3分） 1小时以上、2小时以下（4分） 1小时以下（5分）　　完全没有（6分）
Q10	是否在补习班（含家教）学习	否（1分）　　是（2分）

编号	问项	选项和得分
Q11	是否与家人聊学校里发生的事	是（1分）　经常（2分）　偶尔（3分）　完全不（4分）
Q12	是否在家做学校的作业	是（1分）　经常（2分）　偶尔（3分）　完全不（4分）
Q13	是否参加所居住地区的活动	是（1分）　经常（2分）　偶尔（3分）　完全不（4分）

表5　学生问卷调查问题的主成分分析结果（小学六年级学生）

	主成分得分1 【贡献率 21.7%】	主成分得分2 【贡献率 11.8%】	主成分得分3 【贡献率 9.0%】
1	Q8 平时校外学习时间 （-0.360）	Q9 休息日校外学习时间 （-0.488）	Q7 手机类 （-0.664）
2	Q2 在同一时刻就寝 （-0.357）	Q10 在补习班学习 （0.487）	Q6 电视、录像及DVD （-0.491）
3	Q3 在同一时刻起床 （-0.334）	Q8 平时校外学习时间 （-0.482）	Q5 将来的梦想及目标 （-0.467）
名称	生活规律度	学习量	兴趣和目标
预测效果	积极	积极	消极

表6　学生问卷调查项目主要成分分析结果（初中三年级学生）

	主要成分得分1 【贡献率 20.7%】	主要成分得分2 【贡献率 12.3%】	主要成分得分3 【贡献率 9.6%】
1	Q2 在同一时刻就寝 （-0.360）	Q8 平时校外学习时间 （-0.516）	Q7 手机类 （0.560）
2	Q8 平时校外学习时间 （-0.352）	Q10 在补习班学习 （0.484）	Q6 电视、录像及DVD （0.540）
3	Q9 休息日校外学习时间 （-0.346）	Q9 休息日校外学习时间 （-0.394）	Q5 将来的梦想及目标 （0.346）
名称	生活规律度	学习量	兴趣和目标
预测效果	积极	积极	积极

表 5 和表 6 分别抽取了小学六年级学生与初中三年级学生各自主成分贡献率的前三位，并分别列出了三个主成分的得分。可以看出，小学六年级学生与初中三年级学生的主成分得分相似。

首先来看第一主要成分。小学六年级学生得分前三的问题分别为 Q8 "平时校外学习时间"、Q2 "在同一时间就寝" 和 Q3 "在同一时间起床"，初中三年级学生得分前三的问题分别为 Q2 "在同一时间就寝"、Q8 "平时校外学习时间" 和 Q9 "休息日校外学习时间"，这些都包括与学习时间和起床/就寝时间相关的问题，整体上能够显示学生的日常生活是否规律，因此我们将其命名为 "生活规律度"。

再来看第二主要成分。小学六年级学生得分前三的问题分别为 Q9 "休息日校外学习时间"、Q10 "在补习班学习" 和 Q8 "平时校外学习时间"，初中三年级学生得分前三的问题分别为 Q8 "平时校外学习时间"、Q10 "在补习班学习" 和 Q9 "休息日校外学习时间"，这些明显都表示为 "学习量"。

对第三主要成分的解释则比较困难。小学六年级学生和初中三年级学生得分前三的问题均为 Q7 "手机类"、Q6 "电视、录像及 DVD" 和 Q5 "将来的梦想及目标"。关于 Q7 和 Q6，如果在手机及 DVD 上花费时间较多，则得分较低；关于 Q5，如果有梦想和目标，则得分低。沉浸在手机和 DVD 中的生活似乎缺乏梦想和目标，但分析结果却显示了相反的结果。因此，对于 Q7 和 Q6，本分析将智能手机及 DVD 的使用视作兴趣，作为显示 "兴趣和目标" 的指标。

表 5 和表 6 中还分别预测了各主成分是否会对考试结果产生积极或消极的影响。从各主成分得分的正负来看，预测效果基本多为积极；唯一例外的是在 "兴趣和目标" 方面，小学六年级学生和初中三年级学生的该主成分得分正负相反，预测仅对小学六年级学生产生消极影响。

（三）学生的健康状况

全国学习能力与成绩及学习状况调查中未包含健康状况方面的问题，京都府为调查儿童贫困与其健康状况是否相关，专门收集了有关儿童肥胖和蛀牙的数据。下面对低保家庭学生健康状况与京都府整体情况进行对比分析。

图 4 为儿童蛀牙情况调查结果，小学六年级学生和初中三年级学生调查结果类似，低保家庭学生 "无蛀牙" 的比例低于京都府的整体水平，且

"有蛀牙"但未予以治疗的学生比例明显偏多。与小学六年级学生相比，初中三年级低保家庭学生中"无蛀牙"的比例更少，与京都府整体水平之间的差距进一步拉大。

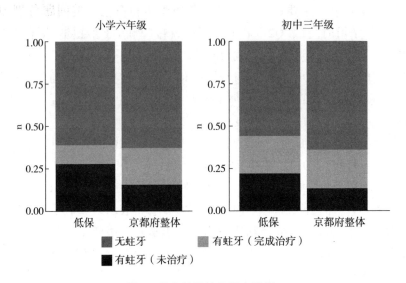

图 4　儿童蛀牙情况调查结果

资料来源：京都府的数值引自文部科学省《2017 年度学校保健统计（学校保健统计调查报告书）》。

图 5 显示了被判定为肥胖的学生比例。整体上，低保家庭学生的肥胖比例高于京都府的整体水平，与蛀牙情况类似，初中三年级低保家庭学生与京都府整体水平的差距更大，且女生的差距尤其大。关于肥胖比例高的理由推测有两点：一是吃饭的时间和次数不规律；二是饮食习惯依赖于快餐及速食。

就针对学生健康状况的评价而言，本部分虽仅考察了蛀牙和肥胖两项指标，但依然可见，低保家庭学生的健康状况总体不佳；且与小学六年级学生相比，初中三年级学生与京都府整体水平的差距倾向于进一步拉大。Michelmore 和 Dynarski（2017）表明，生活穷困的持续时间越长，对儿童学习能力与成绩的影响越大，据此推测，时间的推移是导致上述现象的背后推力，故而早期干预的效果应该更值得期待。

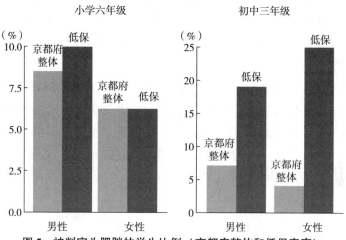

图 5　被判定为肥胖的学生比例（京都府整体和低保家庭）

注：被判定为肥胖的学生比例为肥胖度在 20% 以上的学生比例。肥胖度 = 100×（实测体重−各身高标准体重）/各身高标准体重。

资料来源：京都府的相关数值引自文部科学省《2015 年度学校保健统计（学校保健统计调查报告书）》《2016 年度学校保健统计（学校保健统计调查报告书）》和《2017 年度学校保健统计（学校保健统计调查报告书）》。

四、学习能力与成绩的影响因素分析

（一）收入、家庭类型、日常生活

影响学习能力与成绩的因素除了 SES 以外，还包括地区、学校、儿童的性格及健康等多个方面，分析时有必要对多种因素进行控制。虽然最好是采用面板数据分析，但由于各年抽选的调查学校和对象学生并不一样，所以采用如下多元回归方程分析：

$$SCORE_i = b + \beta_1 Income_i + \beta_2 Family_i + \beta_3 Life_i + \beta_4 Health_i + \beta_5 Sex_i + \varepsilon_i \quad i = 1, \cdots, n$$

$$(1)$$

其中，b 是常数项；$SCORE$ 是样本期间各科目的偏差值平均分数；$Income$ 是与收入相关的变量矩阵，在这里是低保家庭、准低保家庭的虚拟变量；$Family$ 是与家庭类型相关的变量矩阵，即单亲家庭的虚拟变量；$Life$ 是与日常生活相关的变量矩阵，将学生问卷调查主成分分析得出的主要成分作为变量，即生活规律度（第一主成分）、学习量（第二主成分）、兴趣和目标（第三主成分），如前文所述这些是除收入以外的 SES 状况；学生性格考虑为代理变量；*Health* 是与健康相关的变量矩阵，包括肥胖度和蛀牙；*Sex* 是性别；ε 是误差项。

从对考试结果的多元回归分析（见表 7）可以看出，所有方程式都出现显著性影响的是低保家庭、准低保家庭、生活规律度、兴趣和目标这些变量，系数的符号都符合预期，但决定系数在各方程式中的值都偏低，只能对分数差距做出 10% 左右的解释。再看低保家庭的系数，式（2）与式（1）相比、式（5）与式（4）相比的绝对值都相当小，据此推测，收入系数中隐藏着其他影响因素。

表 7　对考试结果的多元回归分析

	小学六年级学生			初中三年级学生		
	式（1）	式（2）	式（3）	式（4）	式（5）	式（6）
低保家庭	-6.422*** (0.899)	-5.040*** (0.994)	-5.313*** (1.259)	-6.126*** (0.879)	-4.926*** (0.848)	-4.873*** (0.838)
准低保家庭	-2.678*** (0.812)	-1.966** (0.787)	-2.443** (0.981)	-1.807*** (0.600)	-1.145* (0.580)	-1.170* (0.570)
单亲家庭	-0.031 (0.556)	0.132 (0.538)	-0.135 (0.681)	-0.116 (0.453)	0.312 (0.435)	0.248 (0.429)
生活规律度		1.347*** (0.148)	1.233*** (0.187)		1.498*** (0.120)	1.395*** (0.119)
学习量		0.346 (0.197)	0.330 (0.253)		0.318* (0.155)	0.222 (0.153)
兴趣和目标		-0.520** (0.226)	-0.633** (0.276)		0.863*** (0.175)	1.102*** (0.177)
肥胖度			-1.733 (1.138)			-2.145*** (0.695)
蛀牙			-0.584 (0.392)			-0.751*** (0.230)

	小学六年级学生			初中三年级学生		
	式（1）	式（2）	式（3）	式（4）	式（5）	式（6）
性别			1.191 (0.617)			2.856*** (0.396)
决定系数	0.03	0.105	0.11	0.02	0.103	0.133

注：（1）表中括号内为标准误差。系数附带的 *** 表示 $p<0.01$，** 表示 $p<0.03$，* 表示 $p<0.05$。表中常数项的结果被排除在外。

（2）在肥胖度方面，肥胖 = 1、不肥胖 = 0；在蛀牙方面，无蛀牙 = 0、有蛀牙（且完成治疗）= 1、有蛀牙（但未治疗）= 2；在性别方面，男性 = 1、女性 = 2。

在学习量指标上，除式（5）以外没有显著性差异，这表明单纯增加学习量并不会影响考试结果，或者说没有太大的作用。此外，在肥胖度及蛀牙方面，小学六年级学生未见显著性差异，但初中三年级学生有显著性差异，系数也符合预测，从这里也可以看出，与小学六年级学生相比，初中三年级学生的健康状况与学习能力和成绩有更大的相关性。

（二）学校、地区

表 8 保留了表 7 中引起显著性差异的变量，加入了表示各学校的虚拟变量。虽然在各年级、各年都抽选了 20 所学校，但其结构组成却不尽相同，故而这里没有显示对各个学校的分析结果，但显示了 20 所学校中出现显著性差异的学校数量。2017 年，初中三年级有显著性差异的学校较多；其他年度仅有 1~3 所学校表现出显著性差异。该结果表明，在控制了其他因素之后，学校这个虚拟变量也与考试结果呈显著相关性；但需要注意的是，这里虽然使用"学校虚拟变量"来形容，但我们其实无法区分这一相关性究竟是来自学校本身的影响，还是校区或者学校所在社区的影响。

简单来说，在贫困人群聚集的社区或自治体，学校整体的学习能力与成绩也可能偏低，但学校这个虚拟变量呈现显著相关性时，说明学校本身或其所在社区本身存在影响学习能力与成绩的独特原因，此时，政策上需要做的不是干预每个学生或每个家庭，而是采取措施来改变学校或整个社区。

表8 加入学校虚拟变量后对考试结果的多元回归分析

	小学六年级学生			初中三年级学生		
	2015 年	2016 年	2017 年	2015 年	2016 年	2017 年
低保家庭	−4.114 ** (1.698)	−4.446 *** (1.648)	−4.812 ** (2.090)	−3.525 *** (1.246)	−6.502 *** (1.386)	−5.102 *** (1.749)
准低保家庭	−2.130 (1.325)	−1.578 (1.276)	−1.243 (1.491)	−0.547 (0.849)	−2.098 ** (0.864)	−0.676 (1.043)
生活规律度	1.529 *** (0.266)	1.293 *** (0.247)	0.693 ** (0.295)	1.425 *** (0.193)	1.250 *** (0.191)	1.869 *** (0.226)
兴趣和目标	−1.104 *** (0.378)	−0.383 (0.389)	−0.251 (0.431)	1.214 *** (0.279)	0.474 (0.274)	0.907 *** (0.336)
学校虚拟 1% 3% 5%	0 校 1 校 0 校	1 校 2 校 0 校	0 校 0 校 2 校	1 校 0 校 0 校	1 校 1 校 0 校	7 校 3 校 3 校
决定系数	0.213	0.220	0.102	0.173	0.131	0.184

注：表中括号内为标准误差。系数附带的 *** 表示 p<0.01，** 表示 p<0.03，* 表示 p<0.05。表中常数项的结果被排除在外。

（三）决定学习能力与成绩的并不仅是收入

从以上分析结果可以看出，学习能力和成绩确实与家庭收入存在相关性；同时，现有研究也表明，其他因素对学习能力与成绩的影响在不同收入阶层有着不同的表现。

图6将低保家庭和其他家庭用不同的颜色来区分，就生活规律度和考试结果的关系分别绘制了回归直线。可以看出，两个年级的相关系数都表现出显著性差异，符号也符合预测。低保家庭学生的生活规律度与考试结果之间相关性成立，生活规律度越高、考试结果越好。国立大学法人御茶水女子大学（2018）的报告显示，家庭经济条件处于劣势的学生，其中也有部分人的学习能力与成绩可达到较高的水平。图6表明，使他们取得好成绩的条件之一正是生活规律度。

图7显示了低保家庭和其他家庭学生的生活规律度分布情况。虽然低保

家庭学生的分布明显靠左，但由图可以看出，低保家庭中也有不少学生与其他学生的生活规律度一样，换句话说，收入并不是决定学习能力与成绩的唯一因素。

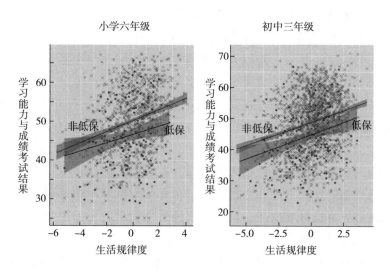

图6 生活规律度与考试结果的关系（低保家庭和其他家庭）

注：（1）低保家庭系数在3%内时有显著性差异；非低保家庭系数在1%内时有显著性差异。

（2）低保及非低保家庭均在1%内时有显著性差异。

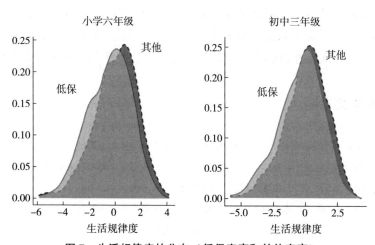

图7 生活规律度的分布（低保家庭和其他家庭）

五、结论

本文主要就决定学习能力与成绩的有关因素展开分析，一方面证实了父母收入与子女/儿童学习能力与成绩存在相关性；另一方面也阐明了决定学习能力与成绩的并不仅是收入，推测学生的成绩还与生活规律度、兴趣和目标相关。儿童的健康状况也会对学习能力与成绩产生一定影响，与小学六年级学生相比，初中三年级学生在这方面可能因此拉开更大的差距。分析还发现，低保家庭也有不少生活规律度高的儿童，他们倾向于表现为与其他家庭学生同等的学习能力与成绩。从政策角度来说，要提高儿童的学习能力与成绩，提高父母收入很重要，采取措施保证学生日常生活的规律性、帮助他们发现兴趣和目标、维持他们的健康状况也都同样重要，这些举措能够发挥良好的效果；反之，单纯地增加学习量恐怕并没有什么效果，或者说收效甚微。

本文重点针对学习能力与成绩展开了分析。但此处笔者还需要特别强调的一点是，儿童教育的目的不仅仅是提高学习能力与成绩。詹姆斯·赫克曼认为，学校考试并不能恰当地反映儿童的性格、目标和动机，他将后面这些统称为软技能，并通过实证分析证明，提升软技能对于儿童的未来至关重要（Heckman and Kautz，2012）。他的观点发人深省。本文因数据限制无法对此展开验证，但从政策层面来看，本文结果与赫克曼的分析意旨并无本质区别，说明的都是同样的道理，即比起单纯地增加学习量，不如从日常生活、兴趣和目标等方面开展支援措施，关注儿童未来的无限可能。

参考文献

[1] 阿部彩（2014）子どもの貧困Ⅱ—解決策を考える. 岩波書店.

[2] 卯月由佳，末富芳（2016）世帯所得と小中学生の学力・学習時間— 教育支出と教育費負担感の媒介効果の検討，NIER Discussion Paper Series No. 002.

[3] 仪间裕贵，关耕二（2019）縦断コホートデータを用いた学童期（中・後期）における体力と学力の関連の検討. 理学療法科学，34（1），pp. 119-124.

[4] 国立大学法人御茶水女子大学（2018）保護者に対する調査の結果と学力等との関係の専門的な分析に関する調査研究.

［5］小原美紀，大竹文雄（2009）子どもの教育成果の決定要因．日本労働研究雑誌，No. 588，pp. 67-84.

［6］篠崎武久（2008）教育資源と学力の関係．平成19年度「全国学力・学習状況調査」分析報告書，第7章，千叶县检证改善委员会.

［7］妹尾渉，北條雅一（2016）学級規模の縮小は中学生の学力を向上させるのか-全国学力・学習状況調査（きめ細かい調査）の結果を活用した実証分析．国立教育政策研究所紀要第145集，pp. 1-10.

［8］仙光太郎（2018）性格スキル　人生を決める5つの能力．祥传社新书.

［9］西浦泉（2017）こどもの学力に及ぼす身体活動の影響．川崎市立看護短期大学紀要，22（1）、pp. 1-7.

［10］野崎华世，樋口美雄，中室牧子，妹尾渉（2018）親の所得・家庭環境と子どもの学力の関係：国際比較を考慮に入れて. NIER Discussion Paper Series No. 008.

［11］野崎祐子，平木耕平，篠崎武久，妹尾渉（2011）学力の生産関数の推定——底上げをどう図るか，Discussion Paper Series No. 2011-03, Faculty of Economics, Hiroshima University.

［12］北條雅一（2011）学力の決定要因　一経済学の視点から．日本労働研究雑誌，No. 614, pp. 16-27.

［13］李嬋娟（2014）非認知能力が労働市場の成果に与える影響について．日本労働研究雑誌，No. 650, pp. 30-43.

［14］Akabayashi H, Nakamura R. Can Small Class Policy Close the Gap? An Empirical Analysis of Class Size Effects in Japan ［J］. Japanese Economic Review, 2014, 65（3）：253-281.

［15］Akee R, Copeland W, Costello E J, et al. How Does Household Income Affect Child Personality Traits and Behaviors? ［J］. American Economic Review, 2018, 108（3）：775-827.

［16］Almlund M, Duckworth A L, Heckman J J, et al. Personality Psychology and Economics ［M］//Hanushek E A, Machin S, Woessmann L, eds. Handbook of the Economics of Education, Volume 4, Amsterdam：Elsevier, 2011.

［17］Becker G S. Human Capital；A Theoretical and Empirical Analysis, with Special Reference to Education ［M］. New York：Columbia University Press, 1964 .

［18］Burdick-Will J, Ludwig J, Raudenbush S, et al. Converging Evidence for Neighborhood Effects on Children's Test Scores：An Experimental, Quasi-Experimental, and Observational Comparison ［M］//Duncan G J, Murnane R J, eds. Whither Opportunity? Rising Inequality and the Uncertain Life Chances of Low-Income Children, New York：Russell Sage Foundation, 2011.

［19］Cappelen A W, Salvanes K G, Sørensen E Ø, et al. Willingness to Compete：Family Matters [J]. Management Science, 2016, 62 (8): 2149-2162.

[20] Chetty R, Hendren N, Katz L F. The Effects of Exposure to Better Neighborhoods on Children: New Evidence from the Moving to Opportunity Experiment [R]. Manuscript. Harvard University, 2015.

[21] Coleman J S, Campbell E Q, Hobson C J, et al. Equality of Educational Opportunity [M]. Washington, D. C.: U. S. Department of Health, Education, and Welfare, Office of Education, 1966.

[22] Goldberg L R. An Alternative "Description of Personality": The Big-five Factor Structure [J]. Journal of Personality and Social Psychology, 1990, 59 (6): 1216-1229.

[23] He J B, Chen X J, Fan X T, et al. Is There a Relationship between Body Mass Index and Academic Achievement? A meta-analysis [J]. Public Health, 2019, 167: 111-124.

[24] Heckman J. Policies to Foster Human Capital [J]. Research in Economics, 2000, 54 (1): 3-56.

[25] Heckman J J, Kautz T D. Hard Evidence on Soft Skills [R]. NBER Working Paper 18121, 2012.

[26] Martin A, Booth J N, Laird Y, et al. Physical Activity, Diet and Other Behavioural Interventions for Improving Cognition and School Achievement in Children and Adolescents with Obesity or Overweight [R]. Cochrane Database of Systematic Reviews, 2018.

[27] Michelmore K, Dynarski S. The Gap Within the Gap: Using Longitudinal Data to Understand Income Differences in Educational Outcomes [J]. AERA Open, 2017, 3 (1): 1-18.

[28] Reardon S F, Kalogrides D, Shores K. The Geography of Racial/Ethnic Test Score Gaps [J]. American Journal of Sociology, 2019, 124 (4): 1164-1221.

[29] Sampson R J, Sharkey P, Raudenbush S W. Durable Effects of Concentrated Disadvantage on Verbal Ability among African-American Children [J]. Proceedings of the National Academy of Sciences, 2008, 105 (3): 845-852.

[30] Sharkey P. The Acute Effect of Local Homicides on Children's Cognitive Performance [J]. Proceedings of the National Academy of Sciences, 2010, 107 (26): 11733-11738.

[31] Shute V J, Hansen E G, Underwood J S, et al. A Review of the Relationship between Parental Involvement and Secondary School Students' Academic Achievement [J]. Education Research International, 2011: 1-10.

[32] Wilder S. Effects of Parental Involvement on Academic Achievement: A meta-synthesis [J]. Educational Review, 2014, 66 (3): 377-397.

[33] Wodtke G T, Harding D J, Elwert F. Neighborhood Effects in Temporal Perspective: The Impact of Long-Term Exposure to Concentrated Disadvantage on High School Graduation [J]. American Sociological Review, 2011, 76 (5): 713-736.

中国城市低收入住房
政策问题研究[*]

王晶（中国社会科学院）

一、引言

住房在每个社会中都发挥着重要的功能，它是社会稳定的关键因素。大多数情况下，以一般家庭的收入标准来购买社会上平均水平的住房还是比较昂贵的。在发展中国家，长期性的住房融资途径是很匮乏的，在传统社会主义国家，政府直接承担了住房筹资的责任，发展到市场经济时期，政府将住房筹资直接推向市场，住房筹资完全转嫁到了家庭。在缺乏有效的住房融资途径下，无论是低收入家庭，还是中等收入家庭，他们都需要向家庭寻求帮助，这就意味着他们必须经历一个较长的资金积累期才能购买住房，部分低收入人口穷尽毕生积蓄也未必能在城市买得起住房。

目前学界对住房政策的研究普遍不足，如何干预住房市场在政策研究中并没有得到很好的分析，这里存在两个极端：一是认为住房是一个市场化的商品，完全依靠市场可以实现自我调节；二是认为低收入人口的住房是一种公共产品，必须依赖政府提供方能有效供给。从政府的角度讲，由中央制定一项补贴政策是比较容易实现的，通常也是政策制定者的首选项。但是，如果不理解贫困人口住房问题的社会性和地方性因素，不了解官僚机构的内部运行规则，自上而下的政策补贴项目通常都是运行低效或者不合时宜的。这种情况经常发生在发展中国家，中央政府热衷于设立一些政

　　* 本文曾以《城市住房政策结构性问题——社会政策的视角》为题发表于《社会建设》2018年第5期，此处内容有删改。

治效果显著的住房补贴项目，但是这些项目并不一定适合地方政府的实际情况，或者不能有效刺激地方政府的积极性，最终经常以失败而告终。

二、城市住房政策的延续与发展

有学者认为，中国住房政策的变迁可以看作一种经济自由主义变迁的特例（He and Wu, 2009）：去中心化（Decentralization）的政府治理模式、城市经济的去规制化（Deregulation）与住房市场化耦合型塑了城市空间的生产与再生产（Chen, 2011）。

计划经济背景下，没有所谓的私人住房交易市场，所有的住房都由住房管理部门或"单位"把控。住房保障与医疗保障、养老保障一起构成了"单位社会主义"的三个支柱（Liu, 2000）。因为计划经济时期所有产品都由中央政府来定价，住房租金的价格也远低于市场价格，有时甚至都不能覆盖住房后续维修的成本。在整个 20 世纪 80 年代到 90 年代，住房短缺成为普通大众最关心的社会问题。根据中国社会科学院经济学研究所 1988 年进行的第一轮收入分配调查数据，当时城市家庭的人均住房面积是 8 平方米，只有 4% 的家庭住房有厕所和浴室，大部分家庭没有独立的厨房。

到 20 世纪 80 年代后期，中国政府开始着手住房改革，主要目标是改革当时的城市公共住房供给体系。正如上文所述，计划经济划定的房屋租金价格甚至低于住房后续维修的成本，第一轮改革的核心目的就是提高公共租赁住房的租金价格，同时给予租房家庭一定的现金补贴，即所谓的"提租补贴"改革，这样公立机构直接供给住房的责任可以逐步地撤退出来。但是，传统的制度不可能被轻易地突破，当时的"提租补贴"改革仍然嵌入计划经济体制下，改革可能会波及一部分大型国有企事业单位的职工利益，因此改革遇到了很大阻碍。事实上，大的国有企业、事业单位在城市住房供应中起着不可替代的作用，比如一些隐性的住房福利，大型国有企业可以通过折扣价格将住房分配给本单位职工，这种改革方式某种程度上将公有的利益让利给私人，市场经济条件下住房价格的上涨，使这部分人进一步获利，为未来住房的不平等埋下了隐患。

20 世纪 90 年代，中央政府进一步完善住房制度改革框架。文件中规定了一个总的指导原则，即"住房商品化和社会化"，通过住房私有化和租金改革，彻底放弃福利分房体系，逐步建立一个功能完善的住房市场。在这一轮改革中，政府决定构建一个多层次的住房供给框架，对于中高收入的家庭，主要从住房市场交易中购得商品房，购买方具有完全的产权，可以上市交易。对于中低收入家庭，可以通过政府特定的补贴项目购买一定折扣价格的住房，此类住房购房者仅能获得部分产权，一定期限范围内住房不得上市交易，超过一定期限的交易利润所得要与政府共享。考虑到制度惯性，政府对于单位介入保障房供应做了严格的法律规定，要求所有单位停止住房实物供应，禁止单位为企业职工建造福利性住房及分发一些隐性的住房福利津补贴。与此同时，中央政府建立了依托于单位的另一套住房体制，即"住房公积金制度"，住房公积金制度最初起源于新加坡，后来引入中国。在住房公积金制度中，单位和企业职工都需要向公积金账户中缴纳一定比例的基金，当职工有购房需求时，可以使用住房公积金获得低息贷款。住房公积金制度的设立，标志着单位制住房供给模式发生了质的变化，从直接供给住房向住房筹资转化，这实际上在很大程度上降低了单位的负担。

中国政府经历几轮改革，最终将住房的生产和消费完全推向了市场。今天，商品房交易是大部分城市家庭获得住房的途径。根据国家统计局的数据，随着房地产行业的快速发展，城市居民的居住条件发生了实质性的改善，人均居住面积从 1988 年的 8 平方米增加到 2010 年的 29 平方米，截至 2019 年，城镇、农村居民人均住房建筑面积分别达到 39.8 平方米、48.9 平方米。

三、城市住房政策的结构性问题

尽管中央政府最近几年不停地出台政策文件，志在解决低收入人群的住房困难问题，但现在看来，地方政府在公共住房政策建设和投入上始终滞后于中央的政策规划，很多结构性的问题并未获得改善。

（一）市场化趋向与住房政策社会目标偏离

在过去 20 多年中，无论从中央政府，还是从地方政府的视角来看，经济发展都是处于首要地位的，这就造成了社会发展滞后于经济发展。变化的人口结构带来新的社会需求，而地方政府长期无法对新的社会需求做出反应。在亚洲金融危机之后，中国政府需要一个新的经济增长引擎，住房建设和私人住房消费自 1997 年之后重新成为繁荣经济的杠杆。20 世纪 90 年代终止了住房分配，开启了住房商品化改革，私人产权住房开始迅速上涨。随着住房市场化的进一步加深，公共住房进一步萎缩，经济适用房和廉租房在实践层面是遭受冷遇的。在以市场化为主导的改革实践过程中，政府应该介入市场失灵的领域，比如公共住房的供给领域。然而，中国的改革实践始终具有路径依赖性，在住房市场遇到问题时，缩紧信贷、严控土地，尽管许多政策工具都尝试过，但住房价格始终在高位徘徊，当公共住房供给不足时，低收入群体的住房可支付性成了一个难解的问题。

从 2000 年到 2010 年，社会上存在着越来越多对政府不信任的情绪。尽管改革之后人们的物质生活水平获得了实质性的改善，但是在市场化进程中，越来越多的不平等问题浮现出来，当政府的政策目标聚焦经济发展时，某种程度上会忽视民众对政府的不满情绪，住房问题仅是其中的一个问题。对城市中产或者中产以上的家庭来说，住房实际上是一项可保值的资产，如果越来越多的住房被少数房地产商把控，那么房价实际上就会被利益集团所操控。在过去的 10 多年中，中国政府对于住房市场的规范管控一直踟蹰不前，担心影响经济的发展。然而，随着房价上涨以及随之而来的通货膨胀风险，到 2010 年，中央政府不得不对住房问题重视起来，2010 年颁布的"国十条"中包含了很多严格控制购房的措施，政府希望以此控制房价的快速上涨，同时也明确地方政府在低收入人口住房上的筹资责任。

第一，在经济适用房项目上，政府的首要目标是提高中低收入人群的住房所有权，但从政策执行结果来看，实际受益的是那些有一定资产可以购买住房产权的家庭，因此政府的隐性补贴（企业税收或用地优惠）实际上流向了富裕的家庭或者条件较好的国有单位。到 2013 年，经济适用房逐步从住房市场退出，被另一项公共住房计划所取代，即限价房政策。第二，廉租住房政策，廉租住房政策是政府希望满足低收入人口住房的一个重要工具。因为租金一般没有较高的门槛限制，所以廉租住房可以承担住房安全网的功能。中央政府希望能够把所有住房困难的家庭以住房补助的方式来覆盖，这个目标在 2014 年至少是未能实现的，尤其是考虑到大规模的城乡流动人口，他们大都居住在条件较差的城乡接合部，卫生基础设施都很薄弱。但从积极的角度来讲，城市最低保障人口和住房困难家庭被这项计划覆盖进来，这也是住房政策的一个进步。

2008 年开始做的只是城镇低保这块,从 2009 年开始,从低保做到低收入家庭,随后,随着经济的发展、房源的增加,从低收入家庭做到中等偏低收入家庭。2013 年,廉租房、公租房并轨,现在的公租房对象是中等收入偏低家庭,包括低保、低收入、收入中等偏低以下家庭,从收入上逐步提高,增加覆盖面,使更多人能享受公租房的优惠;还有一块,从城镇做到农村,城乡全覆盖。太仓户籍农村人口中的确没有住房,且无房满 5 年的(吃喝嫖赌卖掉自己房子的),乡镇不实施实物配租,因为实物配租的房子全部在城区,乡镇路远,他们散居在各镇区,不可能让他坐两个小时的车来住,比如说在潞河,跟常熟交接的镇,坐车到市里 2 小时,不可能到这边来住。我们也考虑好了操作,乡镇公租房全部是租赁补贴,只要符合政策的,就地租房,到我们这来打卡,我们每个月发放一次补贴。(江苏省太仓市住建局访谈)

总体来看,目前中国已经建立了一个公共住房的政策框架,对城市中等偏低的家庭,有限供应(摇号排队等)经济适用房和限价房;对城市低收入家庭,供应廉租住房。即便如此,仍然有一部分人群没有被政策纳入进来。在经济学领域叫作"悬崖效应",即指城市中有一部分人群,他们的经济地位介于两种住房制度规定的标准之间,政府的补贴项目通常是以一定收入标准为界,具有很强的刚性。一些收入较低的家庭,全家收入可能仅比政府规定的收入线稍高一点,因此并不能获得政策的优惠,其实他们的收入水平与有些符合标准的家庭相差并不大。但是那些符合标准的家庭就可以获得一笔可观的补贴,而他们仍然处于贫困状态,这会造成新的不平等问题。除此之外,还有一个群体处于国家政策的盲区。以经济适用房和廉租住房为例,2010 年以前,城乡流动人口通常没有资格申请廉租住房,廉租住房大都对本地户籍人口开放。2015 年,笔者在江苏某县调查,该县处于经济改革的先锋,对流动人口政策也可谓走在全国前列。住房管理部门的工作人员称保障性住房项目已经考虑流动人口,但是经详细询问得知,流动人口必须在当地缴纳四险一金 1 年以上,才有资格申请这类住房。实际上,能缴纳四险一金的流动人口比例并不高,所以流动人口实际上申请保障性住房的机会还是很小的。2010 年,国家建立了公租房政策,公租房政策与廉租房政策对象略有差异,这个政策对象包括城市低收入人口、大学生,也包括部分流动人口。中央政府希望通过新的制度建构,将新生的城市困难人口问题解决。这个政策的效果还留待未来观察。

综合来看，在过去的 30 年中，中国的住房政策反映了一种强烈的市场化趋向。一方面，中央政府放弃了计划经济时期的住房分配体制，开始采取市场化的路径配给住房，很大程度上改善了住房的分配效率，提高了人们的居住水平。但从另一方面来看，与任何市场经济体相似，住房可支付性和住房不平等问题凸显，亟须有效的政策干预来弥补市场失灵问题。然而，各级政府在经济目标和社会目标上一直有些犹豫不决，大部分时期，从中央到地方还是采取以经济发展为中心的模式。因此在城市化过程中，政府实际上并没有在城市化之初就设计一套满足城市低收入人群住房需求的有效工具，这些政策问题在金融危机之后进一步凸显出来。为了弥补政策漏洞，地方政府通常会出台一些补充性文件来临时解决一些住房问题。

（二）体制延续性的影响

2006 年，中央政府开始重视流动人口社会融合困难的问题，开始着手针对流动人口改善居住条件。但是，正如前文所述的财政困难依然存在，中央政府制定了政策框架，但是并没有保障筹资责任。在地方，公租房的筹资责任经常下放给企业。事实上，许多企业并没有能力满足流动人口的住房需求。2010 年，住房和城乡建设部签署了一个新的文件，规定有稳定职业，且在一个城市生活到一定年限的流动人口有资格申请所在地的公租房。以北京为例，七年的暂住时间是申请公共租赁住房的最基本条件；在厦门，必须缴纳地方社会保险才有资格申请公租房；在江苏太仓，外来人口在缴纳社会保险之后，也可以申请国有平台的公共租赁住房；在重庆，已经不再区别本地和外地，流动人口与本地人口一样，可以申请任何性质的低收入住房保障。但是这项政策需要地方政府匹配足够的财政资金来供给公共租赁住房或者住房现金补贴，更多的地方城市在这个政策上仍然没有太大的改革举措。

当下，在东部流动人口集中的地区主要有两种类型的公共租赁住房：一种是企业职工宿舍，另一种是地方政府开发的公租房小区，这些小区位置相对偏远。在大多数城市，流动人口目前还面临着一些制度上的区别对待，在公共租赁住房上并没有享受与城市户籍人口同等的待遇水平。其实，并不仅仅是住房，在包括医疗、养老、教育在内的诸多社会福利层面，流动人口都与本地户籍人口存在差别性的待遇，从社会政策视角来看，这是违背社会公正原则的。

（三）保障性住房供给中的地方治理问题

中央与地方政府的关系是理解中国社会治理的关键因素。目前已经有浩如烟海的文献讨论地方治理问题，比如央地的财政关系、官员任命、行政控制等。最近有研究显示，地方政府在地方政策制定上有很大的自主权限，地方政府在政策执行上是否与中央步调一致取决于他们的利益是否在政策制定中得到反映。如前文所述，地方政府在住房供给上的利益诉求就与中央政府的诉求存在冲突，这是理解地方政府公共性住房政策供给行为的基础。

近年来，大部分地方治理和公共服务供给的责任都被下移到地方政府。在一项社会政策的落实过程中，地方政府拥有很大的自主权限。即便中央政府在极力控制地方政府的经济动机，通过定向转移支付和严格的监督等手段，地方政府仍然有很大的自由空间进行政策调整。由于中国地区发展的不均衡，地方政府根据自身需求进行适度调整也是合乎逻辑的。但是，在政策制定过程中，这种模糊性的政策表达就为地方政府进行政策阐释、解读创造了空间，当上级政策不能为地方带来收益时，地方政府的积极性并不高，这样的政策很难真正地贯彻下来。以公共租赁住房为例，中央政府希望尽快解决低收入人群的住房问题，但是中央政府不可能在政策制定上搞"一刀切"，如以一定收入水平为限设立一个统一的标准是不太现实的。中央政府制定公共租赁住房政策框架，允许地方政府根据自身的经济发展水平和人口需求进行适度调整。在财政资源拨付上，中央仅可能向西部倾斜，大部分县市需要依赖自身财力解决。在这种情况下，中央政府不太可能以强力的控制手段控制地方政府的行为。从地方政府的角度看，投入越少越好，就是说，地方政府并不太愿意将财政资金或土地放到消耗资源的项目中去，地方政府有可能会提高准入标准，使更少部分人符合公共租赁住房准入条件，这样就可以降低地方财政的压力。

总的来说，中央和地方政府的目标不同，归根结底的因素在于如何对待经济发展的重要性。在过去 20 年中，即便中央政府几次发布了关于解决低收入人群住房的政策文件，比如在 2010 年文件中，公共租赁住房覆盖所有城市低收入人群，但许多口号最后都是不了了之。地方政府的绩效评估体系很多情况下是集中到一些经济目标上,不管地方政府在其他领域做得如何,经济发展是最重要的评价指标。因此说,以经济发展为中心的评估体系也激励了地方政府将政策焦点聚焦到一些短期的政绩工程上,忽视了一些长期的社会工程。更重要的是,在中央政府没有将公共住房投入作为政策优先目标时,地方政府就更有可能在公共住房政策上无所作为了。地方政府官员的任期一般是3~5年,经济绩效是看得见摸得着的,也是容易被评估的,所以地方政府有很强的激励去发展一些大的工程项目,这些项目不仅会带来可观的土地交易费用,同时也是一任政府政绩的重要指标。相反,公共住房项目在短期内并不容易显示出它的积极意义,2010年之前,在地方政府评价指标体系中都不占有重要地位。

四、进一步探讨的问题

住房并非是一个独立的社会问题。住房建设归属于建筑部门,住房投资归属于资本投资部门,住房产权买卖归属于房地产部门,住房融资归属于住房金融部门,住房补贴归属于社会福利部门,而城市居住规划归属于城乡发展部门。毫无疑问,这些分立的部门都有各自的政策目标,但是由于与住房关联到一起,每个独立的部门之间又互有联系、互相影响。因此,我们不可能从一个整体中切割一部分进行分析,只见树木,不见森林。换句话说,在市场化已经深入到大部分社会体系的背景下,单独考虑保障性住房供给,不考虑市场中其他主体的角色是不太合乎逻辑的。

实际的政策过程通常比较复杂,住房政策的目标有时会与非住房领域的目标相重叠,比如在收入分配领域也会有追求住房平等,这就使住房政策更加复杂。在住房领域,一个运行良好的住房部门,首先是以有效的、平等的和可持续的方式满足社会的住房需求,同时还要释放资源满足其他社会需求(经济学中所讲的"帕累托最优")。在考虑住房功能时,住房不仅可以满足基本的居住需求,还可以调节收入再分配、刺激经济增长、扩大金融资本、引领城市开发改造等。由于住房领域吸引很多不同政府部门进入,这些政府部门的目标在很多情况下并不是一致的,住房领域内部会存在资源竞争。因此并非所有的政府干预都是维系一个良好住房政策的必要手段。Shlomo Angel曾经提出一个为住房部门"赋能"(Enabling)的干预方式。所谓"赋能",就是指"放弃强力控制,为不同部门设立边界,给予政策支持"。赋能（Enabling）在社会政策领域是一个具有丰富内涵的概念。具体地讲，Shlomo Angel 从五个方面区别了"赋能型住房体系"和"非赋能型住房体系"：

（1）政府部门从全局干预住房政策，而非局部干预。

（2）在赋能型住房体系下，主要的住房需求由市场规则来决定，政府的职能是监督市场、纠正市场失灵；而在非赋能型的住房体系下，政府直接干预市场，直接满足部分人口的住房需求。

（3）在赋能型住房体系下，政府系统是由法治程序来调节；而在非赋能型的住房体系下，主要由临时性的、非正式的规章条例来调节。

（4）赋能型住房体系容纳多元的社会主体，允许各种社会力量共存；非赋能型的住房体系通常是中央集权型的住房体系，通常会偏向于促进一个独立的垄断主体。

（5）赋能型与非赋能型住房体系是由两组不同的政府干预方式组成，每种干预方式内部都自成体系，前者集中表现为赋能型特征；后者集中表现为非赋能型特征。

赋能型理想模式提倡构建这样的住房政策环境：政府扮演监督和规范角色，脱离直接住房供给，把住房生产和递送的任务交给市场部门，这些部门有可能是正式部门，也可能是非正式的、自愿性的部门，让消费者自身成为实实在在的生产者。欧洲"赋能型住房政策"的可借鉴之处在于，它能把许多社会力量融入进来，使现代社会中小的政治群体的声音可以被吸纳；当去中心化的地方力量抵制政府行动时，政府可以引导社会力量自我协调。换句话说，政府可以从不受欢迎的刚性社会干预中全身而退。在这种意义上，赋能型理想模式假定在给定不同社会主体动机和力量殊异的情况下，也能够设计一种合适的规则和激励机制，控制任何一方社会力量成为独一无二的掠夺性力量。

"赋能"这一概念对中国的住房政策是深有启发的。如前文分析中所反复表述的，经过30多年的市场化改革，中国政府在住房领域已经取得了实质性的进步，但是，也积累了一些严重的住房不平等问题。这种政策失灵主要基于三方面的原因：低收入住房供给的市场失灵及政府公共责任的缺位；国家治理去中心化与地方政府在解决低收入人群住房保障上筹资困难；

计划体制的延续和单位制权力问题。值得注意的是，所有这些因素都与上文所述的"赋能型住房体系"是互相违背的。如何促进中国的住房体系朝着一个"赋能型"的方向转型是一个亟须破解的难题。

参考文献

［1］Angel S. Housing Policy Matter, A Global Analysis［M］. NY: Oxford University Press, 2000.

［2］Cai J M. Stop Building the Economic and Comfortable Housing, Let Cheap Rent Housing Benefit People（Ting Jian Jing Ji Shi Yong Fang, Rang Lian Zu Fang Qie Shi Hui Min）［J］. China Construction Newsletter（ZhongGuo Jian She Xiao Xi）, 2009（7）: 48-51.

［3］Chan K W, Buckingham W. Is China Abolishing the Hukou System? ［J］. The China Quarterly, 2008, 195: 582-606.

［4］Chen G. Privatization, Marketization and Deprivation: Interpreting the Homeownership Paradox in Postreform Urban China［J］. Environment and Planning A, 2011, 43（5）: 1135-1153.

［5］Di, Zhu X, Lan D, Hao H. Three Models of Public Housing in the 20th Century ［M］//Hammond E P, Noyes A D. Housing: Socioeconomic, Availability, and Development Issues, New York, NY: Nova Science Publisher, 2008.

［6］Duda M, Zhang X L, Dong M Z. China's Homeownership-Oriented Housing Policy: An Examination of Two Programs Using Survey Data from Beijing［R］. Joint Center for Housing Studies Harvard University, 2005.

［7］Fan C C. Migration in a Socialist Transitional Economy: Heterogeneity, Socioeconomic and Spatial Characteristics of Migrants in China and Guangdong Province［J］. International Migration Review, 1999, 33（4）: 954-987.

［8］Guo C. Housing the Urban Poor in Post-reform China: Some Empirical Evidence from the City of Nanjing［J］. Cities, 2012, 29（4）: 252-263.

［9］Han D. Suggestions on China's Cheap Rental Housing Program（Dang Qian Wo Guo Cheng Zhen Lian Zu Fang Zhi Du Chuang Xin Mo Shi Tan Suo）［J］. Reform and Strategy（Gai Ge Yu Zhan Lue）, 2008, 24（11）: 18-22.

［10］He S, Wu F. China's Emerging Neoliberal Urbanism: Perspectives from Urban Re-development［J］. Antipode, 2009, 41（2）: 282-304.

［11］Huang Y Q, Clark W A V. Housing Tenure Choice in Transitional Urban China: A Multilevel Analysis［J］. Urban Studies, 2002, 39（1）: 7-32.

［12］ Huang Y Q. Housing Markets, Government Behaviors, and Housing Choice: A Case Study of Three Cities in China ［J］. Environment and Planning A, 2004, 36: 45-68.

［13］ Huang Y Q. Low-income Housing in Chinese cities: Policies and Practices ［J］. The China Quarterly, 2012, 212: 941-964.

［14］ DengL, Shen Q, Wang L. Housing Policy and Finance in China: A Literature Review ［R］. Working Paper for U. S. Department of Housing and Urban Development, 2009.

［15］ Lee J, Zhu Y P. Urban Governance, Neoliberalism and Housing Reform in China ［J］. The Pacific Review, 2006, 19 (1): 39-61.

［16］ Li S M. The Housing Market and Tenure Decisions in Chinese Cities: A Multivariate Analysis of the Case of Guangzhou ［J］. Housing Studies, 2000, 15 (2): 213-236.

［17］ Liu J. Danweizhongguo (The Work Unit of China) ［M］. Tianjin: Tianjin Renmin Press, 2000.

［18］ Liu Z F, Xie J J. The Speeches at the Meeting about the Progress of Housing Monetary Allocation in 35 Large and Middle Size Cities ［J］. Beijing Fanggai, 2000 (10): 3-7.

［19］ Logan J R, Bian Y J, Bian F Q. Housing Inequality in Urban China in the 1990s ［J］. International Journal of Urban and Regional Research, 1990, 23 (1): 7-25.

［20］ Lu Z G, Song S F. Rural-urban Migration and Wage Determination: The Case of Tianjin, China ［J］. China Economic Review, 2006, 17 (3): 337-345.

［21］ Hoek-Smit M, Diamond D B. The Design and Implementation of Subsidies for Housing Finance ［R］. The World Bank Seminar on Housing Finance 2003, 2003.

［22］ Ministry of Housing and Urban-Rural Development. Comprehensive Measures to Promote Healthy Development of Real Estate Market ［EB/OL］. (2009-02-06) ［2009-11-11］. www. mohurd. gov. cn.

［23］ NBSC. Zhongguo Tongji Nianjian 2009 (China Statistical Yearbook 2009) ［M］. Beijing: China Statistics Press, 2009.

［24］ Tan R J. Comments on the Development of Social Security Housing in China (WoGuo She HuiBao Zhang Xing Zhu Fang Fa Zhan Ping Shu) ［J］. Sci-tech Information Development and Economy (KeXue Qing Bao Kai Fa Yu Jing Ji), 2009, 19 (9): 154-157.

［25］ Wang F, Zuo X J. Inside China's Cities: Institutional Barriers and Opportunities for Urban Migrants ［J］. American Economic Review, 1999, 89 (2): 276-280.

［26］ Wang Y P, Allen M. Housing Policy and Practice in China ［M］. London: MacMillan, 1999.

［27］ Wang Y P. Low-Income Communities and Urban Poverty in China ［J］. Urban Geography, 2005, 26 (3): 222-242.

［28］ Wang Y P, Wang Y L, Glen B. Chinese Housing Reform in State - Owned

Enterprises and Its Impacts on Differential Social Groups ［J］. Urban Studies, 2005, 42 （10）: 1859-1878.

［29］ Yao S. Unemployment and Urban Poverty in China: A Case Study of Guangzhou and Tianjin ［J］. Journal of International Development, 2004b, 16 （2）: 171-188.

由住房贫困
看日本的住房政策

佐藤和宏（日本东京大学）

一、引言

本文将讨论日本针对生活穷困者、低收入人群和贫困人群的住房政策。尽管当今社会存在着多样的工作方式和家庭形态，但住房在人们的生活当中依然是必不可缺的。在现在的日本，没有住房的情况虽然并不普遍，但所谓的无家可归问题，即至少可被视作缺少住房保障的问题无疑已是一个得到广泛认知的社会问题。既往很多评论者业已指出，与贫困相关的住房问题在不同时代和不同国家有着不同的表现形式，而针对这些问题的住房政策（包括减贫对策）也各有不同。

本文主要从住房贫困角度集中考察日本的住房政策，具体包括五部分内容。除引言外，第二节将对日本住房政策本身的特点进行整体论述，这是因为住房政策的对象、措施及社会政策特征并不限于贫困人群。在此基础上，第三节将论述日本型住房政策的特征，并以此为前提来讨论贫困人群的住房问题与住房政策。第四节将基于第二部分所述的贫困指标，从当代贫困问题的角度对当代的住房问题进行梳理和分析。第五节将针对这些贫困问题讨论相应的住房政策内容、实施方式及其效果。本文最后将对相关研究方向和政策课题简单进行总结。

二、社会政策范畴内的住房政策与住房贫困

本节探讨住房政策作为一项社会政策的特征，以及如何看待住房贫困

的指标。住房领域与其他社会政策领域既存在共通之处，也有异同之处，所以在展开论述之前先对此予以确认，并由此切入，从国际标准来理解住房贫困。

（一）作为社会政策的住房政策的特征

第一，住房政策的一大特点是根据所有权分别采取相应的支援政策。所有权是指住房的持有类型，包括自有住房、租赁房（民营或公营）、集体住房①、非营利住房等。在经济增长达到一定水平的国家会出现中产阶层，支持该阶层购买自有住房的政策往往也就应运而生。因此，有学者认为，正因如此，更加需要重视对租赁房领域的政策介入（武川正吾，1999）。

第二，质量的概念包括住房的物质水平。社会政策中的"质量"一般是指为保障国民享受社会服务而提供的实际物质水平，如医疗质量、照护质量等。住房质量包括多种含义，从住房政策的目标来说，其基本含义是保障民众的基本生活及与其家庭人数相匹配的居住水平（Kemp，2007）。本文将住房政策的基本目标设定为针对住房费用的收入保障及居住水平保障。

第三，居住支援是近年来开始受到重视的观点。过去，日本的住房政策多以提供住房为主，但在人口老龄化和强调社区自立生活概念的社会背景下，"居住支援"作为行政用语开始得到频繁地使用。居住支援概念的提出对于住房政策的意义似乎在于，明确和加强提供物质服务和提供人力服务之间的联系。需要说明的是，本文重点关注住房问题，仅涉及小部分福利设施，基本未涉及社会工作，但这并不表示福利设施或社会工作与住房问题没有关联。如有研究者就列举了三种有关住房支援的政策，即确保住房本身、继续居住和搬迁居住（岩永理惠，2019）。从这一主张可以看出，既需要提供设施和住宅的物质服务（确保住房本身），更需要在入住时（迁居）和入住后（继续居住）为住户提供人力服务。总体而言，日本已为居住支援的对象提供设施或社会工作等政策与服务，并已相应建立了不同的居住支援框架，详情见第五部分第五点，因此，可以认为居住支援并不仅指提供住房。

---

① 集体住房，即日本企业、政府机构等为职员提供的住宅，属于劳动报酬的一部分，租金低廉，包括社宅、公务员宿舍、寮、寄宿舍等。相关中文出版物中有的译作职场住宅、单位低租金住房、企业宿舍、工资住宅、公司住宅（平山洋介《日本住宅政策的问题》）。译者注

（二）对于住房贫困的理解

本部分将基于住房政策的上述特点，对新型冠状病毒感染疫情之前的住房政策展开论述。[①] 不过，不像基本生活保障，可以明确需要被保护的家庭数量和保障细目，从而确定分析对象；在住房问题上要确定分析对象并不容易，其理由如下：

在日本，尚无法律对指涉"适当居住"权利的相关居住水平做出明确规定（铃木庸夫，1996）。相应地，由于法律的缺位，各级政府和中央部门也未对"需要保障住房的重点人群"（行政表述中的住房弱势人群）的具体人数有过明确的官方摸排或说明。[②]

因此，为确定分析对象，本文以联合国的社会权利公约中所规定的 7 条"适于居住"的条件（UN，1991）为参考，围绕其中提出的住房价格适当（可负担性，Affordability）、能够居住（可居住性，Habitability）和机会通达（可及性，Accessibility）三项要素展开论述。[③] 此外，论述还将包括不属于上述范畴的无家可归问题（见第四节）。而作为对相关问题的回应，本文会对日本现行住房政策的特点加以论述（见第五节）。

三、日本型住房政策的特征

作为理解日本住房问题和住房政策的前提，本节将对日本型住房政策的特征加以探讨。首先对战后日本住房政策的发展做整体呈现，继而通过国际比较确认日本住房政策的特征。

[①] 在新型冠状病毒感染疫情暴发后，日本以确保住所给付金为中心放宽了申领限制。实际上，自 2020 年 4 月以来，相比往年同期数据，新申领的数量有显著增加。不过，鉴于本文写作时疫情尚未结束，制度的相关调整目前仍在延续，此处暂不对此进行评估。

[②] 国土交通省的审议会认为（国土交通省，2016d），以（符合公共租赁房入住条件）全部家庭中处于收入分位后 25% 的家庭为对象来看，低于最低居住面积水平的家庭有 100 万户，高房租负担的家庭有 204 万户（其中交叉家庭为 27 万户）。对安全网概念的批判及对应有状态的相关估算，参见平山洋介（2017）。

[③] 其他 4 项要素为居住权保障，服务、资源、设备和基础设施便捷可及，区位适宜以及文化环境适宜。关于居住权保障，尽管租房法非常重要，本文未提及。在社会规制薄弱的日本，《租房法》可谓是一个例外，其有着严格的规定（佐藤岩夫，1999；武川正吾，1999）。这对于持续居住的观点非常重要，有待作为今后的课题加以研究。

（一）战后住房政策的发展

日本目前的住房政策是在战后由建设省（现在的国土交通省，以下简称国交省）和长期作为执政党的自由民主党共同主导制定的。具体而言，日本最初于1950年制定了《住宅金融公库法》，为支持更多家庭持有自有住房而提供公共住房融资（2007年改组为住宅金融支援机构）；此后又出台了《公营住宅法》（1951年通过，为永久性法案），为低收入家庭提供质优价廉的公共租赁住房；后于1955年颁布了《日本住宅公团法》（经过两次改称和改组，于2004年起改称为"都市再生机构"，通称UR），旨在超越地方政府的框架和界限，为中等收入阶层提供公共租赁住房和商品房。这些被称为"战后日本住房政策的三大支柱"（本间义人，2004）。

虽然日本政府在经济高速增长期扩大了新房的供应，但在石油危机后，政府一方面侧重于支持国民购买自有住房，以作为经济刺激系列措施的一部分；另一方面则通过控制新建公共租赁住房供给和重视管理，从既往分阶层的住房供给体制向偏重自有住房的方向逐步转轨。经济泡沫破裂后，日本不断强调财政健全化和市场化的逻辑，住房政策经过了大幅调整和缩减，被称为"战后住房政策的终结"。总之，住房政策整体上成了一个历史遗留课题。

从上述住房政策的定位可以看出，日本住房政策的性质与扶贫对策还相去甚远，下述几点也可以证明这个判断。在此之前，我们先来对比分析一下各国的相关情况。

（二）从国际比较看日本住房政策的特点

从国际比较的角度来看，可以通过日本住房保障体系来理解日本住房政策的理论框架（佐藤岩夫，2009）。本部分以Kemeny（1995）提出的住房体制理论为前提，对各国住房政策进行比较。该理论以住房的去商品化为指标，根据租赁住房市场的成熟与否对政策进行分类，当市场成熟时，对自有住房和租赁住房两方面都进行支援，即住房政策不区分所有权（被称为单一模型）；当市场尚不成熟时，住房政策则归为以自有住房为主、社会住房为剩余的二元模型。住房的去商品化程度是通过所有权结构中社会住房，即表1中"有补助的租赁住房"部分的多少来判断的。

表1 各国住房所有权结构（全部家庭当中占比） 单位：%

	完全持有住房	含房贷的自有住房	民间租赁房	有补助的租赁房	其他·不详
英国	34.3	30.6	29.6	4.3	1.3
德国	25.6	18.2	47.3	6.6	2.3
日本	61.2		28.5	5.0	5.3
韩国	59.1		32.0	5.0	3.8
OECD 平均	43.1	24.6	23.1	5.7	5.8

注：（1）OECD 数据中没有关于中国和日本的此项数据，日本数据采用《住宅和土地统计调查》（2018 年最新版）。

（2）完全持有住房指无房贷的自有住房，本表未列中国数据。

（3）英国的公共住房存量曾一度被认为是世界之首（早先数据库显示），但现在看来定义有所变化，数据库也随之更新。此外，在德国，一度曾将那些作为社会住房提供的存量住房处理成民间住房的存量（佐藤岩夫，1999），因此，德国社会住房的实际数量及其对租赁住房市场的影响要比表面看上去更大。

资料来源：OECD "Affordable Housing Database"（以下简称 AHD）HM1.3.1。

　　表1 中同时列出了英国、德国、韩国数据和 OECD 国家的平均数据以作参考。相较而言，日本住房的第一大特点是，"带补助的租赁住房"这种社会住房占比偏少。社会住房是指为支援低收入家庭的住房供给，对业主或房产供应商、管理主体等提供诸如建设费用支持或税收优惠政策支持的住房。在日本，社会住房主要为公营住宅和 UR 等公共租赁住房。

　　日本住房补贴利用率低是其第二大特点，这一点从表2 对各国住房补贴领取比例和住房补贴在 GDP 中的占比情况可知，本文第五节第三点将对相关的具体制度进行讨论。遗憾的是，表中英国、德国、日本三国的数据都没有覆盖各国全部的家庭，日本的数据仅以基本生活保障住房补助申领家庭的数量为基础进行估算。从国际上看，日本的社会住房和住房补贴都相对偏少。

表2 各国住房补贴领取比例和住房补贴支出在 GDP 中的占比 单位：%

	五等分最低收入组家庭领取住房补贴比例	住房补贴支出的 GDP 占比
英国	22.8	1.38
德国	25.9	0.73

续表

	五等分最低收入组家庭领取住房补贴比例	住房补贴支出的 GDP 占比
日本	2.6*	0.11
OECD 平均	16.7	0.26

注：（1）中国、韩国、日本均没有相应数据。表中日本数据"*"为日本领受住房补助家庭数量占总家庭数量的比例，并非严格的收入五等分最低收入组家庭住房补助的使用比例，实际数值应会高于这个数值。

（2）由于日本没有相关数据，故采用享受住房补贴的家庭数量除以所有家庭数量、再乘以 5 之后得出的数据，并不是严格的比较。

资料来源：AHD（PH3.1.1 及 PH3.3.31）。

日本住房的第三大特点是租赁房面积狭小。前述的住宅质量或者说居住水平包括两个标准：一是与家庭人数相应的面积大小；二是满足居住功能性的设备水平。在通过尽可能多的数据与以 OECD 各国为主进行国际比较之后可以发现，就面积水平而言，日本家庭人均房间数在比较国家中位居中等（AHD：HC2.1.2）；狭小过密比例在比较国家中居首位，表现突出（AHD：HC2.1.3）。在后一个标准上，从供暖设备（AHD：HC1.3）、厕所（AHD：HC2.2）等来看，根据《住宅和土地统计调查》显示的数据来看，日本也并不逊色。

但是，在面积水平这一标准上，不同所有权类型之间住房的差距较大。如图 1 所示，虽然日本住房的宽敞程度整体上并不逊于欧美国家，但日本的租赁住房（包括公房和民房）普遍面积狭窄。在社会住房数量少、住房补贴利用率偏低的情况下，狭小的租赁房迫使一些低收入家庭为寻求稍为宽敞的居住空间而不得不购买自有住房。

现在，日本在政策方针上设定了最低居住水平和引导居住面积水平两项标准。公共住房的供给政策要求至少满足前一项标准，并在此基础上不断发挥提高居住水平的功能；除此之外，对于民间住房的供给政策虽然也存在导向性的措施，但不具有法律强制性和义务性（上杉昌也、浅见泰司，2009）。如前文所述，日本并没有法律对居住水平做出明确规定，这也就意味着也没有带有此种强制性的相应法律。在这种法规缺席的背景下，新建租赁住房面积依旧狭小，从《住宅土地统计调查》来看，未达到最低居住面积标准的家庭在 2008 年、2013 年和 2018 年分别约为 330 万户、370 万户和 350 万户，很难说有所减少。

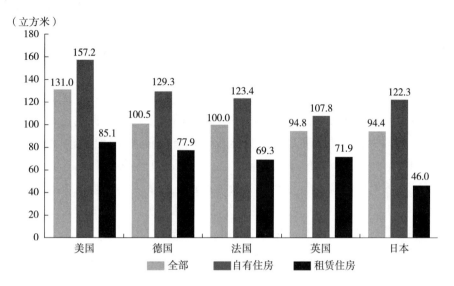

（立方米）

图 1　各国户均住宅建筑面积对比

资料来源：国交省《2018 年住宅经济有关数据》。

四、日本住房贫困的表现

第三节阐述了日本住房政策的形成及其与他国比较时所呈现出的特点，这是分析日本住房政策的贫困对策的前提。故此，本节将对住房方面的现代贫困相关问题进行考察。

（一）无家可归

无家可归从字面来看就是指 Home（家）+Less（没有），即没有家可以回的意思。普遍认为欧洲国家在无家可归问题上的对策相比日本较为先进，本文将选择英国的相关对策与日本进行比较分析。基本上，日本的无家可归对策有如下特点：

第一，日本对无家可归的定义偏窄。在英国，政府通过多种途径掌握了无家可归者的情况，对露宿街头者、临时设施居住者、潜在的无家可归者和其他人分别开展调查，并据此统计各类无家可归者的人数（NAO，2017）。与此相对，日本在 2002 年制定了《无家可归者自立支援相关特别措施法》（以下简称《无家可归者自立支援法》），其中第 2 条将无家可归者定义为"无故将城市公园、河道、道路、车站及其他设施作为居所并经营日常生活的人"，与英国的定义相对照，日本仅将露宿街头的人视作无家可归者。

第二，日本的无家可归者对策侧重于支持就业。在英国，无家可归者对策的重心在于保障收入，且英国的住房补贴制度利用条件要比日本（详见第五节第 3 点）更为宽松。英国无家可归者的概念范畴更为广泛，虽然无法单纯通过财政预算的规模进行比较，但从住房补贴在 GDP 中的占比来看，英国的财政预算规模为全球之最（AHD：PH3.1.1）。与此相对，日本《无家可归者自立支援法》虽然也有关于提供临时庇护设施的条款，但针对能够就业的对象，基本上主要以"就业支持＝就业自立"的形式重点支持其自力更生；针对就业困难的人则偏向于提供生活保障救济（盐崎贤明等，2018）。

早在 2000 年以前就曾有人指出，日本对无家可归者的定义过于狭隘，相应的措施也不够充分。2000 年以后，随着社会贫富差距扩大，日本贫困人口增多，稻叶刚（2009）在此背景下提出了住房贫困的概念，将住房贫困定义为因贫困而被迫生活在居住权利易受侵犯的环境中的情况，具体包括没有屋顶遮蔽（露宿街头者）、有屋顶遮蔽但没有房子（以下称丧失住所的不稳定就业者）及有房子但居住权利容易受到侵犯（如因拖欠房租被撵走、社宅等）三种状态。

按照上述分类，日本露宿街头的人在 2003 年为 25296 人，2018 年减至 4977 人（厚生劳动省，2019）；东京都内丧失住所的不稳定就业者由 2007 年的约 2000 人成倍增至 2018 年的约 4000 人（稻叶刚，2019）。总体来说，日本呈现无家可归者减少[①]，但住房贫困者增多的现象。

另外，关于无家可归者的概念还要再做一点补充说明的是，不应该将设施问题与住房问题分开来看。自 2000 年以来，日本使用免费或廉租房的人数在迅速增加（详见第五节第二点）；而从国际社会来看，精神病院的床位数量在增多且精神病人的平均住院时间在变长，精神病院作为设施主体在入住者人权和成本方面均饱受诟病（原昌平，2016），更深层次的问题却

---

① 关于无家可归者人数减少的主要因素，包括就业形势复苏、自立支援助中心事业取得了一定的成果，以及基本生活保障制度确实为部分露宿街头者提供了生活保障（后藤等，2018）。

被掩盖。延展到日本来看，由于无家可归者的概念狭窄，住房政策不够完善，从而导致住房问题外在呈现为设施问题，这一点需要留意。

（二）住房机会/可及性

前一小节中将没有居所定义为狭义上的无家可归，而没有居所同时也意味着一个人不仅被迫离开之前的住所，且无法找到或搬进下一个住所。本文将这种情况理解为住房机会的缺失或可及性受到阻碍。

造成住房可及性障碍的因素有多种，本文重点讨论拒绝入住的问题。日本租赁住房管理协会于 2010 年、2015 年、2018 年分别面向房东开展了相关调查（国交省，2016a，2019），针对不同的家庭类型分别询问了入住时实际遭到拒绝的租户和感觉受到排斥的租户（见表 3）。调查结果显示，在前后调查期间，房东拒绝租户入住的情况不仅没有得到改善，反而进一步恶化。

表 3　关于租户被拒租或受排斥的调查结果

单位：%

租户家庭类型		2010 年调查	2015 年调查	2018 年调查
入住遭拒比例	单身老年人家庭	8.0	8.7	10.9
	空巢老年人家庭	6.8	4.7	11.4
	有残疾人的家庭	4.0	2.8	11.0
	有婴幼儿的家庭	1.3	5.2	0.7
	单亲家庭	1.3	4.1	1.0
入住受排斥比例	老年人家庭	59.2	70.2	77.0
	有残疾人的家庭	52.9	74.2	68.0
	有婴幼儿的家庭	19.8	16.1	11.0

资料来源：2010 年和 2015 年数据为国交省（2016a）根据日本租赁住房管理协会的调查汇总而来。2018 年数据来自国交省（2019）的调查（前后调查项目不一致）。本表中的数值为受调查租户总人数中回答人数的占比（%）。

租户入住时遭到拒绝的理由主要有：对能否按时支付房租有担忧（61.5%）；对住所内发生死亡事故等有担忧（56.9%）；对能否与其他住户及邻居和谐相处有担忧（56.9%）。也就是说，遭拒的情况并不完全出于经济因素（租户支付房租），生活支持方面是否会带来困扰也在房东的考虑范围内。因此，反过来看，租户的需求满足也包括多个层次，除了经济层面的需求外，还有居住支援——顺利入住和持续居住支援等方面的需求，后文我们还将对与此相关的新修订的《住宅安全网法案》进行讨论（详见第五节第五点）。

然而，限制了（潜在）租户的租房机会的还不仅限于这种直接的、明确的拒租，另外还存在一个担保的问题不容忽视，不管房屋的供给主体是公共部门还是私人，租房入住时都无法回避这个问题。

公营住房的情况将在后文第五节第三点中做出详述，民营租赁住房在入住时大多需要有担保人或担保机构（或两者都要）。从国交省对日本租赁住房管理协会调查结果的汇总情况（国交省，2016b）来看，使用房租债务担保的租户由 2010 年的 39% 增至 2014 年的 56%；而从房租债务担保公司的审查情况来看，在年龄上以老年人和 20 岁以下的年轻人居多，在属性上则以外国人和领取生活保障救济金的人居多。

综上所述，可以说，导致租户被拒租的不仅是房东和房产中介，房租债务担保公司也可能成为阻碍租户求租并顺利入住的门槛。因此，政策上除了对租户提供财务支持，生活方面的相关支援措施也能减轻房东对特定人群的入住排斥。

（三）住房可负担性

前两小节主要从缺乏住房机会和无房问题切入。反过来说，是否有了住房就不存在问题了呢？并不是这样，人们需要"适宜"的住房。关于日本住房面积狭小的问题前文已有提及，本小节重点讨论"力所能及"，即住房费用的可负担性。

如前文所述，可负担性问题主要是指住房费用的负担在生活费中的占比越来越大，尤其是近 20 年，这种情况日益严峻。如平山洋介（2013）指出，从自有住房家庭和租房家庭的收入与住房成本（前者为房贷、后者为房租）来看，住房成本占可支配收入的比例在持续攀升。这种上升一方面反映了分母即家庭收入的减少，另一方面也反映了分子即住房费用的持续上涨。关于后者，此处主要从廉价租赁房存量减少的角度加以分析。

图 2 显示了不同租金价位的各类房源的数量。可以看出，廉价房源在减少，而租金相对较高的房源则相应地在增加。为探讨导致这种情况的原因，本文将分别分析各类房源。

第一，公共房源存量减少。20 世纪 70 年代中期以后，新建公共租赁住房开始受限；20世纪90年代中期以后，政策上抑制新的供给，也就是说，住房政策的逻辑中开始出现"安全网"的概念（川崎直宏，2019）。本文第五节第五点中将讨论日本《住生活基本法》的制订思路，即住房政策的重心放在利用市场和扶持市场方面，对于无法利用市场的对象则适用安全网措施。由于公共住宅的供给政策受到政府方针的直接影响，现在不管是UR还是公共住房，总的存量都呈现减少趋势。

第二，公司集体住房减少。在日本的住房保障体系中，由企业为员工提供的住房是重要的廉价房源，特别是在住房困难的情况下，这一点对于年轻人意义尤其重大。但随着全球化发展及企业对用工管理和企业福利的调整，公司集体住房的供应量也在减少（佐藤岩夫，2009）。

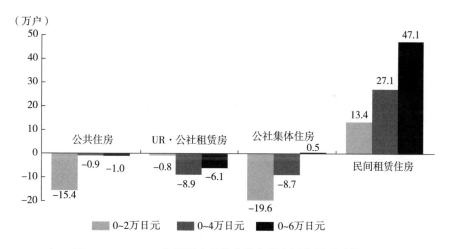

图2　2008~2018年不同房租价位的各类房源数量增减情况
注：本图使用数据为抽样调查结果，并非普查结果。
资料来源：《住宅土地统计调查》，笔者根据相关数据整理绘制本图。

第三，民间租赁住房中的廉价房源反而有所增加。其中一个原因是，"UR·公社租赁房"中用以促进就业的住房在2000年以后民营化了，因此被计算在了民间租赁住房中①（虽说如此，在不同地区或是不同的建房时期，低租金的原因也不尽相同，具体情况不得而知）。尽管如此，由于低租金房源的存量在减少，尤其是日本的住房市场被称为"拆建"，建房后又拆

———————————

① 这一点是笔者在咨询了总务省统计局住宅土地统计调查情况后得到的答复。

了再建、不断反复，因此总体可以认为，相对便宜的廉价房源在不断消失，而相对高昂的民间租赁房源不断扩大，存在房租上涨的趋势。

住房费用负担的加重越来越让人们感到"力所不及"，这除了有来自社会结构和住房市场的影响因素，也反映了日本住房政策上缺少保障收入，即缺少减轻居民住房费用负担的相关政策。具体而言，政府既没有制定一个统一的最低居住标准，更未能在此基础上根据家庭规模和所需住房费用制定相关政策标准和相应的补助及监管制度，日本缺乏这样一套住房政策体系①，因而无法构建廉价且优质的住房供应框架。

如果是公共租赁住房的话，按照租户家庭收入的比例计算其所需负担房租的基础金额，房租负担比例一般设定为家庭收入的 15%～18%（公营住宅法令研究会，2018）；但对于公租房以外的其他住房，目前尚无相应的政策标准。因此，虽然有生活保障（住房补贴）或《生活穷困者自立支援法》（住房保障补助金）等以保障收入为目的的附带性住房政策，但这些补助一方面在领取条件上与"适宜"的居住水平并无关系；另一方面由于政策理念仅考虑全额覆盖最为必须的住房费用，故而在补助水平上并不会以"适宜居住"的住房费用标准为依据。

五、作为扶贫对策的住房政策

前两节将住房政策定位为日本住房保障体系与现代住房贫困问题的结合点，如第四节主要从住房对策的层面来看，日本相关方面的扶贫对策是遗留性课题，有别于近年来欧洲的社会住房问题再次引发关注（篠原二三夫，2019），日本方面似乎没有扩充住房政策的迹象。② 尽管如此，第四节所讨论的住房政策都是为解决具体的住房问题，对其成果和课题的考证具有一定意义。本节将主要研究作为扶贫对策的住房政策，从这一视角重点考察各项政策的特征和目前存在的相关课题。

---

① 关于这一点，可以对标参考英国采用的公平租金和德国采用的标准租金（佐藤岩夫，1999）。
② 在过去 10 年中，一方面，在东日本大地震中，对民间租赁住房的房租补助（"视为公营"，即被视同为公共住房）因限时措施而终止。另一方面，尽管由于新型冠状病毒感染疫情的暴发，政府放宽了住所确保给付金的申领限制与条件，但截至目前政府内部尚未提及考虑开展经常性的房租补助。

（一）基本生活保障政策（住房补贴）

基本生活保障是整个国家福利制度的最低标准，是保护弱势群体的最后一道安全网，因此，从住房层面上（无家可归者、住房机会/可及性、可负担性）来说也是如此。基本生活保障政策自身的特点在本书前面章节已有讨论，此处着重论述住房（补贴）政策的特点。

第一，关于制度本身。住房补贴是针对"住房"和"住房维护所需修缮等必需开支的费用"等进行的现金福利支付（按《生活保护法》第14条规定），主要用于租赁房屋的房租、土地费等以及自有房屋的维护修缮等开支。每月的标准额会根据所在地区和家庭人数而有所浮动，但多数情况下还是不会高于实付的房租金额；根据《生活保护法》第8条的"标准及程度原则"，厚生劳动大臣为各个都道府县、指定都市和中核都市分别设定了最高限额。此外，针对使用轮椅的住户和搬家困难的住户还设定有特别的标准额。

第二，住房补贴政策的形成及其特征。在战后住房极端紧缺的情况下，日本房价高涨，政府公布了地价宅租统制令，规定了官方的房租价格，"（许多穷困家庭）缩减其他开支来填补房租的情况非常多"。在这种窘况下，政府认为"只有一个办法，就是将住房费用与其他生活开支加以明确区分，单独地解决这个问题"，由此，新的《生活保护法》中纳入了住房补贴（小山进次郎，1951）。

此后，随着越来越多的家庭在住房补贴标准额度内难以租到住房，而政府财政上又难以提高补贴标准，两难之下出现了两种解决方案，即设定特别标准或是采用单独给付的办法，实际运用中前者得到了积极采纳（岩永理惠，2014）。此外，面向特困阶层的第二类公营住宅，由于已获批适用于特别标准额度，则采取实付房租的办法进行补助，确立了住房补贴的实报实销原则。[①]

第三，从确保住所来看基本生活保障的功能。一是可使无家可归者免于露宿街头。因为即使没有住房也可以申请基本生活保障，所以露宿街头

---

① 但是，随着1996年公营住宅法的修订，第一类和第二类的区分已经消失，住房补贴的特别标准额度不再与公共租赁住房的房租相关联。就公平的住房市场而言，包括前面两者之间的关联，公平租金的形式或能有所启示。

的人如果想拥有住处，可以接受临时救助入住出租房并通过住房补贴支付房租，就可以获得住处并长期居住（稻叶刚，2009）。二是《生活保护法》中包括住所保护原则（第 30 条），如果受保护的对象无法确保住所，那么，在其申请了住所保护的情况下可以入住公共援助设施中（下一小节将讨论免费住所或廉租房）。因此，如果抛开"适宜居住"这一要求而言，在现行制度下，基本生活保障是帮助人们获得和维护住房最有效的扶贫对策。

（二）免费住所或廉租房

以下主要讨论免费住所或廉租房（以下简称"免费廉租"）对解决无家可归问题发挥的重要作用。《社会福祉法》将免费廉租定位为第二类社会福利事业，即"为生计困难者提供免费或低租费的简易住所或其他住宿设施"（第 2 条第 3 款第 8 项）。

日本厚生劳动省（以下简称"厚劳省"）对全国免费廉租的利用情况做了调查（厚劳省社会和援护局保护课，2021）。调查显示，截至 2020 年 9 月，全国共开设 604 家免费廉租设施，共计 16266 人入住，其中约九成的入住者都是享受基本生活保障待遇的人。

随着免费廉租利用人数的不断增加，也出现了发"穷人财"的现象，据媒体报道称，部分免费廉租设施不仅吃住条件恶劣，还会征收入住者的生活保障救济金。但无论是研究人员还是工作或活跃在一线的人员，都一致肯定了免费廉租设施的必要性（岩永理惠，2019），详见后文。

2018 年，厚劳省举行了"关于社会福利居住设施及生活保障领取者日常生活支援应然状态的研讨会"，针对免费廉租制定了部分框架。前面提到有关人士在免费廉租的必要性上达成了共识，厚劳省今次对各方意见进行了整合，对免费廉租政策做了修订，并给出了免费廉租一个明确定位。在社会贫富差距不断扩大、老龄化不断加剧的情况下，此番讨论具有重要意义。下面阐述有关免费廉租的几个主要论点：

第一，尽管《社会福祉法》规定免费廉租仅适用于"临时性住宿"，但现实中存在长期入住的情况，有些人甚至入住长达 10 年之久（山田壮志郎，2016）。享受基本生活保障的入住者一般会经历如下过程：丧失街头露宿之所→在临时居所重建生活→有能力独立后逐渐过渡到普通住房。但由于福利行政和住房政策两方面的原因，免费廉租的入住者大多难以过渡到普通住房中。在福利行政方面，规定一位工作人员负责 60 户家庭，但实际上平均每人负责的家庭数高达 80 户，有的甚至超过了 100 户；在住房政策方面，如前文所述，不仅总体上新的公共租赁住房供应受限，而且部分私人房东还拒绝那些领取生活保障的家庭入住，所以要想过渡到普通住房是难上加难。因此，由于福利行政和住房政策等方面存在人手不足、财政体制不健全的短板，能够调配给免费廉租的人手和预算都受到了挤压。

《生活保护法》第 30 条规定了住所保护原则，旨在强调重视人们自主决定住所和生活方式的权利，从这个意义上说，我们更不应认同并容忍这种社会现状，即让领取生活保障的人群理所当然地滞留于免费廉租或其他生活保障措施，无法顺畅地过渡到普通住房中。

第二，从生活保障救济金中分离出照护等必要费用。根据厚劳省的调查，全国 537 所设施中，约有八成设施在扣除每月的使用费后，其入住者的生活保障救济金余额不足 3 万日元，生活保障救济金及住房补贴大部分都缴纳给了设施。这是因为设施运营方所收取的费用中还包括向入住者提供的照护服务等必要费用。从保障制度来看，从生活保障救济金中收取业务费用的这种行为，相当于默认照护费与其他必要生活费用处于未分离的状态。

不过，根据对设施使用者的调查可以发现，入住者中 65 岁以上的人占三成，高龄和残障人士仅有百分之几（山田壮志郎，2016），由此可推知，设施入住者对照护服务的需求不一定很高。因此，对于那些不需要照护服务的入住者，应向他们开放选择其他项目的权利，如入住普通住房；而对于需要照护服务的入住者，则应该为他们提供具备照护条件的设施，或者完善居家条件以方便他们在家接受照护。

第三，尽管支付给设施的费用占了生活保障救济金的大部分，本人仅能拿到很少的剩余部分，但设施所提供的服务却差强人意，与其所收取费用完全不相称。有入住者和（持批判立场的）支持者指出，设施中的大房间里没有隔断或是可以上锁的空间，无论是在隐私方面还是卫生方面都遭到诟病。在这种声音之下，日本出台了一些规范制度，至少在居住水准和居住环境上对设施做出了一定的要求，作为其提供适当服务的一部分。

经过修订，免费廉租现在被定义为"社会福利居住设施"，并采纳了一系列规范化举措，包括引入事先申请制度、设立最低标准和制定改善命令等监管措施。根据新的《生活保护法》，满足标准的免费廉租被定义为"日常生活支援居住设施"，当难以独立生活的基本生活保障领取者入住此类设施时，福利事务所会将日常生活支持服务外包给设施运营方，并支付外包服务费用。

(三)《生活穷困者自立支援法》(住所确保给付金)

接下来要讨论的住房补贴是现行《生活穷困者自立支援法》中规定的住所确保给付金，它与基本生活保障中的住房补贴有所不同。

2008 年秋季因雷曼事件引发的全球金融危机，使日本民众越来越担忧就业不稳和收入下滑，尤其是制造业的劳务派遣工最先成为被解雇的对象。在严酷的社会经济形势下，住所确保给付金制度应运而生。2009 年早先曾出台了一些紧急应对措施，如充分利用现有的就业促进住房，扩大生活福利资金（原来的家庭再生贷款）的制度使用，等等；后来在供不应求的局面下，进一步启动了住房补贴紧急特别措施。

据此，按照基本生活保障住房补贴的特别标准，日本政府开始提供限期 6 个月的住房补贴，领取条件是申请人需要为获得长期稳定的就业开展求职活动。之后，该项住房补贴更名为住宅支援给付，领取条件趋于严格；2015 年后被纳入《生活穷困者自立支援法》的框架内，并再次更名为住所确保给付金，成为一项义务性措施[1]。

前文提到"应该将生活保障范畴下的住房补贴设为单独给付"，从这一主张来看，在基本生活保障范畴之外另设住房补贴这项措施本身应被予以积极的评价，不管在形式上还是理念上都存在不少问题。

第一，从形式上看，在《生活穷困者自立支援法》出台前，这一措施属于支持求职者的框架（不同于就业保险中的求职者支援制度框架），不能称之为一项住房政策。之所以这么说是因为，该措施的适用对象极为有限，且仅发挥着保障离职者收入的功能，缺乏保障居住水平概念的体现，这在前文有反复提及。

根据现阶段厚劳省的报告，该项政策推行以来，新批准的补助给付件数越来越少，而获得补助的人的长期就业率却呈增加趋势，形成了明显对照（见图 3）。也就是说，由于该制度本身是为了支持求职和就业，所以政府极有可能在申办阶段就已经根据申请人的就业难易程度进行了一轮筛选。

---

[1] 此外还有自选性的项目，包括提供一次性的基本生活援助等，如为没有住所的生活穷困者提供临时住所及衣物、食物等。

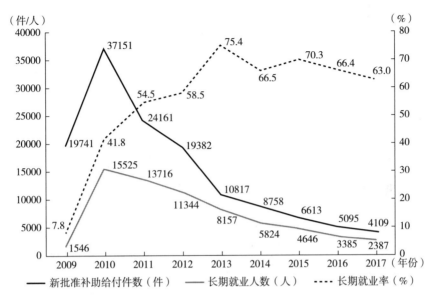

图3 住所确保给付金的实施状况

资料来源：厚劳省（2019）。

第二，从目的上看，《生活穷困者自立支援法》（第1条）旨在帮助人们在落入基本生活保障对象阶段之前保持自力更生。但我们需要清楚地意识到，住房政策的目的不仅仅保障收入就可以，也需要保障人们的居住水平。前述政策通过补贴房租减轻了负担，从这意义上确实发挥了保障收入的功能，也切实促进了就业，却全然没有涉及居住水平方面的保障，这一点不容忽视。

（四）公共住房

上述政策主要为厚劳省的主责范围，住房政策的主管部门其实是建设省和国土交通省。在基本生活保障之外，同为最重要扶贫帮困措施的就是公共住房。

这里说的重要含义有如下几层：

第一，观念层面。公共住房的特点在于，对单个住宅（家庭）和集体住宅（一个单元或一个小区）的居住水平保障及收入保障一视同仁。也就是说，公共住房的增加就意味着，能够获得居住水平保障和收入保障的家庭会有明显的增加。

第二，租赁市场的托底问题。建设省和国交省规定应提供高于最低居住水平的住所，从这层意义上讲，公共住房直接或间接地对住房市场的整体居住水平起到了托底和支撑的作用。在房租的定价上，由于既有来自作为供应主体的地方政府的财政支持，又有来自中央政府的补贴拨款，故而公共住房的房租设定低于市场价格①。目前的房租设定依据 1996 年法律修订后的家庭收入标准，为家庭收入的 15% ~ 18%（公营住宅法令研究会，2018）。

第三，实际利用人数层面。正如第四节第三点中所指出的，公共住房的入住家庭自 2005 年达到约 219 万户的峰值以后逐渐回落，截至 2015 年约为 217 万户（国交省，2018）；2018 年《住宅土地统计调查》显示，入住家庭约为 192 万户，占居民家庭总数的 3.6%。虽然与住房供给和收入保障配套的扶贫对策还有 UR 或地方住房供应公社（租房部门），但这两项加起来才 74.7 万户左右，实际利用的家庭数量远不及公共住房。

综上所述，公共住房收效甚好，不过近年来也存在一些待研究的课题。随着住房政策的思路转向，2003 年以后政府明确表示，包括公共住房在内的安全网需以"真正的穷困者"为对象。自 1951 年制度出台后，可获准入住的收入标准已经过屡次下调。在满足条件的申请者众多、无法入住的情况下，政府并不是通过增加公共住房的供给来解决问题，而是通过一再地下调收入标准、提高入住门槛来减少符合条件的人数，以此求得问题的"解决"。因此，实则只是表面上的倍率在下降（平山洋介，2017）。

对于入住资格的严格限制首先表现在制度上。可入住公共住房的对象极为有限，只有老年人、残疾人、单亲母亲家庭等易于达成政府救济共识的人才有资格，这就导致除了收入低以外没有其他特征的人群入住公共住房的可能性大幅降低。安全网整体上对于适用对象的严格筛选引发了批评，被认为会掀起一场关于谁是"真正的穷困者"的"晦暗之争"（平山洋介，2017）。

虽然没有明显的歧视，但存在间接拒绝入住的情况。总务省以公共住房为对象进行了实际情况调查并整理了一份行政报告（总务省，2018），以检验国交省等各中央政府部门政策目标的完成度，并就相关政策课题做出

---

① 目前的房租设定依据的是 1996 年法律修订后的家庭收入标准，约为家庭收入的 15% ~ 18%，而不再是 1951 年法律制定时以住房建设成本费为基础（公营住宅法令研究会，2018）。

讨论，该调查范围覆盖日本全国各都道府县，以 69 个地方政府为对象实施。

这份报告显示，所有受调查地方政府都通过了相关条例，要求申请人在办理入住手续时提供担保人信息；但也有部分地方政府留有一定的弹性空间，准许不签担保人（占所有受调查地方政府的 69.6%）或是准许利用房租担保公司（占 4.3%）进行担保。有 11 个地方政府出现过申请人因没有担保人而被拒绝入住的情况（共计 65 件）；另外，有 12 个地方政府未统计申请人被拒绝入住的件数，有 14 个都道府县未掌握是否有申请人被拒绝入住的情况。由此可知，申请人不仅在经济上受困，社会关系等资本匮乏也使其四处受困。

从与第四小节的关系来说，公共住宅不仅可为无家可归者（离开临时公共援助设施之后）提供落脚之地，有利于缓解住房负担"力所不及"的问题，而且对于提升居住水平具有重要意义；但与此同时，供给存量的减少及拒绝入住等问题也无法忽视。

（五）修订后的新《住宅安全网法》

本部分就新修订的《住宅安全网法》做出讨论。2006 年，日本在废除此前《住宅建设计划法》的同时颁布了《住生活基本法》，明确规定"确保住房稳定"等基本理念；作为落实该理念的具体政策，2007 年进一步制定《住宅安全网法》（关于促进面向确需保障住房的重点人群的租赁住房供应相关法律）。

该法律以低收入者、受灾者、老年人、儿童抚养人等确需保障住房的重点人群为对象，以帮助他们顺利入住租赁住房为宗旨。在住房政策中，将民营租赁住房同步纳入安全网是一个新特点，如第四节第 2 小节中所示，不少民间租赁住房的房东往往会因担心房租遭拖欠、"孤独死"及事故的发生而拒绝那些确需保障住房的重点人群的入住，这部法律即为解决此类问题而制定。

作为《住生活基本法》理念的具体体现和计划方案，住生活基本计划拟定了"中期目标和计划"，并规定每十年做一次修订。2016 年重新修订、2017 年公布的新《住宅安全网法修订版》进一步强调了民间租赁住房的作用，建立了接纳确需保障住房重点人群入住的租赁住房注册登记制度，以有效利用今后预计增多的空置房屋。

具体来说包括以下三个基本框架：一是对于不拒绝确需保障住房的重

点人群入住的租赁住宅均可在都道府县进行登记并接受认证，必要时需对房屋进行翻新或维修。二是负责登记的都道府县政府部门需广泛采用各种宣传方式，为包括重点保障人群在内的相关人士提供政策信息。三是在重点保障人群入住时，主要以居住支援法人为中心提供入住支持，辅助做出入住决定。某些情况下，还有降低房租或房租债务保证金的举措。

该项制度不仅通过补贴建设费用实现了居住水平（其中的设备水平）目标的具体化，同时还有部分房租补贴措施，故而可以认为该制度本身是一项重要的住房政策。除此之外，从制度和体制层面来看，该制度的定位是面向确需保障住房的重点人群进行入住支援和生活支援，响应了现代化的住房需求，可以给予肯定评价。

但是，对于该修正案是否起到了安全网的作用，目前还存在很大的疑问。根据平山洋介（2021）的说法，尽管其宗旨是有效盘活并充分利用私人租赁住房中的空置房屋，但目前登记户数的大部分被大东建托和村屋（Village House）这两家公司占据，并且已有房客入住，因此，从形式上看，目标户数已超前达成；但是对于确需保障住房的人而言，政策效果并不明确。除此之外，从预算制度来看也很难被认为是长期性的政策；而在登记制度之外也没有完全禁绝"拒绝入住"这种行为本身，因此很难对拒绝入住的现象做出多大的限制。因此，除了已经包含在修正法中将居住支援具体化这一现代性课题以外，还有很多课题有待解决。

六、未来待研课题

（一）本文所明确的内容

如前文所述，从住房贫困的角度来看扶贫对策，可明确如下几点：一是日本型住房政策作为福利行政的效果不大、社会政策属性较少，在对低收入家庭住房问题的响应上覆盖面狭窄，政策有局限性。二是依据指标衡量住房贫困可知，日本的住房问题近年来日益凸显且有加剧趋势。三是从对单项政策的分析讨论来看，各项政策不仅数量不足，且由于没有引入"最低居住水平"或"合理的居住费用负担"等制度理念并落实到具体政策上，政策框架内部残留着许多问题。

当然，无法否认本文所提出的问题伴随着诸多制约因素，最后还是就今后的课题提出笔者的几点看法。

（二）准确把握所需理念和受众全貌

首先，需要确认住房政策的理念和基于该理念的确需保证住房重点人群的全貌。本文多次提到，日本现在还没有明确规定居住权的有关法律（铃木庸夫，1996），《住生活基本法》也并不是从宪法第 25 条（生存权）或第 13 条（个人尊严和追求幸福的权利）的角度出发而制定的（盐崎贤明等，2018）。从这一点来说，除非是从社会政策的角度确定住房政策的理念并加以明文规定，否则就无法靠近真正的问题，更不会朝着根本解决的方向发展。

其次，不仅需要从理念层面做出改进，更具体、更细化地来说，还需要在法律层面上开展全面的检视。《住生活基本法》虽然通过住生活基本计划来具体落实政策，且尽管在 2016 年的修订版（国土交通省，2016c）中"目标 3 保证确需保障住房重点人群有稳定住所"条款规定，"合理供应公营住宅、UR 租赁住房等公营租赁住房"，但如第五节所述，政策上通过下调收入标准提高了申请门槛，尽管实际供应的户数有所减少，表面上的申请倍率有所下降，但这却难以说是一种适当的供给。

最后，住生活基本计划的"公营住宅供应目标量设定思路"规定，"地方政府部门需时刻留意辖区内的住房状况，并在认为有必要时及时供应公营住宅，以缓解低收入人群的住房紧缺"；但是，在新建房受限、仅能通过翻新或重建老房的方式来实现新房供应的情况下，需要进行调查并基于调查结果来验证供应是否合理。也就是说，在检视住房行政的同时，还应对确需保障住房重点人群的全貌进行统计、加以掌握。

（三）社会保障体系和居住问题对策

现在来讨论应该采用哪种制度来应对并解决住房问题。结合第四节和第五节的讨论可以看出，针对无家可归者问题有基本生活保障和免费廉租；针对住房机会/可及性有新修订的《住宅安全网法》；针对住房的可负担性有本文列举的全部政策可以对应。如果抛开各项政策供给量偏少的问题，笔者认为有必要就如下几个方面，从与现有社会保障政策体系的关联和职能划分的角度进行梳理。

第一，对住房负担"力所不及"问题加剧的应对。从《住宅土地统计调查》结果来看，近 20 年来，30~49 岁年龄段居民的自有住房率降幅超过 10%。伴随买房年龄的推迟和完全持有（无房贷）率的下降，人们一生中需要持续地支付住房费用，因此，保障年老后收入的紧迫性也就日益明显。

由于日本没有养老金最低保障制度，所以当老年人陷入贫困时，从收入角度来看自然会成为基本生活保障的对象；实际上，老年人利用生活保障的比例也确实正在上升。鉴于这种情况，究竟是应该对包括青壮年等工作年龄人口在内的所有人口统一开展收入保障（如公共住房或房租补助），还是应该特别设置养老金最低保障，采取哪种形式还存在政策分歧。但应该留意的是，包括厚劳省的现行政策在内，政府并没有规定最低居住水平标准，所以除非有适当的住房费用负担标准，否则就不一定能保障居住水平。

第二，居住支援对策和体制。居住支援是近年来才开始使用的行政用语，但是有必要将仅需照看的入住和需要护理服务等在内的入住区别对待。

正如笔者在对新《住宅安全网法》所做讨论中提到过的，由居住支援协议会和居住支援法人来实施居住支援，提供了"住房政策不仅限于住房供给，还要考虑对入住者的管理服务"的观点，应该予以积极评价。

另外，虽然在设施中提供住所和提供照护服务是一体化的，但正如笔者在"免费廉租"部分的论述中所提到的，以免费廉租为代表，在现行框架下，生活补助和住房补贴"在结果上"实际被照护服务费用大量挤占。由于一方面住所保护应由领取基本生活保障的人群自身决定，另一方面也存在并不需要照护服务的低收入家庭，有必要分开提供住所和照护服务。

社会贫富差距加大和老龄化问题是一种长期趋势，预计未来需要更广义的居住支援的人群将越来越多。届时，需对确需保障住房重点人群的类别和需求加以区别并分别应对，居住支援的主体和有关体制如何才能更合理、更高效地运作，这也有必要从住房研究的角度展开讨论和调查。

参考文献

［1］阪东美智子（2018）住居と貧困．驹村康平编，貧困．MINERVA 书房：156-174.

［2］本间义人（2004）戦後住宅政策の検証．信山社出版.

［3］川崎直宏（2019）住宅セーフティネット制度の限界と今後．都市住宅学，

105：12-18.

［4］稲叶刚（2009）ハウジングプア——「住まいの貧困」と向き合う．山吹書店．

［5］稲叶刚（2019）2040 年の社会保障を考える——増加する「住まいが無い」若者．エコノミスト，97（17）：38-39．

［6］公営住宅法令研究会编（2018）逐条解説公営住宅法．［第 2 次改訂版］ぎょうせい．

［7］国土交通省（2016a）多様な世帯が安心して暮らせる住まいの確保に向けた当面の取組みについて（参考資料）．安心居住政策研究会．第 9 回資料 2．https：//www. mlit. go. jp/common/001124557. pdf（2021 年 7 月 31 日最終阅览）．

［8］国土交通省（2016b）家賃債務保証の現状．家賃債務保証の情報提供等に関する検討会．第 1 回資料 4-1．https：//www. mlit. go. jp/common/001153371. pdf（2021 年 7 月 31 日最終阅览）．

［9］国土交通省（2016c）住生活基本計画（全国計画）．https：//www. mlit. go. jp/common/001123468. pdf（2021 年 7 月 31 日最終阅览）．

［10］国土交通省（2016d）【資料 4】参考資料．第 3 回新たな住宅セーフティネット検討小委員会．https：//www. mlit. go. jp/common/001139782. pdf（2021 年 7 月 31 日最終阅览）．

［11］国土交通省（2019）資料 5 わが国の住生活をめぐる状況等について．第 47 回住宅宅地分科会．https：//www. mlit. go. jp/policy/shingikai/content/001308853. pdf（2021 年 7 月 31 日最終阅览）．

［12］国土交通省（2021）戸当たり住宅床面積の国際比較（壁芯換算値）．令和 2 年度 住宅経済関連データ．https：//www. mlit. go. jp/statistics/details/t-jutaku-2_tk_000002. html（2021 年 7 月 31 日最終阅览）．

［13］国土交通省住宅局住宅綜合整備課（2018）公営住宅制度について．厚生劳动省生活保护相关全国组长会议资料．https：//www. mhlw. go. jp/file/05-Shingikai-12201000-Shakaiengokyokushougaihokenfukushibu-Kikakuka/0000196081. pdf（2021 年 7 月 31 日最終阅览）．

［14］后藤广史，稲叶刚，三村祐介，大泽优真（2019）ハウジングファーストの効果検証に関する研究—日本におけるホームレス支援の新たな可能性．貧困研究，（23）：105-116．

［15］厚生劳动省（2017）ホームレスの実態に関する全国調査（生活実態調査）の調査結果（全体版）．https：//www. mhlw. go. jp/file/04-Houdouhappyou-12003000-Shakaiengokyoku-Shakai-Chiikifukushika/02_homeless28_kekkasyousai. pdf（2021 年 7 月 31 日最終阅览）．

［16］厚生劳动省（2019）福祉と住宅政策との連携について. 第 2 回社会保障制度新方向政策対話. https：//www. mhlw. go. jp/content/12601000/000499815. pdf（2021 年 7 月 31 日最終閲覧）.

［17］厚生労働省社会・援护局保护课（2021）無料低額宿泊事業を行う施設の状况に関する調査結果について（令和 2 年調査）. https：//www. mhlw. go. jp/content/000798380. pdf（2021 年 7 月 31 日最終閲覧）.

［18］鈴木庸夫（1996）「住む」権利と法政策. 都市住宅学, 13：7-10.

［19］卯月由佳（2018）貧困対策に必要な住宅と居住の支援とは？. 岩永理恵・卯月由佳・木下武徳, 2018, 生活保護と貧困対策——その可能性と未来を拓く. 有斐閣：149-165.

［20］平山洋介（2013）持家社会と住宅政策. 社会政策学会 2013 年秋季大会.

［21］平山洋介（2017）住宅保障政策を問いなおす. 世界, 897：179-191.

［22］平山洋介（2021）これが本当に住まいのセーフティネットなのか. 世界, 944：189-196.

［23］山田壮志郎（2016）無料低額宿泊所の研究——貧困ビジネスから社会福祉事業へ, 明石書店.

［24］上杉昌也, 浅見泰司（2009）日本における住宅規模水準の存在意義と研究動向. 東京大学空間情報科学研究センターディスカッションペーパー, 98.

［25］武川正吾（1999）住宅政策——住宅市場の変貌. 毛利健三編. 現代イギリス社会政策史. MINERVA 書房：225-282.

［26］小山进次郎（1951）改訂増補生活保護法の解釈と運用（復刻版）. 全国社会福祉協議会.

［27］篠原二三夫（2019）米英独の住宅戦略や中期計画にみる住宅政策の最新動向. 都市住宅学, 105：42-48.

［28］岩永理恵（2014）生活保護制度における住宅扶助の歴史的検討. 大原社会問題研究所雑誌, 674：51-64.

［29］岩永理恵（2019）変動する住宅政策・生活困窮者対策における住宅支援. 社会福祉, 59：23-34.

［30］盐崎贤明, 阪东美智子, 川崎直宏, 稲叶刚, 見上崇洋, 冈本祥浩, 川田菜穂子, 鈴木浩（2018）住生活基本法体制の到達点と課題——居住弱者の住生活に着目して. 住総研研究論文集・実践研究報告集, 44（0）：25-36.

［31］原昌平（2016）貧困と生活保護（30）医療扶助の最大の課題は、精神科の長期入院. 原記者の"医療・福祉のツボ". https：//yomidr. yomiuri. co. jp/article/20160428-OYTET50014/（2021 年 7 月 31 日最終閲覧）.

［32］总务省行政评价局（2018）公的住宅の供給等に関する行政評価・監視結果

〈勧告に対する改善措置状況（1回目のフォローアップ）の概要〉. http：//www. soumu. go. jp/menu_news/s-news/107317_1800907_2. html（2021年7月31日最終閲覧）.

［33］佐藤岩夫（1999）現代国家と一般条項—借家法の比較歴史社会学的研究，創文社。

［34］佐藤岩夫（2009）「脱商品化」の視角からみた日本の住宅保障システム. 社会科学研究，60（5・6）：117-141.

［35］Kemeny J. From Public Housing to the Social Market：Rental Policy Strategies in Comparative Perspective ［M］. London：Routledge，1995.

［36］Kemp P. Housing Allowances in Comparative Perspective ［M］. Bristol：Policy Press，2007.

［37］National Audit Office （NAO）. Homelessness ［EB/OL］. 2021-07-31. https：//www. nao. org. uk/wp-content/uploads/2017/09/Homelessness. pdf.

［38］OECD. Affordable Housing Database ［EB/OL］. 2021-07-31. https：//www. oecd. org/housing/data/affordable-housing-database/.

［39］UN CESCR. General Comment No. 4：The Right to Adequate Housing ［Art. 11 （1） of the Covenant］ ［EB/OL］. 2021-07-31. https：//www. refworld. org/docid/47a7079a1. html.

正规与非正规：就业模式对
农民工工作贫困的影响

——来自八城市的经验证据*

李振刚（中国社会科学院）

张建宝（北京物资学院）

一、前言

就业与贫困之间的关系一直是贫困与不平等研究的焦点。传统的反贫困策略往往聚焦于促进就业，但对促进就业相关政策效果的研究表明，工作增加本身并不一定会减少贫困，这启发我们要反思工作与贫困之间关系的传统认识。

长期以来，我国国家层面的扶贫开发政策主要针对农村贫困问题，对城市贫困问题重视不够。2020年农村人口全面脱贫后，亟须加强城市贫困问题研究，推进建立城乡一体化贫困治理战略。我国城市贫困群体主要包括"三无"人员和新贫困群体（城镇下岗失业人员和农民工）。城市新贫困群体不同于传统"三无"人员的主要特征是：他们是具备劳动能力的经济活动人口；他们的贫困属于工作性贫困。随着下岗失业人口通过再就业或者退休等形式转型或消退，农民工成为城市新贫困群体的主要来源。因此，研究农民工的就业与贫困之间的关系对构建城乡一体化贫困治理战略具有重要意义。

这一研究必须放在中国劳动力市场变迁的大背景下进行。改革开放以

＊ 本文发表在《北京工业大学学报（社会科学版）》2020年第6期。

来，市场成为劳动力资源配置的主要手段，劳动力自由流动的趋势明显，就业模式由正规向非正规转变。基于全国普查数据的估算表明，2005年非正规就业已占中国城镇就业的58.85%。非正规就业比例不断上升，既是我国经济结构调整的必然结果，也符合我国人口众多、农村人口比重大、低技能劳动力长期供大于求的基本国情，是解决失业问题、缩小城乡收入差距的必由之路。非正规就业的优势在于方式灵活、吸纳能力强、门槛低、更能满足城镇居民多方面的劳务需求，不足是工资收入低、就业稳定性差、劳动条件和劳动保护条件有时十分恶劣。农民工主要以非正规就业的方式在城镇实现就业，但随着农民工劳动供给结构和劳动力市场规制的变化，农民工的就业模式出现了正规就业和非正规就业的分流。二者的就业效果虽有研究但无一致结论。例如，从就业收入角度来看，有的研究显示农民工非正规就业效果好于正规就业，有的研究结论则相反，还有的研究认为二者的分流并未对农民工就业境况产生显著影响。这一方面是由于对非正规就业的界定不同而导致，另一方面也可能是由于使用的数据方法不同。以往关于不同就业模式、就业效果的研究多从劳资关系的视角进行，关注个体工资收入的不平等，而较少从家庭层面来衡量个人福利水平的高低，但家庭内部资源往往是共享的。本文将从工作贫困的视角来比较分析农民工不同就业模式的就业效果，在家庭、市场和政府三者之间关系的平衡架构下比较不同就业模式下农民工的工作贫困风险，评估不同就业模式的总体就业效果，分析导致不同就业模式农民工工作贫困风险差异的主要劳动力市场机制及工作贫困影响因素。

二、文献综述与研究假设

就业模式大致分为正规（Standard）和非正规（Non-standard）两种。前者的特征是较高的工资水平、优越的工作条件、稳定就业和完善的社会福利，后者则往往工资水平低、工作条件恶劣、就业不稳定、福利保障不完善。国内外经验研究表明，通常后者有更高的贫困风险。

（一）关于非正规就业的定义及其社会经济后果

1. 非正规就业的定义与形式

非正规就业是相对于正规就业而言的。所谓正规就业源于"福特主义的就业体系"，典型特点是长期性、全日制、男性养家（Male Breadwinner，即男性的工作收入可以支撑整个家庭）。偏离这一标准模式的各种工作往往被称为非正规就业，在相关研究中也被称为非典型就业、灵活就业或不稳定就业。非正规就业主要包括临时工（Temporary Employment）、非全日制工作（Part-time Employment）和独立的自雇劳动者（Solo Self-employment）三种形式。

国内学者界定非正规就业时通常参照国际劳动组织的分析框架，将劳动者所在单位类型和个人就业身份结合起来。其外延既包括非正规部门就业者也包括正规部门的非正规就业。但在具体的操作化上不同学者各有其异。有学者根据劳动合同期限的长短，将雇佣关系划分为终身雇佣、长期雇佣、短期雇佣和无合同雇佣，前两者与正规就业对应，后两者与非正规就业对应，但这并未把自雇就业考虑在内。有学者指出，不仅要考虑是否签订劳动合同及劳动合同的类型，还要将是否享受社会保险待遇作为重要判断标准。据此，薛进军和高文书（2012）将中国非正规就业者划分为家庭帮工、自营劳动者、非正规部门中的雇主、从事非正规工作的雇员四类。张抗私等将非正规就业者区分为非正规受雇者和自我经营者两类。遵循国际劳工组织的分析框架并借鉴已有研究，本文将非正规就业划分为非正规受雇和自雇就业两种类型。

2. 非正规就业的效果及其影响机制

西方发达国家对非正规就业的社会经济结果形成了融合论（Integration）和区隔论（Cleavage）两类理论观点。融合论认为，提升劳动力市场的灵活性和增加非正规就业可以实现劳资两利，既能为雇主节约成本提高效率，又可以增加低技能劳动者的就业机会和晋升机会。区隔论认为，非正规就业降低了雇员的谈判能力，导致尽管就业机会增加了，但是岗位工资低、稳定性差；这导致整个社会的经济不平等加剧。随着非正规就业日益盛行，越来越多的学者强调非正规就业的区隔效应，同时推动工作贫困问题日益引起重视。中国学者早期倾向于融合论，强调非正规就业的积极意义；近年来则更多强调区隔效应，主张将非正规就业正规化。国内外研究显示，非正规就业者比正规就业者的工资收入水平低。较低的就业收入当然更有可能导致家庭陷入贫困。那么，是什么原因导致非正规就业者往往处于低工资、就业不稳定劣势地位，进而面临更高贫困风险呢？

一是劳动力市场分隔理论的解释。该理论将整个劳动力市场区分为主要和次要两个市场，前者一般拥有较好的工作环境、较高的工资水平和较完善的福利保障，后者一般工作环境较差、福利待遇和薪资水平相对较低。前者常被称为正规部门，后者常被称为非正规部门。通常的情况是劳动者在主要劳动力市场不能找到工作后才进入次要劳动力市场，不得不接受低工资、低福利。同一部门内也存在边缘劳动力和核心劳动力的区分，核心劳动力享有更高收入和更好职业保障，边缘劳动力主要从事可替代性强的岗位而且工资低、保障弱。二是人力资本理论的解释。该理论更为具体地指出，非正规就业长期处于弱势地位的主要原因是它不利于劳动者的人力资本积累。非正规就业者通常不属于核心劳动力，他们与雇主的谈判能力弱，进修培训机会少，易经历反复失业，所以积累的人力资本少。这限制了他们寻找更好工作和增加收入的机会。

综上，提出假设1：与正规就业农民工相比较，非正规就业农民工陷入工作贫困的风险更高。

如前文所述，非正规就业可分为非正规受雇和自雇就业两种类型，二者的就业效果怎样呢？国外相关研究表明，与正规受雇者相比较，非正规受雇者收入水平更低，贫困风险更高。但关于自雇就业者是否更容易陷入贫困，现有研究并无定论。国内有关研究发现，自雇经营者的收入水平高于非正规受雇者但是低于正规受雇者。有研究显示，与受雇农民工相比较，自雇农民工取得了更高的工资收入并具有较高的社会融入感。还有的研究显示，农民工自雇就业的效果不仅好于非正规受雇者，还好于正规受雇者。

综上，提出假设2：不同类型非正规就业农民工的工作贫困风险存在显著差别。

非正规就业与正规就业的就业效果差异研究，目前主要集中在个体收入不平等方面，它与贫困关系的研究尚不多见，国内现仅可见都阳、万广华对非正规就业减贫效果的评估。个人的低工资或低收入只是贫困的一个重要影响因素，它与贫困是两个完全不同的概念。首先，低工资的衡量单位是个体，而贫困的衡量单位是家庭；其次，贫困除了考虑就业性收入外，还考虑其他收入来源；最后，二者的规范性意义不同，工作贫困意味着一种不被认可的状况，需要进行干预，而低工资（收入）是一种事实状况，未必是问题。

（二）工作贫困的定义及其影响因素

1. 关于工作贫困的定义与测量

工作贫困者是指生活在贫困家庭中的有工作的个人，简言之即有工作的穷人。定义和测量工作贫困需要回答两个基本问题即"谁是工作者"和"什么是贫困"。

工作有动态和静态两种定义方式。前者将一段时间内的就业时间作为是否工作的评判标准，如欧盟采用过去一年里至少工作6个月以上作为标准；后者是指调查的某个时点上是否在工作，如调查前一周是否做过有收入的工作，国际劳动组织（ILO）采用此种定义。两种方法各有优劣，但在数据的可获得性和灵活应用方面，静态定义更具优势。贫困有多种定义和测量方法，从收入贫困的角度来看有绝对贫困和相对贫困之分。绝对贫困标准是根据满足维持生存必不可少的基本需求来确定。相对贫困标准则根据经济社会环境的变化，以被主流社会所认可的基本需求来确定；相对贫困标准往往包含社会融合的内蕴，因为它是根据达到社会普遍认可的生活标准所需的资源来确定的，而这一生活标准是社会融合的前提条件。通常，富裕国家采用相对贫困概念，落后国家采用绝对贫困概念。在关于工作贫困的研究中，目前往往采用相对贫困定义。

本文对"工作"采用静态定义，对"贫困"采用相对贫困定义。一方面，按部署2020年底我国绝对贫困基本消除，下一步将重点针对相对贫困问题；另一方面，新型城镇化战略明确提出农民工市民化，希望农民工能够融入城市，那么判断其是否贫困应以城市居民整体状况为参照而采取相对贫困标准。

2. 影响工作贫困的主要机制

克莱塔兹（2013）总结了影响工作贫困的三个具体机制，并得到广泛认可和应用：一是工资水平低，通常用小时工资来测量；二是就业不充分，包括个人层面和家庭层面，通常用工作密度来测量[①]；三是家庭需求高，通常用儿童抚养比来测量。相应地，政策干预措施的着力点也不同：对工资水平低，提高最低工资是干预重点；对就业不充分，促进就业是干预重点；如果是家庭需求高，完善家庭政策则是干预重点。对农民工而言，工资收

[①] 往往以个人或家庭成员实际工作时间与应工作时间之比表示，取值在0~1。

入低无疑是导致贫困的重要原因。前文也表明，农民工就业模式出现分流，不同就业模式下农民工的收入水平存在显著差异，所以低工资可能是影响不同就业模式农民工贫困风险差异的重要机制之一。就业是否不充分的影响，需要分短期和长期来分析。从短期来看，比如平均周工作小时，绝大多数农民工的工作强度都超过法定工作时间。研究显示，我国处于社会转型期，劳动超时现象普遍存在，农民工因其弱势地位而劳动时间更长，平均周工作时间高达 55 小时，总体而言农民工就业不充分的概率较低，不同就业模式下的农民工不充分就业比例差异不明显。但从长期来看，比如一年甚至更长时间，农民工尤其是非正规就业农民工更容易反复经历就业—失业的周期性贫困。本文主要考察短期限度内农民工就业是否充分对不同就业模式农民工贫困风险差异的影响。

综上，提出假设 3：导致不同就业模式农民工贫困风险差异的主要劳动力市场机制是低工资，而非就业不充分。

解释工作贫困还需在更大的框架下进行，考虑更多的因素。Lohmann（2018）基于工作贫困的国际比较研究需要，将影响工作贫困的因素分为宏观层面的制度性因素（社会福利制度和劳动力市场制度）和微观层面的个体家庭因素（具体分为需求性因素、资源性因素和限制性因素）。Kazemipur and Halli（2001）提出了一个解释移民贫困的分析框架，将影响移民的因素分为同化因素、人力资本因素、结构性因素三类，分别对应同化理论、人力资本理论和劳动力市场分割理论，其不足是没有考虑家庭因素影响；Álvarez-Miranda（2011）在同一主题上强调了社会人口特征、家庭特征、职业特征和移民身份特征四个因素，这很有可资借鉴的价值。王美艳在研究我国农民工的收入贫困时，将解释变量分为人力资本、家庭成员就业特征和家庭人口结构特征三类。综上所述，本文将农民工工作贫困的相关因素分为社会人口因素、人力资本因素、同化因素、劳动力市场因素和家庭因素。宏观制度层面因素没有纳入本框架，因为以个人为单位分析工作贫困影响因素时很难纳入宏观因素的考量。

与此同时，不同就业模式下农民工致贫的影响因素可能会存在差异。农民工群体本身分化较为严重，存在较大的异质性；在贫困的表现和致贫因素上，不同属性的群体各有不同。因此，我们提出假设 4：不同就业模式下农民工的致贫因素，既有共性也有差异性。

综上，确立本文的主要分析框架如图 1 所示。该分析框架清晰地表明了将要研究的问题与相关变量之间的关系。本文的主要内容是分析不同就业模式下农民工的工作贫困风险是否有显著差异，造成差异的主要劳动力市场机制是什么，以及影响不同就业模式农民工工作贫困的因素有何异同①。

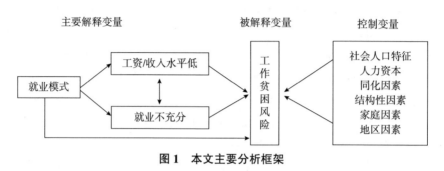

图 1　本文主要分析框架

社会人口特征包括性别和婚姻两个常用指标。

人力资本因素包括年龄、教育和迁移距离。人力资本理论主要依据个人拥有的人力资本对贫困进行归因。卡兹米普尔和哈莉（Kazemipur and Halli）曾指出，与移民的经济地位直接相关的人力资本因素包括教育、年龄、工作经验、健康和迁移范围，其中，年龄、教育和迁移范围更具解释力。这对农民工贫困问题同样适用。

同化因素包括到达本地时间一个指标。同化理论认为，新来者由于面临更多的不利因素如语言障碍、信息网络缺乏等而面临更高的贫困风险。相应的逻辑推论是随着在流入地时间上的延长，上述问题会逐步消除，社会经济状况随之得到改善。

结构性因素包括职业地位和就业行业两个指标。结构性理论认为一国的经济结构特性是导致贫困的主要原因。一般来说，蓝领职业、低端服务业收入水平低、职业声望低、工作不稳定、福利待遇不完备，陷入贫困的风险更高。

家庭因素包括家庭人口数、12 岁及以下儿童占比、65 岁及以上老人占比和外出务工人数占比。贫困研究认为个人的福祉是通过家庭来衡量的。总的来说，家庭规模越大，家庭的需求就越多，贫困的风险越大。家庭中被抚养人口占比越高，贫困风险也越大。家庭中就业人口占比越高，贫困

① 就业模式本身属于广义的结构性因素，为突出本文的重点，故将其单独列出。

风险则越低。

此外，考虑中国经济发展不平衡，不同地区不同就业模式的规模和就业质量存在较大差异，把地区因素作为控制变量纳入模型。

三、数据、变量和方法

（一）数据来源

本文对 9178 名年龄在 15~59 周岁、户籍为农业且调查前一周有工作的农民工进行实证分析。数据来自原国家卫生和计生委组织的 2017 年全国流动人口卫生计生动态监测调查中的流动人口健康重点领域专题调查数据库。该调查同时选取江苏省苏州市、山东省青岛市、河南省郑州市、湖南省长沙市、广东省广州市、重庆市九龙坡区、云南省西双版纳傣族自治州、新疆维吾尔自治区乌鲁木齐市八地区，这八个地区主要代表了东、中、西部流动人口相对集中的大城市。调查对象为在流入地居住一个月以上、非本区（县、市）户口的 15 周岁及以上的流动人口，包括流动人口就业、家庭成员及家庭收支等重要信息。

（二）变量的设置

1. 被解释变量

一是关于工作贫困的界定。以 2017 年 "'五一'节前一周是否做过一小时以上有收入的工作" 作为判断是否工作的标准，选择 "是" 视为有工作。关于贫困家庭的认定，采取相对贫困定义，以 2017 年各调查城市城镇居民人均可支配收入的 60% 作为贫困线，如表 1 所示。一方面，考虑农民工进城务工生活，其参照群体已由农村居民转变为城市居民；另一方面，由于我国各地方经济社会发展水平不同，所以设定相对贫困标准需要结合地区实际发展状况。二是关于家庭人均可支配收入计算。遵循国际贫困研究常用的方法，使用过去一年家庭平均月总收入除以家庭人口数的平方根计算而得。家庭人均可支配收入低于贫困线者为贫困家庭，反之为非贫困家庭。由此，因变量操作化为二分变量，有工作且所在家庭属于贫困家庭的农民工记为 "1"，有工作且所在家庭为非贫困家庭的农民工记为 "0"。

表1　八地区收入贫困线及最低小时工资标准

地区	城镇居民人均可支配收入（元/月）	收入贫困线（元/月）	最低小时工资标准（元）
苏州市	4901	2940	17
广州市	4617	2770	18.3
青岛市	3931	2359	16
长沙市	3912	2347	15
郑州市	3004	1803	16
重庆九龙坡区	3028	1817	15
乌鲁木齐市	3086	1851	16.7
西双版纳傣族自治州	2267	1360	13

注：城镇居民人均可支配收入来源于各市（区）2017年国民经济与社会发展统计公报；收入贫困线＝城镇居民人均可支配收入×60%；最低小时工资标准来源于各地人力资源和社会保障局通知公告。

2. 主要解释变量

（1）关于非正规就业的分类与操作化。本文结合就业单位和就业身份，以及是否享受社会保险，将农民工的就业模式划分为正规受雇、非正规受雇和自雇就业三种类型。具体操作的步骤为：首先，将经济部门划分为正规部门（机关事业单位、国有及国有控股企业、集体企业、股份/联营企业、私营企业、港澳台独资企业、外商独资企业、中外合资企业）和非正规部门（个体工商户、社团/民办组织、其他和无单位）；其次，将农民工的就业身份划分为受雇者（包括有固定雇主和无固定雇主的劳动者）和自营劳动者[①]；最后，将是否参加职工医疗保险作为考察受雇农民工是否正规就业的指标。由此，本文中非正规受雇的农民工主要指在非正规部门工作的雇员、在正规部门工作但没有劳动合同的雇员、在正规部门工作且有劳动合同却没有职工医疗保险的雇员；正规受雇就业农民工则指在正规部门就业、签订了劳动合同且参加职工医疗保险的雇员。

（2）关于低工资和低工时的操作化。国外往往以小时工资中位数的2/3作为低工资判断标准，国内有学者将城镇单位就业人员平均工资的55%作

---

① 参照其他关于非正规就业的研究，本文没有将雇主身份农民工纳入分析。雇主身份农民工占就业农民工总数的5.12%，他们的工作贫困率为6%，占农民工工作贫困总数的比例为2.5%。

为低工资判断标准。本文将各地公布的最低小时工资作为是否低工资的判断标准见表1。农民工小时工资的计算采用上月的工资收入除以月工作小时数，其中，月工作小时数使用周工作时间乘4.3周获得。农民工小时工资小于等于最低工资标准记为低工资"1"，大于最低小时工资记为非低工资"0"。①

就业是否充分常用工作密度来衡量。在实际操作中也可以用是否全职工作来大致测量。国际上通常采用周工作30或35小时作为是否全职工作的分界线，国内中山大学组织的"中国劳动力动态调查"采用35小时的标准。本文也采用35小时作为标准。问卷调查了"'五一'节前一周做过一小时以上有收入"的工作者在那一周的工作时间，如果小于等于35小时为非全职工作，记为"1"；大于35小时为全职工作，记为"0"。

3. 其他控制变量

（1）人力资本因素。包括年龄、年龄平方/10、教育水平和流动范围。其中，教育水平为分类变量，小学及以下=1，初中=2，高中/中专=3，大专及以上=4。流动范围也是类别变量，跨省流动=1，省内跨市流动=2，市内跨县流动=3。

（2）同化因素。以流入本地的具体年份来衡量，为连续变量。流入本地时间越早，代表同化时间越长，同化水平越高。

（3）结构性因素。包括职业地位和从业行业两个分类变量。职业地位分为：白领职业=1，包括机关企事业单位负责人、专业技术人员、公务员办事人员；蓝领职业=2，包括生产、运输、建筑、设备操作等工人和农林牧渔生产人员；新蓝领职业=3，包括商业服务业人员、无固定职业及其他人员。行业类别分为建筑、采掘、水电煤供应=1，制造业=2，低端服务业=3（包括批发零售、交通运输、仓储邮政、住宿餐饮、水利环境公共设施管理、居民服务修理），高端服务业=4（包括信息传输和信息技术服务、金融、房地产、租赁和商业服务、教科文卫、社会工作、公共管理社会组织、国际组织），农林牧渔业=5。

---

① 我国《最低工资规定》声明，我国最低工资标准一般采取月最低工资标准和小时最低工资标准的形式。月最低工资标准适用于全日制就业劳动者，小时最低工资标准适用于非全日制就业劳动者。如果将月最低工资标准换算成小时工资，往往月最低工资标准低于小时最低工资标准。鉴于我国月最低工资标准通常较低，本文采用小时最低工资标准作为低工资的判定标准，这也符合国际惯例。

（4）家庭因素。包括家庭人口规模、12 岁及以下未成年子女占家庭总人口的比例、65 岁及以上老年人占家庭人口的比例、外出务工就业人口占家庭成员的比例，均为连续变量。

表 2 展示了按就业模式分各主要控制变量的分布情况：

表 2　按就业模式分各主要控制变量的分布情况

	总体	正规受雇	非正规受雇	自雇就业
核心解释变量（%）				
就业模式	100	19.0	41.7	39.3
低工资	56.17	38.35	61.85	58.72
非全职就业	5.09	2.48	6.50	4.86
社会人口特征（%）				
女性	44.9	44.2	47.3	42.8
已婚	78.1	73.96	67.15	91.65
人力资本因素（岁）				
年龄	34.53	31.97	32.87	37.53
年龄平方/10	127.9	108.0	117.7	148.5
学历水平（%）				
小学及以下	13.4	4.4	14.5	16.7
初中	45.1	29.3	45.6	52.4
高中/中专	26.5	30.9	26.3	24.7
大专及以上	14.9	35.5	13.7	6.2
流动范围（%）				
跨省流动	38.24	45.5	35.9	37.2
省内跨市	55.8	49.3	58.9	55.5
市内跨县	6.0	5.2	5.2	7.3
同化因素（年）				
本次流动时间	2012	2012	2013	2011
结构性因素				
职业地位（%）				
白领	9.2	26.3	9.1	1.1
蓝领	22.7	38.6	30.4	6.8

续表

	总体	正规受雇	非正规受雇	自雇就业
职业地位（%）				
新蓝领	68.1	35.1	60.5	92.1
就业行业（%）				
建筑、采掘、水电煤供应	6.1	4.9	9.6	3.1
制造	27.5	51.9	29.2	13.7
低端服务	53.6	23.6	45.7	76.5
高端服务	10.3	19.0	13.1	3.1
农林牧渔	2.5	0.6	2.4	3.6
家庭因素（均值）				
家庭成员数（个）	3.1	2.87	2.90	3.41
依赖儿童占比（%）	0.19	0.19	0.16	0.22
65 岁及以上老人占比（%）	0.0044	0.0045	0.0050	0.0038
外出务工人数占比（%）	0.62	0.64	0.65	0.58
样本量（个）	9178	1746	3823	3604

第一，从社会人口特征来看。与正规受雇者相比，非正规受雇者女性和未婚者比例较高。女性的比例为 47.3%，高于正规受雇者 3.1 个百分点；未婚者占比为 32.85%，高于正规受雇者 6.81 个百分点。自雇经营者中女性占比为 42.8%，低于正规受雇者 1.4 个百分点；已婚者比例为 91.65%，高于正规受雇者 17.7 个百分点。

第二，从人力资本因素来看。与正规受雇者相比，非正规受雇者平均年龄略大，低学历者占比较高，长距离迁移者占比较少。非正规受雇者平均年龄为 32.87 岁，高于正规受雇者 0.87 岁。非正规受雇者小学及以下占比为 14.5%，初中占比为 26.3%，分别比正规就业者高 10.1 和 16.3 个百分点；高中/中专占比为 26.3%，大专及以上占比为 13.7%，分别比正规受雇者低 4.6 和 21.8 个百分点。非正规受雇者跨省流动的比例为 35.9%，低于正规受雇者 9.6 个百分点；反之省内跨市流动为 58.9%，高 9.6 个百分点；市内跨县流动则无显著差别。与正规受雇者比较，自雇就业者平均年龄相对较大，低学历占比较高，长距离迁移者占比较少。自雇就业者平均年龄为 37.53 岁，高于正规受雇者 5.56 岁。自雇就业者小学及以下占比为 16.7%，初中占比为 52.4%，分别比正规受雇者高 12.3 个和 23.1 个百分点；高中/中专占比为 24.7%，大专及以上占比为 6.2%，分别比正规受雇者低 6.2 个和 29.3 个百分点。跨省流动的比例为 37.2%，比正规受雇者低 8.3 个百分点。省内跨市和市内跨县流动的比例分别为 55.5% 和 7.35%，分别比正规受雇者高 6.2 个和 2.1 个百分点。

第三，从同化因素来看。非正规受雇者同化时间晚于正规受雇者，自雇就业者同化时间则早于正规受雇者。正规受雇者流入本地的年份均数为 2012，而非正规受雇和自雇经营者流入本地的年份均数分别为 2013 年和 2011 年。

第四，从结构性因素来看。就职业地位分布而言，非正规受雇者白领职业和蓝领职业占比分别为 9.1% 和 30.4%，比正规受雇者低 17.2 和 8.2 个百分点；新蓝领职业占比为 60.5%，显著高于正规受雇者 25.4 个百分点。自雇就业者更是在服务及其他职业中占比达 92.1%，比正规受雇者高 57 个百分点；自雇就业者属于白领的仅占 1.1%，蓝领的占 6.8%，分别比正规受雇者低 25.2 个和 31.8 个百分点。就就业行业分布而言，非正规受雇者占比最多的分别是低端服务业 45.7% 和制造业 29.2%。自雇就业者更是集中在低端服务业（76.5%），其次是制造业占 13.7%。正规受雇者则主要集中在制造业（51.9%）和低端服务业（23.6%）。

第五，从家庭因素来看。非正规受雇者平均家庭规模大于正规受雇者，非正规受雇者和自雇经营者分别比正规受雇者家庭多 0.03 人和 0.54 人。与正规受雇者相比较，依赖儿童占家庭成员的比例上非正规受雇者低 0.03，自雇经营者高 0.03；65 岁及以上老年人占比上非正规受雇者高 0.0005，自雇经营者低 0.0007；外出务工人员占家庭成员比重上非正规受雇者高 0.01，自雇经营者低 0.06。

（三）分析方法

本文采用 Logistic 回归方程分析。为了考察不同就业模式农民工贫困风险的差异及辨别导致差异的主要劳动力市场机制，具体分析策略采用了逐步回归的方法，以考察主要解释变量是否具有独立影响。同时，本文的每个回归模型都将控制流入城市，以控制宏观地区因素对自变量的影响。

四、结果与解释

（一）描述性分析

1. 八城市农民工正规就业与非正规就业分布情况

超八成的农民工以非正规就业方式实现城市就业。从表3可以看出，2017年八地区农民工非正规就业的比例为80.92%，其中，非正规受雇占比41.65%，自雇经营占比39.27%。较此前薛进军、高文书利用全国普查数据估计的2005年迁移劳动力非正规就业的比例70.9%进一步提升。还可以看出，经济发达的东部城市农民工非正规就业的比例要比中西部地区比例低，正规就业的比例要比中西部高。这表明经济越发达，劳动力市场越健全，农民工越有可能以正规模式实现就业。

表3　八地区农民工就业模式分布情况

地区		正规就业	非正规就业		合计
		正规受雇	非正规受雇	自雇经营	
苏州市	频次（次）	587	481	277	1345
	占比（%）	43.64	35.76	20.59	100
广州市	频次（次）	394	481	472	1347
	占比（%）	29.25	35.71	35.04	100
青岛市	频次（次）	314	416	503	1233
	占比（%）	25.47	33.74	40.79	100
长沙市	频次（次）	140	541	889	1570
	占比（%）	8.92	34.46	56.62	100
郑州市	频次（次）	70	878	617	1565
	占比（%）	4.47	56.10	39.42	100
重庆九龙坡区	频次（次）	121	233	160	514
	占比（%）	23.54	45.33	31.13	100
乌鲁木齐市	频次（次）	120	476	362	958
	占比（%）	12.53	49.69	37.79	100

续表

地区		正规就业	非正规就业		合计
		正规受雇	非正规受雇	自雇经营	
西双版纳傣族自治州	频次（次）	5	317	324	646
	占比（%）	0.77	49.07	50.15	100
合计	频次（次）	1751	3823	3604	9178
	占比（%）	19.08	41.65	39.27	100

注：表中占比数值为四舍五入的结果，因此有些相加不为100整，但都在100左右。

2. 不同就业模式下农民工的工作贫困发生率

从表4可以看到，非正规就业农民工的工作贫困发生率高于正规就业农民工。非正规受雇农民工和自雇经营农民工的贫困发生率分别为15.15%和12.32%，较之正规受雇农民工分别高出5.16个和2.33个百分点。从分地区来看，除乌鲁木齐市外，其他城市非正规就业者工作贫困的风险都高于正规就业者。

从非正规就业的两种不同类型来看，非正规受雇农民工的贫困发生率总体上高出自雇经营农民工2.83个百分点。但也存在显著的地区差异，例如，在经济发达的苏州市和广州市，自雇经营者的贫困发生率要高于非正规受雇者，在西部的重庆九龙坡区也是如此。表明经济发达地区农民工自雇经营层次和质量相对较低。

处于工作贫困状态的农民工主要来自非正规就业农民工。在农民工工作贫困总人数中，非正规受雇者占48.33%，自雇经营者占37.06%，二者合计占85.39%，而正规受雇者仅占贫困总数的14.61%。①

表4　八地区按就业模式分农民工贫困发生率　　　单位:%

地区	正规就业	非正规就业		合计
	正规受雇	非正规受雇	自雇经营	
苏州市	12.95	16.22	23.10	16.21
广州市	11.17	24.95	26.48	21.46
青岛市	6.05	9.62	8.15	8.11

---

① 受篇幅所限，有关数据表格未列出，可根据表3和表4相关数据计算而得。

续表

地区	正规就业	非正规就业		合计
	正规受雇	非正规受雇	自雇经营	
长沙市	8.57	20.52	9.00	12.93
郑州市	4.29	9.11	5.83	7.60
重庆九龙坡区	5.79	7.73	9.38	7.78
乌鲁木齐市	11.67	13.03	10.22	11.80
西双版纳傣族自治州	0.00	22.08	14.20	17.96
合计	9.99	15.15	12.32	13.05

3. 非正规就业农民工相对高贫困风险的机制分析

前文所述，影响工作贫困最直接的两个劳动力市场机制是工作水平低和就业不充分。那么，不同就业模式农民工的收入和工作时间是否有差别以及有怎样的差别，如表5所示。

表5　按地区分不同就业模式农民工月收入、小时工资收入和周工作时间情况

地区	月收入（元/月）			小时工资收入（元/小时）			周工作时间（小时）		
	正规受雇	非正规受雇	自雇经营	正规受雇	非正规受雇	自雇经营	正规受雇	非正规受雇	自雇经营
苏州市	4754	4302	4714	23.50	18.28	19.19	50.48	59.42	65.04
广州市	4661	3710	4423	24.42	18.62	18.20	46.15	51.56	68.22
青岛市	4289	3918	4789	20.26	17.86	18.08	51.16	54.21	67.23
长沙市	4362	3343	4105	22.87	16.50	15.38	45.77	51.87	67.60
郑州市	4420	3283	4743	22.56	15.38	18.50	47.39	52.75	69.15
重庆九龙坡区	4059	3475	4203	19.60	16.97	21.02	51.52	52.47	66.56
乌鲁木齐市	3769	3370	4839	17.28	15.99	22.21	53.33	56.13	58.94
西双版纳傣族自治州	3580	2755	3700	14.55	20.95	18.39	56.20	47.91	58.43
合计	4486	3521	4440	22.32	17.22	18.16	49.41	53.47	65.96

非正规就业农民工的工作收入水平低于正规就业农民工。从月收入来看，从高到低分别是正规受雇就业农民工的 4486 元/月、自雇经营农民工的 4440 元/月和非正规受雇就业农民工的 3521 元/月。小时工资也呈现同样的规律，分别是正规受雇就业农民工 22.32 元/小时、自雇经营农民工 18.16 元/小时和非正规受雇农民工 17.22 元/小时。这与张抗私等（2018）关于不同就业模式城镇劳动力工资差异的研究发现相一致。

非正规就业农民工的工作强度高于正规就业农民工。自雇经营就业者、非正规受雇就业者和正规受雇就业者的周工作时间分别为 65.96 小时、53.47 小时和 49.41 小时，都超过了周最高工作 44 小时的法定上限，其中，非正规就业农民工程度更甚。

据以上分析，工作收入水平低而非就业不充分（工作时间不足）可能是导致不同就业模式下农民工贫困风险差异的主要因素。尤其是非正规受雇农民工，他们的小时工资水平基本在法定最低小时工资附近徘徊。这还只是在静态时点上的观察，没有考虑较长时间（比如一年）内非正规就业农民工的摩擦性、周期性失业问题。

已有研究表明，个人工资收入水平低，并不一定陷入贫困，还取决于个人收入是家庭收入的主要来源还是次要来源。如果是前者则陷入贫困的风险就高，如果是后者则低。因此我们需要通过回归模型，考察在控制其他影响因素情况下，不同就业模式之间贫困风险是否存在显著差异。同时，进一步考察低工资和非全职就业哪个因素对不同就业模式间贫困风险差异的影响更大。

（二）回归结果与解释

表 6 展示了关于农民工工作贫困影响因素的 Logistic 回归结果。

1. 非正规就业农民工是否更容易陷入贫困

我们将模型（1）作为基准模型。从中可以看出，在控制地区变量的情况下，非正规就业农民工的贫困发生比率显著高于正规就业农民工。其中，非正规受雇者的贫困发生比率要高出 1 倍，自雇经营者的贫困发生比率高出 54%。假设 1 得到一定的证实。但是，这种差异是由于不同就业模式本身造成的还是由于其他相关因素造成的，并不明确。

模型（2）中加入了社会人口特征、人力资本因素、同化因素、结构性因素和家庭因素等控制变量，可以看出非正规受雇者与正规受雇者的贫困发生比率仍存在显著差异。与模型（1）比，其贫困发生比率下降了23.8%，但仍比正规受雇者高52%。与此同时，自雇经营的影响不再显著。说明自雇就业与正规受雇就业之间贫困风险的差别主要是由人力资本等其他因素造成的，而非就业模式本身。这也在一定程度上表明自雇经营的就业效果并不比正规受雇就业差，而非正规受雇的就业效果要比正规就业差。这与以往的研究结果相印证。在此，假设2得到证实，非正规受雇和自雇经营之间的贫困风险有显著差异，前者高于后者。

2. 低工资与就业不充分哪种机制更为关键

模型（2）已经表明，在控制了相关影响因素的基础上非正规受雇者与正规受雇者的贫困发生比率仍存在显著差异；前文描述性分析也显示，二者在工资收入和工作时间上也存在显著差别。那么，低工资和就业不充分究竟哪个机制是造成二者差异的更为关键的因素？

模型（3）在模型（2）的基础上，加入是否非全职就业变量。可以看到，非全职就业的影响并不显著。与模型（2）比，不同就业模式下农民工贫困发生比率几乎未变。可见，就业不充分对不同就业模式农民工贫困风险差异的影响并不突出。模型（4）在模型（2）的基础上加入低工资变量，该变量的影响显著。低工资者的贫困发生比率较非低工资者高2.74倍。与模型（2）比，在控制了工资水平的情况下，模型（4）中非正规受雇者的贫困发生比率降低了14.8%，说明低工资确实对非正规受雇者和正规受雇者之间贫困风险差异有重要影响，也表明低工资在就业模式与贫困风险关系之间发挥了部分中介作用。通过模型（3）和模型（4）的比较，我们可以验证假设3，即不同就业模式间贫困风险的差别主要由工资水平低而非就业不充分造成。

3. 哪些特征的农民工更容易陷入工作贫困

模型（5）将影响工作贫困的所有因素纳入模型，进一步考察除了上述三个主要解释变量外还有哪些因素对农民工贫困有显著影响。在此全模型中，非正规受雇者比正规受雇者的贫困发生比率高25.6%，自雇经营者则无显著差别。低工资的作用更加凸显，低工资者较非低工资者陷入贫困发生比率高出3.19倍。同时，非全职就业的影响也变得显著，在控制了是否低工资变量的条件下，非全职就业的贫困发生比率较全职者高出1.14倍。需要注意的是，尽管非全职就业对工作贫困有显著影响，但是当非全职就业占总体比例很低时，它对不同就业模式下农民工工作贫困风险差异的作用就很小。其他因素的影响方面：

第一，社会人口特征方面，性别的影响不显著，婚姻的影响显著。已婚者比未婚者陷入工作贫困发生比率低。

第二，人力资本有显著影响。年龄的影响显著，一次项为正，二次项为负，表明工作贫困的发生比率随着年龄的增加先降低后增加，验证了人力资本理论中关于工作经验的作用为"倒U型"的假说。随着受教育水平的提高，贫困发生比率相应下降，这与以往的研究结果一致。与跨省迁移相比较，省内跨市迁移者贫困发生比率高22.6%，而市内跨县迁移者的贫困发生比率高36%。

第三，同化因素也有显著影响。到达本地时间越晚，贫困发生比率越高，在本地居住时间越长，贫困发生比率越低。

第四，结构性因素影响不突出。职业地位并无显著影响，这在一定程度上表明农民工内部并未产生明显的职业极化现象。就业的行业部门有显著影响。与建筑、采掘、水煤电生产等艰苦行业比较，制造业就业的贫困发生比率要高51.7%，低端服务业要高45.7%，高端服务业要高66.4%，农林牧渔等低生产效率行业的贫困发生比率更是高出3.68倍。这主要是由于艰苦行业多数年轻农民工不愿意进入，在供需关系的作用下这些行业的工资水平相对较高。

第五，家庭因素对工作贫困有显著影响。随着家庭人口增加，陷入工作贫困的发生比率增加。65岁及以上老年人占比高会大大增加农民工陷入贫困发生比率。12岁及以下依赖儿童占比也会增加贫困的风险，但并不显著。家庭中外出务工人数占比越高，贫困发生比率越低。以上在总体上分析了社会人口特征、人力资本因素、同化因素、结构性因素、家庭因素对农民工工作贫困风险的影响。但这些因素可能对不同就业模式农民工贫困的影响存在差异，分析这种差异对农民工工作贫困的精细化治理有重要意义。

表 6 农民工工作贫困影响因素的 Logistic 回归结果

变量名	全体农民工					正规受雇	非正规受雇	自雇经营
	模型（1）比率比	模型（2）比率比	模型（3）比率比	模型（4）比率比	模型（5）比率比	模型（6）比率比	模型（7）比率比	模型（8）比率比
就业模式（以正规受雇为参照）								
非正规受雇	1.997*** (0.193)	1.520*** (0.161)	1.519*** (0.161)	1.294** (0.140)	1.256** (0.136)			
自雇经营	1.540*** (0.155)	1.026 (0.123)	1.025 (0.123)	0.902 (0.111)	0.886 (0.109)			
非全职就业			1.041 (0.149)		2.142*** (0.327)	3.355*** (1.479)	1.861*** (0.401)	2.232*** (0.598)
低小时工资				3.742*** (0.320)	4.191*** (0.377)	3.279*** (0.657)	4.044*** (0.574)	4.953*** (0.790)
社会人口特征								
女性		1.149** (0.0787)	1.148** (0.0787)	0.941 (0.0664)	0.921 (0.0652)	0.738 (0.140)	0.971 (0.104)	0.930 (0.107)
已婚		0.715*** (0.0926)	0.716*** (0.0928)	0.752** (0.101)	0.766** (0.103)	0.569 (0.196)	0.706* (0.131)	1.109 (0.334)
人力资本因素								
年龄		0.839*** (0.0254)	0.839*** (0.0254)	0.863*** (0.0268)	0.865*** (0.0269)	0.767*** (0.0701)	0.840*** (0.0361)	1.002 (0.0604)

续表

变量名	全体农民工					正规受雇	非正规受雇	自雇经营
	模型(1) 比率比	模型(2) 比率比	模型(3) 比率比	模型(4) 比率比	模型(5) 比率比	模型(6) 比率比	模型(7) 比率比	模型(8) 比率比
年龄平方/10		1.027*** (0.00411)	1.027*** (0.00411)	1.023*** (0.00420)	1.023*** (0.00421)	1.041*** (0.0130)	1.026*** (0.00596)	1.005 (0.00765)
教育水平（以小学及以下为参照）								
初中		0.572*** (0.0535)	0.572*** (0.0535)	0.623*** (0.0593)	0.630*** (0.0601)	0.579 (0.212)	0.626*** (0.0899)	0.647*** (0.0914)
高中/中专		0.390*** (0.0454)	0.390*** (0.0455)	0.470*** (0.0560)	0.475*** (0.0566)	0.432** (0.169)	0.424*** (0.0773)	0.512*** (0.0958)
大专及以上		0.260*** (0.0418)	0.260*** (0.0418)	0.379*** (0.0620)	0.385*** (0.0631)	0.326*** (0.140)	0.340*** (0.0823)	0.490** (0.170)
迁移范围（以跨省迁移为参照）								
省内跨市		1.232*** (0.0994)	1.232*** (0.0994)	1.238*** (0.103)	1.226** (0.102)	1.167 (0.236)	1.432*** (0.190)	1.132 (0.150)
市内跨县		1.361* (0.226)	1.359* (0.226)	1.380* (0.235)	1.360* (0.232)	0.494 (0.308)	1.967*** (0.508)	1.381 (0.357)
同化因素								
流入本地时间		1.035*** (0.00689)	1.035*** (0.00689)	1.036*** (0.00703)	1.037*** (0.00706)	1.074*** (0.0212)	1.046*** (0.0118)	1.017* (0.0101)

续表

变量名	全体农民工					正规受雇	非正规受雇	自雇经营
	模型（1）比率比	模型（2）比率比	模型（3）比率比	模型（4）比率比	模型（5）比率比	模型（6）比率比	模型（7）比率比	模型（8）比率比
结构性因素								
职业地位（以白领职业为参照）								
蓝领职业		1.087	1.087	0.900	0.885	0.974	0.923	1.771
		(0.166)	(0.166)	(0.142)	(0.140)	(0.281)	(0.195)	(1.426)
服务及其他		0.945	0.946	0.803	0.796	0.841	0.714*	2.465
		(0.137)	(0.137)	(0.119)	(0.119)	(0.240)	(0.140)	(1.898)
就业行业（以建筑、采掘、水电煤生产业为参照）								
制造业		1.817***	1.821***	1.483**	1.517**	0.890	2.003***	1.147
		(0.299)	(0.301)	(0.250)	(0.257)	(0.375)	(0.437)	(0.473)
低端服务业		1.832***	1.836***	1.434**	1.453**	1.215	1.697**	1.068
		(0.307)	(0.308)	(0.247)	(0.251)	(0.558)	(0.385)	(0.425)
高端服务业		2.046***	2.048***	1.659**	1.664**	0.913	2.591***	0.925
		(0.396)	(0.396)	(0.330)	(0.332)	(0.445)	(0.659)	(0.481)
农林牧渔业		6.693***	6.702***	4.723***	4.682***	1.547	5.289***	4.661***
		(1.548)	(1.551)	(1.125)	(1.113)	(1.694)	(1.798)	(2.188)
家庭因素								
人口规模		1.173***	1.173***	1.132***	1.126***	0.989	1.083	1.278***
		(0.0451)	(0.0451)	(0.0447)	(0.0446)	(0.112)	(0.0589)	(0.0932)

续表

变量名	全体农民工					正规受雇	非正规受雇	自雇经营
	模型（1）比率比	模型（2）比率比	模型（3）比率比	模型（4）比率比	模型（5）比率比	模型（6）比率比	模型（7）比率比	模型（8）比率比
12岁及以下儿童占比	.	0.990 (0.230)	0.989 (0.230)	1.197 (0.286)	1.190 (0.285)	5.707*** (3.842)	1.528 (0.559)	0.758 (0.291)
65岁及以上老人占比		5.613** (3.909)	5.605** (3.904)	6.229** (4.439)	6.268** (4.473)	75.88** (139.3)	8.141** (7.865)	1.494 (2.190)
外出务工人员占比		0.129*** (0.0217)	0.129*** (0.0217)	0.111*** (0.0191)	0.111*** (0.0191)	0.0553 (0.0242)	0.0799*** (0.0198)	0.288*** (0.0917)
地区因素	yes	yes	yes	yes	yes	yes	yes	yes
截距	0.135*** (0.0130)	0.000*** (0.000)	0.000*** (0.000)	0.000*** (0.000)	0.000*** (0.000)	0.000*** (0.000)	0.000*** (0.000)	0.000* (0.000)
对数似然值	-3424.7508	-3111.1517	-3111.113	-2973.5061	-2962.0811	-468.16187	-1319.6128	-1107.836
样本数	9151	9151	9151	9151	9151	1729	3817	3600

注：*** 表示 $p<0.01$，** 表示 $p<0.05$，* 表示 $p<0.1$，"yes" 表示已控制。

4. 相同就业模式谁更容易陷入贫困

模型（6）、模型（7）、模型（8）分别对正规受雇、非正规受雇和自雇经营三种不同就业模式农民工陷入工作贫困风险的影响因素进行了回归分析。

第一，低工资和非全职就业的影响方面。低小时工资对三类就业模式农民工的贫困发生比率均有显著影响。低工资正规就业农民工、非正规受雇农民工和自雇农民工比相应的非低工资群体的贫困发生比率分别高出2.28倍、3.04倍和3.95倍；是否全职就业也有显著影响，三个群体中非全职就业者较之全职就业者贫困发生比率分别高出2.36倍、0.86倍和1.23倍。也可以看出，低小时工资的机制在非正规就业农民工身上体现得更加突出，这也表明工资收入差距在非正规就业群体内部更突出。非全职就业对正规就业农民工贫困发生比率影响更大。这是由于正规就业的非全职工作者工作可能相对稳定，但是工资水平可能比较低。

第二，社会人口特征的影响。性别无显著影响。婚姻对非正规受雇农民工有显著影响，对其他两类就业模式农民工贫困发生比率无显著影响。已婚非正规受雇农民工的贫困发生比率比未婚的低29.4%，可能的原因是已婚者为了家庭的生计而更加努力工作。

第三，人力资本因素影响。年龄对正规受雇就业和非正规受雇就业均有显著影响，且影响方向一致，均随着年龄上升贫困发生比率降低，到达一定年龄后贫困发生比率又增加。表明受雇就业（包括正规与非正规）更容易受年龄增大体力下降、技能陈旧落后等相关人力资本贬值的影响。年龄对自雇就业者影响则不显著。学历水平对不同就业模式农民工的贫困发生比率均有显著影响。以小学学历为参照：正规受雇农民工初中学历无显著差异，但高中/中专学历贫困发生比率要低56.8%，大专及以上的低67.4%；非正规受雇者初中学历、高中/中专学历、大专及以上的则分别低37.4%、47.6%、66%；自雇就业者的相应数据则低35.3%、48.8%和51%。迁移距离对正规受雇和自雇就业的影响不显著，但对非正规受雇的影响显著。非正规受雇者中省内跨市流动的贫困发生比率较跨省流动者要高43.2%，市内跨县流动的更是高96.7%。

第四，同化因素的影响。流入本地时间对三类就业模式均有正向影响，即流入本地时间越晚，同化程度越低，贫困发生比率越大。

第五，就业结构性相关因素影响。职业地位仅对非正规受雇农民工有

显著影响，且只新蓝领工作比白领工作陷入工作贫困发生比率低，蓝领则
与白领无显著差异，这与预期的恰恰相反。可能的原因是非正规受雇的新
蓝领工作苦、脏、累、险，较少有人愿意承担，因而工资水平反而较高。
就业行业对正规受雇农民工陷入贫困无显著影响，对非正规受雇有显著影
响，对自雇就业农民工有微弱影响。正规受雇农民工的行业收入差距并不
显著。对非正规受雇农民工来说，与建筑采掘等行业相比，贫困发生比率
由大到小分别是农林牧渔业、高端服务业、制造业、低端服务业。自雇经
营农民工只有从事农林牧渔业与参照组有显著差异，其他则无显著差异。

第六，家庭相关因素对不同就业模式农民工贫困发生比率有显著差异。
家庭规模因素仅对自雇经营有显著影响，随着家庭人口增多，贫困发生比
率也上升。12 岁及以下儿童占比对正规受雇农民工贫困发生比率有显著影
响，而对其他两类非正规就业农民工无显著影响。65 岁及以上老人占比对
正规受雇和非正规受雇者有显著影响，而对自雇经营影响不显著。可以看
出，依赖人口的占比对正规受雇者的贫困发生比率影响尤为显著，其次是
非正规受雇者，对自雇经营者的影响则不显著。可能的原因是自雇经营时
间相对自主，更有助于工作和家庭的平衡。外出务工人员占家庭成员比例
对所有就业模式的农民工贫困发生比率都有显著影响。外出务工人员占比
越高，在某种程度上代表家庭的工作密度越高，家庭贫困发生比率越低。

综上所述，假设 4 得到了验证。不同就业模式下农民工的致贫因素，既
有共性也有差异性。

五、结论与建议

本文发现，非正规就业是农民工在大城市就业的主要模式和途径，其
中，非正规受雇就业占比达 42%，自雇就业占比为 39%。仅有 19% 的农民
工以正规就业的方式实现在城市就业。

非正规就业农民工的贫困发生率比正规就业农民工贫困发生率高。正
规受雇就业农民工贫困发生率为 9.99%，非正规受雇农民工则为 15.15%，
高出 5.16 个百分点；自雇经营农民工为 12.32%，高出 2.33 个百分点。在
控制影响贫困的其他相关因素后，与正规受雇农民工相比，非正规受雇农
民工贫困发生比率要高 25.6%，自雇就业农民工则无显著差别。

小时工资水平低而非就业不充分在短期时间跨度内是导致工作贫困的

主要劳动力市场机制。因此，适当提高最低工资水平是对劳动力市场干预的应选方案。当然，就业不充分、非全日制工作也对贫困有显著影响。但大多数农民工都是超时工作而非就业不充分。因此，规范用工时间，减少农民工工时，是需要同时解决的问题。

不同就业模式农民工陷入贫困的影响因素既有共性也有差异，治理上需分类施策。

从人力资本角度来看，学历水平对不同就业模式的农民工均有显著影响。学历水平越高陷入贫困的风险越低。年龄对受雇（正规和非正规）农民工有显著影响，对自雇农民工无显著影响。迁移距离对非正规受雇农民工有显著影响，迁移距离越大，贫困风险越低。这提示我们：一方面，要大力发展教育，让农民工及其子女接受更多的教育，提升其学历层次；另一方面，对受雇农民工一要着力加强年轻农民工的培训，使其尽快适应岗位，二要着力做好中老年农民工培训，推动其更新技能适应社会生产的新要求。此外，应做好跨省劳务输出合作，经济发达地区与欠发达地区政府间应在用工信息上加强对接，在就业服务上加强合作。

从文化适应角度来看，在流入地时间越长，越有助于降低三类就业模式农民工的贫困风险。这提示我们：流入地社区要做好农民工的社区融入工作，帮助他们熟悉掌握本地的风俗习惯、语言文化，提供社会交往的机会，建立新的社会网络，提供更多的就业信息。

从结构性因素来看，职业地位和就业行业对农民工工作贫困的风险并无一致结果。职业地位的影响并不显著（非正规受雇农民工略有例外），表明农民工内部职业极化现象并不突出，职业地位高低对其贫困风险并无显著差别。就业行业对正规受雇农民工和自雇农民工并无显著差异（自雇于农林牧渔业略有例外，贫困风险较高），而对非正规受雇农民工则有显著影响。这表明，正规受雇和自雇经营有助于减少行业差距对贫困的影响。

从家庭因素来看，家庭中成年劳动力外出就业的比例越高，越有助于预防贫困；老年人占比对受雇农民工（正规和非正规）的工作贫困有显著正向影响；依赖儿童占比对正规受雇农民工的工作贫困有显著正向影响。以上结果启发我们，在双职工模式成为主流家庭模式的情况下，家庭中有就业收入的人越多越有助于减贫；但有依赖儿童可能会影响家庭工作密度，尤其是对女性影响较大，特别是对正规就业农民工而言，所以帮助正规就业农民工解决好儿童照料问题，是预防工作贫困的较好选择。同时，增加农村老年人养老金水平，减少抚养家庭的经济负担，也是减贫的重要选项。依赖儿童和老人对自雇经营的影响均不显著，从一个侧面反映了自雇经营的优势在于平衡家庭和工作，要求我们在大众创业万众创新的大背景下应将自雇经营农民工纳入视野予以相应的信贷、税费等政策支持。

总之，农民工非正规就业比例较高，推进农民工就业模式的正规化是未来农民工就业政策的方向，但要分类施策，区别对待。对非正规受雇者，要增加劳动合同签订率，提高社会保险参保率，增强劳动保护，使其向正规化方向发展；同时，要完善家庭政策，尤其是儿童照料政策，提高农民工去家庭化水平，使正规就业的农民工能够更好平衡家庭与工作，也有助于更多的非正规就业农民工转而选择正规就业。对自雇农民工要鼓励其发展，制定宽松激励政策。最后，应进一步提高农村养老保险待遇标准，提高农民工家庭去商品化程度，减轻农民工家庭的养老负担，此举对各类就业模式农民工家庭提高抵御贫困风险的能力都有积极意义。

参考文献

［1］蔡武. 劳动力市场分割、劳动力流动与城乡收入差距［J］. 首都经济贸易大学学报，2012，13（6）：51-59.

［2］都阳，万广华. 城市劳动力市场上的非正规就业及其在减贫中的作用［J］. 经济学动态，2014（9）：88-97.

［3］胡鞍钢，杨韵新. 就业模式转变：从正规化到非正规化——我国城镇非正规就业状况分析［J］. 管理世界，2001（2）：69-78.

［4］胡凤霞，姚先国. 农民工非正规就业选择研究［J］. 人口与经济，2011（4）：23-28.

［5］胡凤霞. 农民工自雇佣就业选择研究［J］. 宁夏社会科学，2014（2）：50-56.

［6］寇竞，胡永健. 城镇劳动者个人和家庭因素对工作贫困的影响分析［J］. 贵州财经大学学报，2014（6）：90-94.

［7］李小瑛，赵忠. 城镇劳动力市场雇佣关系的演化及影响因素［J］. 经济研究，2012，47（9）：85-98.

［8］李强，唐壮. 城市农民工与城市中的非正规就业［J］. 社会学研究，2002（6）：13-25.

［9］李树苗，王维博，悦中山. 自雇与受雇农民工城市居留意愿差异研究［J］. 人口与经济，2014（2）：12-21.

[10] 李实, 吴彬彬. 中国外出农民工经济状况研究 [J]. 社会科学战线, 2020 (5): 36-52.

[11] 李振刚, 张建宝. 劳而不富: 青年农民工缘何工作贫困? [J]. 社会发展研究, 2019, 6 (4): 134-153.

[12] 鲁大明. 韩国的劳动贫困阶层和脱贫政策: 未完成的改革 [M] //王春光. 社会政策评论 (第七辑), 北京: 社会科学文献出版社, 2017.

[13] 王美艳. 农民工的贫困状况与影响因素——兼与城市居民比较 [J]. 宏观经济研究, 2014 (9): 3-16.

[14] 吴要武, 蔡昉. 中国城镇非正规就业: 规模与特征 [J]. 中国劳动经济学, 2006, 3 (2): 67-84.

[15] 万向东. 农民工非正式就业的进入条件与效果 [J]. 管理世界, 2008 (1): 63-74.

[16] 翁玉玲. 我国农民工地位弱化的制度反思——以非正规就业法律规制为视角 [J]. 农业经济问题, 2018 (6): 98-107.

[17] 向德平, 华汛子. 改革开放四十年中国贫困治理的历程、经验与前瞻 [J]. 新疆师范大学学报 (哲学社会科学版), 2019, 40 (2): 59-69.

[18] 薛进军, 高文书. 中国城镇非正规就业: 规模、特征和收入差距 [J]. 经济社会体制比较, 2012 (6): 59-69.

[19] 杨凡. 流动人口正规就业与非正规就业的工资差异研究——基于倾向值方法的分析 [J]. 人口研究, 2015, 39 (6): 94-104.

[20] 杨舸. 流动人口与城市相对贫困: 现状、风险与政策 [J]. 经济与管理评论, 2017, 33 (1): 13-22.

[21] 杨菊华. 城乡差分与内外之别——流动人口劳动强度比较研究 [J]. 人口与经济, 2011 (3): 78-86.

[22] 杨帆, 庄天慧. 我国农民工贫困问题研究综述 [J]. 西南民族大学学报 (人文社会科学版), 2017, 38 (11): 109-115.

[23] 杨肖丽, 景再方. 农民工职业类型与迁移距离的关系研究——基于沈阳市农民工的实证调查 [J]. 农业技术经济, 2010 (11): 23-29.

[24] 姚建平. 中国城市工作贫困化问题研究——基于 CGSS 数据的分析 [J]. 社会科学, 2016 (2): 42-51.

[25] 赵云, 石美遐, 任尤天. 促进灵活就业减少城市贫困 [J]. 山西财经大学学报, 2007 (S1): 18-19.

[26] 赵建. 临时就业问题研究评述 [J]. 经济学动态, 2011 (7): 131-136.

[27] 张抗私, 刘翠花, 丁述磊. 正规就业与非正规就业工资差异研究 [J]. 中国人口科学, 2018 (1): 83-94.

[28] 张盈华. 工作贫困: 现状、成因及政府劳动力市场政策的作用——来自欧盟

的经验 [J]. 国际经济评论, 2016 (6): 121-133.

[29] 祝建华, 颜桂珍. 我国城市新贫困群体的就业特征分析 [J]. 中州学刊, 2007 (3): 116-120.

[30] Álvarez - Miranda B. In - Work Poverty among Immigrants [M] //Fraser N, Gutiérrez R, Pea - Casas R. Working Poverty in Europe: A Comparative Approach. London: Palgrave Macmillan UK, 2011.

[31] Brülle J, Gangl M, Levanon A, et al. Changing Labour Market Risks in the Service Economy: Low Wages, Part-time Employment and the Trend in Working Poverty Risks in Germany [J]. Journal of European Social Policy, 2019, 29 (1): 115-129.

[32] Crettaz E. A State-of-the-art Review of Working Poverty in Advanced Economies: Theoretical Models, Measurement Issues and Risk Groups [J]. Journal of European Social Policy. 2013, 23 (4): 347-362.

[33] Giesecke J, Groß M. Temporary Employment: Chance or Risk? [J]. European Sociological Review, 2003, 19 (2): 161-177.

[34] Giesecke J. Socio-economic Risks of Atypical Employment Relationships: Evidence from the German Labour Market [J]. European Sociological Review, 2009, 25 (6): 629-646.

[35] Horemans J. Atypical Employment and In-work Poverty [M] //Lohmann H, Ive M. Handbook on In-Work Poverty. Cheltenham, UK: Edward Elgar, 2018.

[36] Hipp L, Bernhardt J, Allmendinger J. Institutions and the Prevalence of Nonstandard Employment [J]. Socio-Economic Review, 2015, 13 (2): 351-377.

[37] Kalleberg A L. Precarious Work, Insecure Workers: Employment Relations in Transition [J]. American Sociological Review, 2009, 74 (1): 1-22.

[38] Kazemipur A, Halli S S. Immigrants and "New Poverty": The Case of Canada [J]. International Migration Review, 2001, 35 (4): 1129-1156.

[39] Lohmann H. The Concept and Measurement of In-work Poverty [M] //Lohmann H, Ive M. Handbook on In-Work Poverty. Cheltenham, UK: Edward Elgar, 2018.

[40] Lohmann H. Welfare States, Labour Market Institutions and the Working Poor: A Comparative Analysis of 20 European Countries [J]. European Sociological Review, 2009, 25 (4): 489-504.

[41] Van Lancker W. The European World of Temporary Employment [J]. European Societies, 2012, 14 (1): 83-111.